한국인으로 산다는 것

호영진 수상록

한국경제신문

Copyright ⓒ 2007, 호영진
이 책은 한국경제신문 한경BP가 발행한 것으로
본사의 허락없이 이 책의 일부 또는
전체를 복사하거나 전재하는 행위를 금합니다.

모질게도 한국전쟁 화염 속에서 비명으로 가신 조부모님 어머님 숙모님 고모님과 아홉 분의 종제들, 뒤에 소천하신 아버님과 사랑하는 장남의 영전에, 홀로 피난 떠난 불효를 자책하며 삼가 이 책을 바칩니다.

* 이 책은 저자의 요청에 의해 '소리나는대로 띄어쓴다'는 한글의 합리적 특성을 살려 교정 교열 하였음을 미리 알려드립니다.

머리글

 칠십번째 생일상을 받고 몇달 안 지나는 사이 '나'라는 자아가 이다지도 전혀 다른 사람으로 급변해 가는지, 스스로 놀라지 않는 날이 드물다. 때로는 깊은 나락으로 굴러 떨어지는 현기증에, 때로는 성층권 운해(雲海) 위를 비행기도 타지 않은 채 내딛는 공허함에 몸도 마음도 촛불처럼 하늘하늘 잦아듦이 느껴진다. 사회에 나온 지 50년, 짧지 않은 세월 동안 뭐가 그리 바빠 허우적거리며 오갔는지…, 지금은 빌딩 숲을 이룬 서울도심의 골목길 가로등 불빛이 마치 열차 밖 풍경처럼 획획 뒤로뒤로 사라져 간다.
 내가 이만큼 사는 것도 한편으론 언감생심이다. 거기엔 그만한 사연들이 눌어붙어 있다. 6·25 난리 통에 모친과 여덟 식구가 불귀의 길로 떠난 일, 고교 시절 위경련 때문에 세상을 완전히 하직했다가 제중병원 원장선생의 독실한 기도로 뜻밖에 소생한 일, 스무고개에 느닷없이 부닥친 결핵 선고, 늘그막에 맞닥뜨린 큰 아이와의 사별 등 기구한 운명에 일찌감치 주눅이 들어 왔건만, 이만큼 긴 삶은 하늘이 가엾어서 내린 덤으로 알고 고맙게 살아간다.

그런 뒤안길을 걸으면서도 옹골찬 인생관 하나 세우지 못했다면 스스로 칠칠치 못하다고 가슴을 치며 자책해도 부족할 것이다. 여기 하나가 있다. "어떤 사물, 어떤 이치건 결코 '절대'란 것은 없다"는 일종의 사유체계가 속내 깊이 뿌리내려 왔음을 스스로 발견한다. 모든 사물과 이치 속에는 "백 퍼센트 좋기만 하고, 백 퍼센트 나쁘기만 한 것은 존재하지 않는다." 그 대신 "좋은 면이 있으면 반드시 나쁜 면이 곁들여 있고, 나쁜 면이 있으면 반드시 좋은 면이 곁들여 있다"는, 만유인력의 원리 같은 것을 깊이 믿게 되었다. 만일 어느 누가 나서서 "이것은 절대로 옳다"거나 "저것은 절대로 틀리다"는 이분법적 판단을 내린다면 그 판단은 이미 또 하나의 도그마를 범할 뿐이라는 생각이 든다.

나는 이를 스스로 이름해 '양 측면의 원리'라고 하고, 현실 세계를 경험하고 관찰해 갈수록 이 원리의 작동을 의심하지 않으며 더욱 믿게 된다. 어떤 사물의 실체든지 한가지 속성, 한 측면만을 갖는 것이 아니라 구체적인 경우에 따라 명암 냉온 장단 고저 지속(遲速) 강약의 대칭적인 양 측면을 가지고 있다. 간단히 우리 주변을 살펴보자. 가령 직원 A가 천성이 '우직하다'고 해서 그 사람은 무조건 쓸모없는 인간인가, 그렇지 않다. 대인관계 업무를 맡기엔 부적합할지 몰라도, 경리나 창고지기 일을 맡기면 꼼꼼하게 잘 처리할 적성이다. 인간사만 그런 게 아니라 자연계 사물에서도 이치는 다르지 않다. 비근한 예로 관절염이나 피부병에 탁효인 약들은 간에 나쁜 것이 통례다. 요즘 의료 전문화가 가속화되면서 특정 환부에만 매달리지 환자의 건강을 위한 종합적인 제도가 취약한데, 아쉬운 대목이다.

물론 스스로의 논리에 자승자박된 나의 논리에 모순적 측면도 발견한다. '절대란 없다'는 원리를 '절대로' 과신한 나머지 자신이 세운 '무절대'란 명제를 스스로 부정하는 오류에 빠지는 것이 아닌가 하는 의문이다.

그러나 대답은 간단하다. '그럴 수도 있다'는 것이다. 왜냐하면 '절대로 그렇지 않다고 부인할 수는 없기 때문'이다.

다시 강조한다면 가을이 가면 봄이 오는 자연현상과 똑같이 정치 경제 문화, 돌아가는 제반 사회현상 속의 크고 작은 어떤 사물에도 무한한 대칭적 현상이 반드시 존재함을 누구나가 실제 속에서 경험할 것이다. 이런 생각에 깊이 빠지다 보면 이 '양 측면의 원리'는 종교의 경계를 초월하여 어느 종교에나 공통으로 타당한, 이 우주의 창조와 운용에 관한 선험적(a priori) 명제에 부닥쳐 초 절대적 섭리가 있음을 믿게 된다. 따라서 만일 어떤 자연현상이나 사회현상 속에서 '한 측면의 진리만 존재한다'는 독단이 빚어진다면 그것은 바로 창조주의 섭리를 정면 뒤엎는 억지, 즉 도그마를 범하고 만다.

이 자명한 이치에도 불구하고 인간세계에는 일방통행적인 아집이 얼마든지 흔하기 때문에 과거에도 현재에도 그리고 인류가 생명을 이어갈 미래까지도 우주 속의 이 세상은 끝없는 혼란에서 헤어나기 어려우리란 점을 예단하게 된다. 따라서 인간 세상에서 작동하는 우승열패(優勝劣敗)적 자생존의 원리는 그 원형으로 볼때 자연계에서 적용되는 약육강식 적자생존 자연도태의 먹이사슬 현상과 대조, 그 이상도 이하도 아닐 만큼 똑같은 궤도 위의 원리임을 깨닫게 된다. 만일 양자간에 다소라도 다른 점이 있다면, 거기에 인간의 위선과 연출이 끼어들 여지가 있느냐, 없느냐의 차이가 있을 따름이다.

특히 한반도 현실이 그렇다. 처음 타의의 개입으로 쪼개져 60년을 넘기고도 불구대천의 원수처럼 으르렁대고 있는 남북대립 현상에서 이 '양 측면의 원리'는 쌍방으로부터 공히 부정되어 온다. 오직 나와 내편만이 절대선(絕對善)이고 상대는 공존불능의 절대악이라는 외고집과 극한대립이 끝도 없이 치달아 올라가니 문제가 이만저만 심각한 게 아니다. 마치 얼마 전 용두사미가 되고만 KBS 드라마 〈서울 1945〉가 말하려던 '이승만-김일성 양극에 협공 당한 몽양노선의 비운' 이 재현될지도 몰라, 철로를 마주 달리는 두 열차 승객들의 위기의식이 이 땅 위에 감돈다.

한마디로 통일과 평화라는 2대 과제를 놓고, 그 보완이 아니라 택일을 강요하는 단순화된 흑백논리가 서로 버티며 가열하고 있다. 다른 말로는 '어떤 희생을 감수하더라도 통일은 남북이 달성해야 할 유일 절대의 과제' 라는 명제와 '늦더라도 희생 최소의 통일이 과제' 라는 명제간의 대립이다. 그러나 필자는 여기에도 예외 없이 양 측면의 원칙은 적용된다고 믿는다. 완급과 득실을 종합 분석하여 계산하면서 남북인민을 위한 최대 공배수가 산출되게끔 충분한 기간 동안, 서로 차분하게 생각을 가다듬어야만 비로소 민족 공생의 길이 열림을 확신한다. 어느 쪽도 조급하게 나의 절대만이 승리하도록 서두르다간 희생만 커진다.

원초적으로 개체의 능력을 중요시하는 사람은 자유경쟁을 선호하고, 형평을 우선시하는 사람은 통제를 선호하는 성정이 강하다고 논증할수 있다. 모더니즘과 산업혁명이 상승작용을 하며 백인주류의 물질생활 향상이 지속되어온 한편에서 불평등 양극화는 불식되지 않고 지속되어 왔다. 그 속에 노동가치설에서 발원한 공산주의 선언이 19세기 중반 이후의 세계를 풍미했다. 공산주의는 숙명적인 패배자-피지배자를 상정, 그에 대한 지지로 세력 기반을 넓히면서 부(富)와 신분의 편재-세습에 반대하는 영역의 확대를 시도했다. 그것이 당초 공산주의의 본분이다. 어떤 명분을 내걸고라도 이 본분을 망각하거나 유보하는 공산주의나 그의 변형이 발을 붙인다면 그것은 공산주의의 고향상실이고 본말전도에 다름아니다.

하나 공산주의는 인간의 본능 가운데 상위에 있는 소유욕을 무시한 본질적 오류를 안고 태어났기 때문에 그 원형에서부터 이 소유욕의 발동을 끊임없이 감시 적발 제재하는 장치를 한시라도 태만히 해서는 지탱하기 힘든 체질을 지녔다. 안으로 비밀경찰, 대외적으로 자본주의의 공격을 막기 위해 필요하다면 선군(先軍)정치라도 마다하지 않으면 존재하기 힘든 약체가 원형이다. 따라서 공산주의의 본원적 착오는 인간본성에 대한 통찰 부족이다. 인간이 세상에 나와 처음 익히는 '엄마' 다음의 언어가 '내 것'이란 육아의 기본체험조차 망각하여 강제와 선동으로 원초적 본능을 통제할수 있다는 자기망상에 빠졌던 것이다.

그렇다면 자본주의에는 약점이 없는가. 있다면 그 아킬레스건은 무엇인가. 약점이 많다. 시장주의 사회에선 각자의 이기심이 경쟁의 원천이기 때문에 질서 있는 경쟁은 필요불가결하다. 그러나 그 페어플레이는 아무리 외쳐봐야 실제 파인플레이로 뿌리를 내리기란 어렵다. 결국 과당경쟁, 불공정경쟁에서 오는 시장실패를 방지하는 데는 자유주의 본질에 저촉되는 최소한의 정부규제, 공정거래 촉진입법은 불가피하다. 그러나 기본적으로 페어플레이는 그 바탕에 인간 각자의 자율규제, 철학적 자기절제가 밑받침하지 않고는 공염불로 끝나기 십상이다. 이상적으론 인간부패를 원천적으로 봉쇄하는 길만이 유일한 특효약인데 이것은 어쩌면 피창조물인 우리들 인간이 영구적으로 풀기 불가능한 과제인지도 모른다.

11월 초 국제투명성기구(TI)가 발표한 2006년도의 세계 163개국 부패인식지수(CPI)에서 한국순위 42위를 봐도 OECD에 매달려서 가입한 이 나라의 부패 정도를 짐작하는 데 충분하다. 아시아에서 싱가포르 홍콩 일본 대만은 물론 마카오 부탄보다도 더 부패한 나라로 꼽혔고, 2005년보다 2위가 내려 앉았다. 한국은 그래도 상위권으로 나은 편이니 부패란 해결하기 어려운 과제임을 확인한다. 특히 중국은 공산주의 간판이 채 걷히기도

전에 마치 부패가 그 본질인 양 빈부격차 확대와 맞물려, 저 나라가 언제 공산혁명을 치른 나라인지 의심케 만든다. 결국은 권력을 단 한줌이라도 쥐고 있는 공직 보유자들이 뇌물의 유혹을 얼마만큼 거부하느냐 하는 정신문화가 성패의 기본조건이 됨직하다.

통일문제와 차원을 달리해 이 한민족의 삶터가 장차 세계 속에 살기 좋은 통일국가로 거듭나기 위해선 딱히 남한만이 아니라 북한사회, 통일 이후의 한국사회를 위해서 어떤 결함들을 우선적으로 시정 보완해 나가야 할 것인가를 우리는 깊이 있게 모색하고 추구하지 않으면 안된다. 한국인은 오랜 역사에서 진정한 의미의 봉건제도를 결여한, 철저한 단세포적 중앙집권체제 속에서 관존민비 사상에 속속들이 인이 배겨왔기 때문에 예나 지금이나 자손 대대로 오로지 벼슬길 나가는 데 생사를 건 투쟁, 곧 감투싸움으로 나라의 발전은 고사하고 결국 너와 나 모두를 다같이 망치는, 골수에 밴 병리를 지녔다.

필자가 가치관에 관한 연구로 1994년에 《감투공화국》을 낸 뒤 10년을 지켜보면서 느낀 것은 감투지상 가치관의 부작용 못지않게 이 나라의 진정한 선진화를 막는 결정적 병인은 '뇌물 주고받기'라는 결론에 이르게 되었다. 그 뇌물의 상징물은 다름 아닌 '봉투'다. 법치국가에서 모든 질서의 근간은 헌법을 정점으로 그물처럼 짜인 광범한 법체계에 담겨 있어서 실인즉 '법 앞에 평등' 정신만 구현된다면 그걸로 족한 것이다. 그런데 현실에서 법은 강자한테서도, 약자한테서도 이유는 서로 다르지만 유린되는 운명을 지녔다.

힘없고 가난한 국민들이 배가 고파, 배움이 모자라 법을 준수치 못하는 사례는 고금동서에 흔히 있는 일, 그것은 계도와 복지국가의 단계적 구현으로 삼제돼 갈수 있다. 그러나 그렇게 안되는 가장 심각한 고질이 있다.

법을 운영하는 공직자, 법의 더 높은 보호를 받는 유력자들이 해선 안될 작위–부작위의 모든 범법을 일삼아 사리사복을 채우는 일종의 도벽이다. 하고 많은 날 적발 보도되는 독직사건의 그 어느 것을 지켜봐도 이리 캐고 저리 들추다 보면 주범은 결국 '봉투'요, 그 속에 담긴 금원의 증—수 아닌 것이 전무할 정도다.

그 종류나 양태도 가지가지다. 하다못해 인명이 여럿씩 상한 화재사건에서도 끝내 그 주원인을 캐면 인허가 혹은 안전점검 담당관들이 봉투를 받고 규칙위반을 눈감아준 것이 전형적인 모델이다. 길이 비뚤어져 교통소통이 안되어 사고가 빈발하는 원인도 도시계획상 곧게 잘 뚫려 있던 도로를 구부려 이득을 보려는 건축주가 담당관 손에 쥐어준 봉투가 바로 주범이다. 교량이 내려앉고 백화점이 무너져도, 해마다 둑이 터지는 수해에도 허술한 공사, 자재유출을 눈감아준 봉투가 숨어 있다. 고관들의 시퍼런 콧대도 뇌물 앞에선 벌겋게 무너져 내린다.

이 사회의 불완전성, 부조리(不條理)는 어디 인허가를 둘러싼 부패뿐인가. 시민의 자랑거리 지하철 안 표지판의 무성의하고 비상식적인 오기(誤記), 한글 철자를 둘러싸고 칠랑 팔랑하는 학자들의 아집, 방송 언론 학계 등 사회 구석구석에 배정된 온당한 기능들이 알게 모르게 제대로 수행되지 않는 데서 오는 비능률이 구석구석 깔려 있다.

이 책은 가설을 세우고 선행연구 조사와 검증 등 절차를 결했던 까닭에 이론서나 논문은 되지 못한다. 다만 말처럼 붓 가는 대로 쓰는 수필, 사유(思惟)의 흐름을 적는 수상록 중에서 후자에 가까운 자세로 이 책을 써왔다. 이것이 사회비판서, 잡다한 현안문제에 대한 작은 대안제시의 역할을 보탠다면 더없이 다행이라 여길 것이다.

'한국경제신문' 제호로 바뀐 후, 초대 편집국장 주필 발행인–사장을 거친 인연 위에, 이 책 출판을 도와준 한국경제신문 신상민 사장과 이계민 주필, 한경BP의 김경태 사장과 박 현 편집자의 노고에 감사드린다. PC작동의 어려움이 있을때 마다 도우며 격려해준 오랜 벗 차순길 사장 이용성 원장 김형일 손석형과 집필 중 괴로움을 견디도록 용기를 북돋아준 아내 이연경에게도 고마움을 표한다.

2007. 2.
저자 **호 영 진**

1장 큰 눈으로 보아

① 시국의 명암 ---------- 19
② 무한한 우주, 사고의 출발점 ---------- 32
③ 약육강식 ---------- 38
④ 거꾸로 된 역사관 ---------- 44
⑤ 감투공화국-봉투공화국 ---------- 62
⑥ 혈연주의 블랙홀 ---------- 78
⑦ 겸손은 손해보는 세상 ---------- 109
⑧ 너무 남용된 일벌백계 ---------- 124
⑨ 불친절 국민성 ---------- 127
⑩ 具장관의 교통신호관 ---------- 134
⑪ 역사역류 늦춘 盧사령관 ---------- 140
⑫ 선거, 그놈의 의리가 ---------- 146
⑬ 아이를 안 낳으면 ---------- 155
⑭ 인사가 萬事냐, 亡事냐 ---------- 162

2장 왜 이치를 안 따지나

- ❶ 동해 호칭대결 유치하다 ---------- 169
- ❷ IQ 낮은 지하철 표지 ---------- 173
- ❸ 한문자 구축, 신문의 功過 ---------- 181
- ❹ 한류를 따지다 보면 ---------- 208
- ❺ '국민중심 방송'이라면서 ---------- 215
- ❻ 귀신같은 휴대폰 ---------- 219
- ❼ 한-일도 짝꿍인가 ---------- 222
- ❽ 방앗간경제 체질 ---------- 229
- ❾ 황우석의 그림자 ---------- 233
- ❿ 혼혈의 힘, 앵글로-어메리칸 ---------- 241

3장 한국인의 의식구조

- ❶ 한국병, 불치병인가 ---------- 257
- ❷ 역사에 종말은 오는가 ---------- 263
- ❸ 열차의 경고장치 고장 ---------- 267
- ❹ 더 이상을 바란다면 ---------- 271
- ❺ 군중이 앞서가, 얕보면 끝장 ---------- 276
- ❻ 역대정권의 正當性 평가 문제 ---------- 280

4장 북한문제

1. 용광로가 꺼지나 ---------- 291
2. 김부자에 망명길을 ---------- 295
3. 남에는 안온다, 판문점 등 대안 ---------- 299

5장 작으나 큰 문제들

1. 애국심이 독점물인가 ---------- 305
2. 술잔 안돌리기 ---------- 309
3. '축결혼' 아닌 '부의' 가 ---------- 312
4. 운전자-보행자 위주로 ---------- 314
5. 신호간격 거꾸로 가 ---------- 317
6. 깜박이 안켜는 운전 버릇 ---------- 319
7. 보도에 선 채로 버스 타기 ---------- 321
8. 요란한 샌들 소리 ---------- 323
9. 빛 좋은 "교수님" ---------- 326
10. 음주度數를 백분율로 ---------- 330
11. 책임회피 예보, 저녁기온을 ---------- 332
12. 화장실 나와 손 씻기 ---------- 335
13. 승강기 단추 누르기 ---------- 337
14. 돼지의 모성 본능 ---------- 339
15. 小善而大惡 小惡而大善 ---------- 341

■ 에필로그 345

제1장

큰 눈으로 보아

1
시국의 명암

🌸 현실에 초연해서 목가적인 생을 영위한다는 것은 꿈도 꾸기 힘든 시대가 되었다. 이 세상에서 호흡하고 살면서 현대문명을 단 며칠만이라도 등지고 귀 막고는 도저히 살수 없는 시대를 우리는 살고 있다. 공산주의 이전의 공상적 사회주의(utopian socialism)가 산업혁명으로 공업화-도시화된 서구사회에서 태동할 때엔 전원생활에 대한 동경이 반사적으로 유행했다. 한국에선 지금 노년들의 소년시절까지만 거슬러 올라가도 전원생활을 정말 동경한다면 그걸 실천하는 일은 공상만이 아니라 손에 닿는 현실이었다. 마음만 먹으면 일정 거리 안에 때묻지 않은 자연이 온존돼 있어서 전원생활은 낭만의 다른 표현일 정도였다.

그러나 오늘 이 시점에선 그런 동경을 하는 사람도 드물거니와 비록 누가 고집을 부려 깊은 산 속이나 고도에 들어가 홀로 산다고 가정하더라도 그 의지는 금방 꺾이기 쉽다. 더욱이 전원이 아닌 현실사회에서 아무리 시국과는 담을 쌓고 초연하여 고독을 즐기며 사는 사람이 있다 가정하더라도 대통령 아무개가 당면문제에 대해 뭐라고 언급을 했고, 북한이 미사일을 어찌 쐈고, 부시나 아베가 무슨 연설을 했다는 정도의 먼 세상소식, 가까이는 하다못해 채소값이 뛰었다는 생활정보와 담을 쌓고는 살 수가 없는 것이 상품자본주의, IT의 현대사회다. 게다가 민주주의 연륜이 쌓여 오면서 4천만 모두가 주관이 뚜렷한 시국관을 지니고 사는데 유독 나 홀로 천상천하 유아독존으로, 너희 것들 아랑곳하지 않겠다고 귀를 막은들 기껏해야 기회주의자란 오해나 받기 십상이지 칭찬 듣기는 아예 틀린 세상이다.

　설령 사람마다 시국관이 서로 다를수 있다고 백보를 양보해도, 가령 평택기지를 둘러싼 시비라든가 큰 사무실을 때려 부수며 농성하는 곳곳의 노사마찰을 보고 있노라면, 민주주의를 저리도 살기등등하게 해가다간 필경 어느 쪽 하나라도 피를 보겠다 싶어 안타까워 숨통이 막힐 지경이다. 그러다 보면 도대체 저 양극 대결의 진짜 깊은 속내는 무엇인지가 궁금해지고 또 그러다 보면 결국 케케묵은 주의, 사상, 이념이란 걸 다시 들춰내 잣대를 삼지 않을수 없는 막다른 골목에 들어서게 되니 어쩔 도리가 없다.

　주의가 뭐냐, 이념이 뭐냐를 놓고 골똘히 따지다보니 돌연 주로 TV영상에 비치는 동물의 세계가 얼른 눈에 들어온다. 비단 인간만 아니라 동물들도 비록 논리체계는 갖췄을 리 없지만 각 개체나 집단 나름의 자기방어 수단과 경쟁요령은 견지하고 있다는 가설이 성립한다. 그런 추리를 계속 이어가다 보면 종국에 가서 인간과 동물 간의 근본 차이를 규명하기 힘든 일종의 착시현상마저 일어난다. 인간과 동물을 단순화하면 할수록 서로 대조적인 두 유형이 떠오른다. 한쪽은 걸신들린 듯 뭐든지 남보다 더 많이 먹느라고 죽을 둥 살 둥 달려드는 적극적 성격의 소유자들이고, 다른 한쪽 부류는 강자에게 밀려 제몫마저 제대로 챙기지 못할 정도로 소극적이고 수동적인 성품의 소유자들로써, 두 유형이 대칭적으로 떠오른다.

　인간 세계에서는 이러한 대칭적 유형에 각기 다른 이름표가 붙여진다. 전자의 다식성 적극 부류에는 간단하게 '우파' '보수'란 호칭 외에 자본주의 시장경제 자유주의란 다양한 이름들이 붙여진다. 반대로 소극적 부정적 성격을 지닌 부류에는 '좌파' '진보' 외에 평등주의 사회주의 공산당 등의 이름이 붙여진 지 이미 오래다. 그러나 이런 구분은 위장되기도 쉽다.

左-右의 구분선

주의나 이념을 대별하는 상징적 특징은 현실사회 속에서 단순한 방법만 가지고도 쉽사리 포착, 규명될수 있다. 가령 보도 위에 좌판과 행상들이 가득한 남대문시장 일원을 지나가는 보행자의 입장에 잠시 서보자. 발등이 밟힐 정도의 그 혼잡을 빠져나가면서 떠오르는 생각은 크게 보수와 진보의 두 갈래로 완여히 판별될수 있다. 첫째 그런 무질서한 영업현장을 목격하고는 저도 모르게 '질서'에 초점이 맞추어져 '이런 혼잡은 공권력이 나서서 철저하게 단속해야 보행자 불편을 막지' 하고 당장 느낌이 드는 사람은 보수, 우파에 속한다고 보아 무리가 없다. 반대로 '그건 영세민들의 생업인데, 질서를 이유로 그나마 장사를 못하게 단속하는 것은 비인도적'이라고 반대하는 사람을 진보, 좌파라고 보는 분류방식에 일면 타당성이 인정될 것이다. 물론 거기 딱 두 갈래만 아니라 '행인들의 통행불편을 최소화하는 선에서 단속은 불가피하나, 그 이상 엄한 취체는 부당하다'고 보는 중도노선이 있을수 있다.

　사안을 단순화시킬수록 인류가 멸하지 않고 사회생활을 계속 영위하는 한, 지배욕과 소유욕이 강해 생존경쟁에서 적극적 자세로 승리를 쟁취하고 마는, 그래서 지킬만한 기득권을 많이 보유한 수구나 보수는 쉽게 패배하거나 소멸하지 않고 계속 번창하는 일방, 과욕과 독식에 대한 제재와 공평분배를 중시하는 진보 평등주의 역시 소멸하느냐 하면 소멸하지 않고 끈질기게 이어간다. 왜냐하면 인류가 생존하는 한 불공평은 있게 마련이고 그것을 목격하는 예리한, 그중에도 청순한 젊은이들에서 자생적(spontaneous) 공산주의 프로퍼가 싹터 자라게 마련이다. 물론 그들에게도 생활의 이끼가 낌에 따라 정의감은 둔해지고 이상보다 현실적 이해에 매달리는 시기가 온다. 청소년기 좌파편향에서 시작, 가장이 되면서 우경 궤도로 옮겨가는 일반적 주기적인 사상의 사이클이 존재한다고 할수 있다.

좌파가 추구하는 평등의 진의에서도 대립각이 선다. 평등추구의 척도라 할 '균등분배' 의 의미가 산술평균이냐, 각자의 노력과 성과에 비례한 가중평균이냐의 문제로 좌파는 다시 중도좌파와 갈리는 공식이다. 이를 지엽적 문제로 간과하기 쉬우나 구체적인 현실문제에 부닥칠 땐 이 부분에서의 이견이 의외로 절절한 핵심쟁점으로 결국 파쟁의 빌미가 된다는 사실을 경시해선 안된다.

또한 어느 특정 사회나 사회 일반에 있어서 경쟁을 기반으로 하는 자본주의-시장경제가 사회발전에 유리한가, 통제를 기본으로 하는 사회주의-계획-통제경제가 유리한가의 문제에 대하여 우리는 최선의 균형감각을 견지하는 가운데서 답을 찾아야 한다. 18세기 영국의 산업혁명으로 소급, 흐름을 개관한다면 인간의 이기심을 존중하여 각자의 능력을 최대한 발휘토록 보장한 자유방임주의가 인류에게 물질적 풍요를 가져다준 사실을 외면할순 없다. 만일 그 당시 유럽사회가 평균치 인간을 표준으로 정하여 그 중간을 웃도는 역량의 발휘를 공권력이 나서서 견제하는 계획-통제 체제 아래 놓여 있었다면 오늘날 유럽의 풍요 실현이 가능했을까를 엄정히 묻고 답을 찾을 필요가 있다.

그러나 자유경쟁 제도는 그것대로 시장실패의 허점을 가지고 있다. 스타트라인이 똑같은 단거리 육상경주가 아니라 출발선이 천차만별로 다른 개체 간의 경쟁에서 그 결과치의 격차는 막대할수 밖에 없다. 문제는 그 과정에서 빚어지는 반정의(反正義)이며 특히 경쟁의 룰인 공정성이 심판기능의 불공정으로 말미암아 짓밟히기 일쑤라는 데 최대 약점이 있다. 그중에도 그 불공정이 금품에 의한 심판매수를 통해 널리 자행되는 데 심각성이 있는 것이다.

노동의 소외문제 역시, 비록 강성노조가 스스로 노측의 정당성을 깎아먹는 역작용에도 불구하고 완전한 해결 가능성은 시야에 들어오지 않고 있다. 소비자 권리의 침해, 과당경쟁에 의한 자원의 낭비, 공해의 가속화 등등 시장실패의 위험성이 낮아지지 않고 있다. 여기서 공권력의 사명은 간단명료하다. 불평등한 출발선을 최대한 동일선으로 획정하는 기회균등의 보장이 최대의 과제임은 말할 나위 없다. 사람이 한평생 자신의 책임 아래에서 생존경쟁을 벌인 끝에 우승열패(優勝劣敗)하는 원리는 누구도 막을수 없다. 적자생존의 무서운 철칙이다. 그러나 자신의 책임, 자신의 노력부족이 아닌, 출생의 차이로 공정경쟁에서 엄청난 감점을 안고, 또는 가산점을 따고 들어가는 불평등은 최소화해야 한다는 점에 공감이 모인다.

상속 욕구도 본능이냐

여기서 결국 불공정거래행위의 철저한 배제와 더불어 누진세 원칙과 상속세 중과가 핵심과제가 되는 것은 근대 이후 어느 사회에서나 널리 인정되고는 있지만, 끊임없이 그 정당성이 도전받는 데 어려움이 있다. 국내에서도 이를 쟁점으로 오랜 논전이 전개되어 오고 있다. 그중 보수-혁신 간 무한 대립이 계속되는 핵심과제가 대기업의 동일계열 출자제한 문제, 재벌 2세들의 상속세 납부의 투명성 문제로, 초미의 관심에서 벗어날 틈이 없다.

일부에서는 신자유주의 물결이 도도한 미국에서의 누진세율 완화, 예를 들어 재산을 자기 당대에 향유함은 물론이려니와 유산을 후세에 물려주려는 욕망 역시도 인간의 본능에 속하는 중요 부분임을 강조, 상속세 중과에 대한 반대가 대두되고 있다. 그러나 정확히는 대립 포인트가 상속세의 누진율이 일반 세목에 비해 높아야 한다는 당위성에 대한 찬반 단계는 이미 벗어나, 누진율의 경사도(傾斜度)문제로 좁혀져 있다고 봐야할 것이다. 자본주의에 대하여는 초기 농경시대까지 수천년을 소급, 토지자본을 통합하는 광범한 개념설정이 가능하지만 근현대적 의미의 자본주의, 또는 자본가는 산업혁명 이후 공장기업의 확산, 기업집중이라는 기조가 다져지는 한편에서 '공산당선언'과 '자본론'으로부터도 영향을 받아 프롤레타리아계급에 대한 대칭개념으로 자본가의 개념이 자리잡아 왔다. 물론 사회주의는 공산주의가 선언되기 이전 각국에서 싹텄다. 산 시몽 등 프랑스의 공상적 사회주의, 영국의 개량주의적인 페이비언 사회주의 및 오웬주의 등과 독일의 국가사회주의 마르크시즘 사회민주주의 민주사회주의 기독교사회주의 윤리사회주의, 그리고 러시아의 소비에트사회주의 등등 자유방임 추세 속에 풍미한 개인주의에 대한 반발로써 개인보다는 전체 사회를 최고 가치에 위치시킨 이상추구의 형태로 사회주의가 등장, 특히 스웨덴 등 최선단의 복지국가 그룹에서 역사를 끌고가는 두 차축(車軸) 중의 하나로서의 기능을 담당해오고 있는 것은 분명하다.

여러 가닥 사회주의의 오랜 변천사에서, 정권획득을 위한 폭력혁명의 불가피성을 내세운 소비에트사회주의, 즉 공산주의가 1917년부터 소비에트러시아 사회주의연방공화국(USSR)이란 국호 아래 현실 정치체제로 등장했다. 한때 16개 위성국들을 거느리며 1990년까지 세계 속의 초 강대세력으로 민주-자본주의의 아성인 미국과 맞서오던 끝에 민주-시장경제와의 경쟁을 포기하고 말았다는 점은 엄연히 역사적 사실이 되어 있다.

솔직한 통일 접근

7천만이 몰려 사는 한반도 공간은 자주적인 문호개방의 기회를 놓쳐 개국에 성공한 신흥 일본의 지배를 자초했고 다시금 2차대전 종전으로 일제가 패망한 호기를 다시 자주 통일독립에 활용치 못하고 분단의 불구가 되고 말았다. 호기를 놓치는 데 그치지 않고 대내적으로 국론분열, 대외적으로 미-소 이데올로기의 밑바람 앞에 꼼짝없이 편갈음을 강요당한 반영구적 체제대립을 국운처럼 신음하고 받드는 비참한 몰골이 되고 말았다.

말로는 통일을 간구한다면서도 장차 통일국가의 특성에 맞는 사회시스템을 합심해 창안하려는 오손도손한 분위기완 너무 먼 거리, 깊은 수렁에 빠져 허덕이고 있다. 반도 양쪽은 자본주의-사회주의 제가끔의 제도피로 현상을 일찍부터 노출하여 최적의 통일원형을 모색하는 바람직한 모습과는 정반대로 향해가는 느낌이 짙다. 60년이 넘는 극한 대치를 완화하기는 커녕 언제 대폭발할지 모르는 화약고로, 수많은 각 분야의 코리안 수재들이 빛을 냄에도 불구하고, 세계인들이 상종조차 하기 싫어 머리를 젓는 성깔 사나운 악성 코리안의 오명-악취를 만방에 진동시키고 있는 양상이다.

남북이 박정희정권 하의 1972년 남북회담, 노태우정권 하의 남북협정, 김대중정권 하의 6·15공동성명, 노무현정권 하의 개성공단 운영 등 일정한 접근 포즈를 취해오고 있는 것은 부인할수 없으나, 말 그대로 그것은 카메라 앞에서 포즈를 잡는 수준을 넘어서지 못하고 있다. 이 점에서 남북의 집권 당로자들은 물론 남북 주민들이 다 함께 솔직히 흉금을 털어놓고 어디에 핵심적 결함이 있는가를 가감 없이, 있는 그대로를 보고 말하는 데서부터 논의를 새로이 시작해야 한다.

먼저 남북 집권자의 입장을 보자. 바로 이 점에 남북 간 근본적인 차이가 있다. 남측에선 몇차례 민중항거나 쿠데타 형식으로 새로운 집권자가 정치권력을 초법적으로 찬탈한 사실이 있으나, 통일문제를 의제로 채택하고 논의할 주도적 위치에 있는 권력자는 1948년 정부수립 이후 이승만, 허정 과도정권, 장면 정권, 박정희 군사정권, 전두환 신군부, 노태우 정권, 김영삼 정권, 김대중 정권, 노무현 정권으로 모두 10개의 정권들이 합법성 여부를 떠나 교체되어 왔다.

그에 비해 북한 정권은 1948년 9월 9일 정부수립 이후 수상 주석 총비서 국방위원장 등 직명의 변경에도 불구하고 김일성 정권과 김정일 정권 2개가 존재했을 뿐이다. 게다가 김정일 위원장이 그의 전임자 사망 후 상중(喪中) 3년간의 자신의 승계통치의 성격에 대해 '유훈(遺訓)통치' 라는 사상 초유의 개념규정을 명백히 한 점을 고려한다면 부-자권력 간의 계속성 내지 동일성을 스스로 선언한 것이라고도 볼수 있다. 그런 시각에선 북한에는 1948년 이래 2개의 정권이 존재했다기보다는 1개 단일정권이 재임 중이라고 간주해도 무리가 아니다.

그러나 정치체제는 그대로라 하더라도 사실상의 최고 결정권자나 군통수권자의 직위-직명을 '당 총비서' 로 하느냐, '국방위원장' 으로 하느냐에 따라 수반되는, 예를 들어 '선군(先軍)정치'라는 선언을 놓고 그것을 내부적으로 우선순위나 역점사업을 강조하는 단순한 통치 편의적 호칭으로 이해하느냐, 아니면 제도상 특수한 정체(政體)로 간주할수 있느냐 하는, 근본적 연구-토론 과제를 제공하는 것도 사실이다.

이렇게 속속들이 상이한 남북 2개 정치단체가 국토통일이란 한 민족국가의 역사적 공동과업에 각기 접근함에 있어서 처음부터 많은 상이점에 부닥치는 것은 어쩌면 당연하다. 한쪽은 수차에 걸쳐 복수정당제도 아래 성문헌법의 입법과 개헌, 권력담당자의 선출과 개선(改選)을 선거방식으로 실행해 왔고 다른 한편에선 단일정당에 의한 권력 담당자 지명을 권력구조 형성의 핵심절차로 삼아오고 있다. 이는 권력 담당세력의 교체통로를 개방하느냐, 봉쇄하느냐의 본질적 차이점으로, 남북은 그점에서 불상용(不相容)의 성질을 갖는다.

남-북 정권의 차이점

시야를 넓게 돌려, 소련을 비롯한 공산권 국가들이 일시에 도괴된 도미노 현상의 근본원인을 따져본다면 구체적 권력 담당자를 교체하고서도 그 정권의 동일성이 지탱되느냐의 여부가 중요하다고 본다. 예로, 소련에서 레닌 스탈린 마렌코프 후르시쵸프 브레즈네프 고르바쵸프 옐친 푸틴으로 권력 담당자들이 교체되어 온 것만은 사실이나 그 교체의 성과에 대한 평가는 갈릴수 있다. 인류 최초 공산주의 정치실체의 성패여부를 중심에 놓고 본다면 그동안 공산권 내 여러 정권 담당자들의 교체를 성공적이라고 보기는 힘든 것이 사실이다.

그러한 원리들이 한반도의 통일과제에 직결된다고 가정할 때 과연 어떤 해석이 가능한가. 남북 어느 쪽이든 권력담당 세력의 교체가 순조로우냐 여부의 기준이 똑같이 중요하다는 점에는 이의가 없다. 실제 남쪽에서도 자유당 정권이 후계구도를 잘못 그린 탓으로 4·19유혈이 왔고 장면 약체 내각의 출현으로 5·16을 자초한 셈이 되었다. 박통 자신의 후계단절, 영구집권 야욕은 세종에 지지 않을 그의 가난 청산 대 업적에도 불구, 그로 하여금 비참한 최후에다가 오랜 기간이 흘러도 풀리지 않는 평가절하를 자초토록 만들고 말았다.

북한은 어떤가. 항일투쟁에 일정한 실적을 올린 혁명가답지 않게 친동생이나 아들을 후계로 앉히지 않고는 자신의 노후나 사후평가에 마음을 놓지 못했다는 것이 결정적 약점이다. 잘못 내디딘 후계구도가 안팎의 상태를 왜곡시켰다. 일제의 현인신(現人神;천황을 살아있는 신으로 받듦)을 능가하는 1인 독재가 '경사 낮은 야산은 무조건 파헤쳐 층답을 만들라'는 일방통행적 교시를 낳았다. 전문가가 나서 "그건 홍수에 약합니다"라는 직언을 할수 있는 체제였다면 그리도 무모한 재앙을 부르진 않았을 게 아닌가. 천재까지 겹쳐 90년대 중 연달은 '폭우, 산사태, 식량난'의 악순환을 부른 것은 우연인가, 필연인가.

또한 자본이건 기술이건 모든 걸 밖의 도움 없이 자기들끼리 해결하겠다는 자력갱생(自力更生)의 외고집이 일제 하 군수공업 바탕 위에 건설된 괜찮던 산업수준을 세계 최악의 저개발 산업수준까지로 낙후시키는, 대원군 뺨치는 쇄국의 전철을 걷고 있는 것이다.

이러한 배경 아래 남북한이 꿈꾸는 통일은 무엇인가. 혹평하면 오월동주(吳越同舟)처럼 딴판의 짝사랑이다. 북측에선 김부자 체제를 훼손할 우려가 있는 어떤 통일도, 그만두면 그만두었지 절대로 용납하지 않는다. 그릴수 밖엔 없다. 왜냐면 수차례 학생혁명 군사혁명으로 정권을 뒤엎은 전력이 있는, 기성세대를 포함한 남한의 민중이 북한의 부자체제를 수용하는 통일형태에 동의할 리 없음을 저들도 안다. 그러니 남측의 새 세대, 아주 순수해서 민족이라면 치를 떨고 통일이라면 제백사 최우선시하는 세력을 어떤 모험을 해서라도 반미, 친북으로 돌려놓는 길 외에 더 탄탄하고 힘 덜 드는 무혈 통일방안이 없다는 결론에 도달한다.

남측에 상당한 반북—용미(舂美) 세력이 버티고 있음을 샅샅이 파악하고 있는 북한 당국은 남한 청년층의 진보성향에 의한, 선거를 통한 좌파정권의 유지 내지 강화 흐름이 좌절당하는 데 대비한 시나리오를 써놓지 않을 수 없을 것이다. 그 가운데 북한의 무력도발에 자동 개입하는 주한미군의 소위 '인계철선' 장치를 철거 내지 약화시키는 데 필요한 외교 선무공작이 긴요하고도, 공산주의다운 전술이라고 판단할 것이다. 그리고 그 공작은 미군장갑차의 여학생 늑사에 대한 촛불데모로 성공, 근 4년의 계획항로를 순항하는 중이다.

선에 찰랑찰랑 대통령의 궤도

분명히 좌파 성향을 띠어온 김대중 정권과 그 노선을 원칙적으로 승계한 노무현 정권의 집권 8년여 동안 남한 민중의 정통적 통일관은 많이 변모한 것이 사실이다. 이승만 시대의 북진통일, 멸공통일 신조는 현실을 토대로 합리화하는 방향으로 수정되었다고 본다. 그렇게 보는 가장 큰 이유는 그 방식이 내포하는 전쟁 불가피성으로, 통일과정에서 민족상잔이 재연돼선 안된다는 국민정서에 반한다는 점이다.

지금 김대중~노무현 정권 아래 8~9년 동안 국민 사이에선 통일이 자기 아닌 타 세력-정파의 주도 아래 이루어진다면 자기쪽은 전면적으로 생존이 어렵다는 절박감이 쌍방 모두에 갈수록 퍼져 왔고 그와 비례해서 전반적 분위기가 살벌한 쪽으로 많이 옷자라 왔다. 그런 기류에 기름을 뿌리는 요소가 있으니 현 정권 담당 주류세력과 그 반대 세력들의 출신 배경 문제다. 그것이 고답적이고 이론적인 이데올로기의 대립만이었더라도 이보다는 살기의 강도가 높지 않았을 것이다. 거기에 자생적인 좌파 취향이 가미되는 것까지도 용인될수 있다. 그러나 문제를 막다른 골목으로 몰고 가는 주요인자는 해방후 6·25동란으로 이어지며 뒤얽힌 가해-피해 관계, 바로 과거사 문제다.

터놓고 말하자. 동란 전, 동란 중, 휴전 후의 세계냉전과 국내 보안법 만능 시대까지 내려오는 반세기 넘는 오랜 기간 동안, 깊은 자기성찰에도 완전무결한 자유주의자, 완전무결한 공산주의자가 몇퍼센트나 있었던가. 설령 확고한 사상체계를 세운 어떤 보수 우파인사라 하더라도 지나친 우익 독재적 현상을 접하는 순간 양심 깊은 곳에는 비판과 연민의 정이 움텄을 것이고, 정반대로 어떤 좌파 역시 경우에 따라 내심에 양심의 곡선이 오르내리게 마련이다. 중요한 건 이데올로기도 하나의 역사의 산물이지 그 자체 명경지수(明鏡止水)처럼 영구 불변적 순수성이란 인간세상 어디에도 존재치 않는다는 사실이다.

좀더 가까이 가자. 현직 고위 권력자나 그 부인의 선대에게서 시효가 만료될 충분한 기간 밖에서 좌파적 행적이 적발되었다고 할 경우는 어떤가.

첫째로 연좌제가 헌법정신에 어긋나는 이상 선대들의 범법행위로 말미암아 고위층 부부가 소추되거나 공개적으로 질타당할 필요는 없다. 다만 그것을 둘러싼 인간적 번민이나 동정 같은 정서적 교류까지 가타부타 간

섭할 필요는 없다고 본다.

둘째로 그런 부모의 존재로 기인해서 자신이 합법적으로 취임, 현직을 수행하는 데 있어 심리적으로 영향을 받는 건 아닌지 의구의 대상에서 벗어나지 못한다면 불행한 일이다. 만일 그와 전혀 무관하게 자신이 정당하다고 믿는 정책이 있다면 의연하게 추진하되 그 입안 동기와 추진절차는 공개, 여론의 비판에 노출시켜 음모 혐의는 벗어나야 옳다.

셋째로, 경계할 일은 필요 이상의 자격지심이나 피해의식이다. 여기서 필요한 선결조치는 선대 행적의 자연스런 시인과 그에 대한 자신의 견해를 국민 앞에 천명하는 절차의 진행이다. 그렇지 않고, 프라이버시를 언론이나 풍문이 지나치게 치근거리니까 나는 끄떡도 안하겠다는 식으로 시종 버티기만 하는 것은 적절치 않다. 왜냐면 선대의 언행을 나는 어떻게 본다는 태도를 밝히는 것이 개인이나 국가를 위해서도 현명하고 유익하기 때문이다.

넷째로, 노무현 정권은 '조중동' 등 일정범위 밖에서의 자신에 대한 비난에 대하여 이미도 炎 먹던 힘을 다 내어 핵심을 약화시키는 데 불철주야 하는 감이 잡힌다. 대선을 앞두고 그런 조짐이 엿보인다. 또 이것이 서로 맞물려 마치 수준 이하 무자격자를 대응하는 수준의 비난과 모욕적 언사까지 공식–비공식 언론에서 횡행하는 사회적 분위기는 한마디로 나라에 불행한 일이다. 정책의 구상 입안 시행상 공과의 정면 비판은 누가 뭐래도 옹호돼야 하겠지만 빈한한 가세, 대학 미취학, 용모 특이의 인격 모독적 선까지 빗댄 비난이 분출하는 현실은 누구를 위해서도 득이 안된다.

2
무한한 우주, 思考의 출발점

🌸 머리로 무엇인가를 생각하는데 그 생각하는 사람의 연령은 근본적으로 문제될 것 같지가 않다. 사고능력이 겨우 싹을 트는 유년기의 소년 소녀든, 남은 살 날들을 세어 내리며 지척거리는 노년이든 간에 우주의 공간적 무한대성과 시간적 영구성이란 선험적(a priori) 사고의 절벽에 부닥치는 순간, 모든 사고는 일시에 정지하여 꼼짝달싹하지 못한다. 반어적으로 그 순간은 사고의 종착점인 동시에 결국 사고의 새로운 출발점이 되기도 하다.

무한대(∞)를 분모로 하는 분자식, 즉 '상수ⓒ 나누기 무한대(∞)'에서, 아무리 큰 어떤 숫자나 실체를 분자로 하여 위에 올려놓고 그것을 무한대인 분모로 나누는 계산을 열번 백번 하더라도 언제나 예외 없이 답은 항상 영, 곧 '제로' 하나뿐이다. 세상에 코끼리나 고래 같은 아무리 덩치 큰 동물, 심지어 태양이나 지구 같은 아주 큰 물체를 분자로 올려 놓는다 해도 답은 역시 제로이고 제로 하나뿐이다.

하물며 한낱 인간쯤 되는 것을 분자로 함에랴. 아무리 위대한 역사상의 실존 인물, 설령 한국인의 우상인 이순신 장군이나 세종대왕 같이 초 거인의 인물을 분자로 올려놓는다 한들 무한대가 분모인 한은 먼지만도, 바람만도, 아니 1m의 100만분의 1인 '나노' 보다도 못한 제로가 그 값이다. 먼지나 바람도 그 한알한알은 미세하기 짝이 없지만 아무리 가벼워도 그 자체 엄연한 무게가 있어 정확하게는 '영' 은 아닐진대 어떤 의미에선 인간을 포함한 삼라만상의 존재란 것이 한 알의 티끌과 아무 다를 것이 없지 않은가.

그러나 낭떠러지를 내려 구르는 것 같은 사고-사색의 연쇄 속에도 연상(聯想)의 여지는 남는다. 두 가지 연상이다. 하나는 종교인들이 믿는 절대자, 가령 예수 석가 마호메트 같은 성자 중에서 어느 한분을 위 분자식의 분자로 올려놓는 경우가 그 하나, 다른 하나는 한 사람이 아니라 수천 수백만 수억명의 사람을 한꺼번에 분자로 올리는 것이다.

분자가 성인인 경우를 먼저 볼때, 종교의 성격에 따라 서로 다른 답이 나올 것이다. 첫째로, 사람이 그가 믿는 성자나 교주의 값을 분자식의 분모인 '무한대' 와 맞먹거나 그 이상이라고 믿는 맹신자라고 가정하면 그에게 있어 '무한대분의 성자' 라는 분자식의 답은 제로가 아니고 1이 될 수도, 더 나아가 그 성자를 신(神) 자체거나 창조주로 믿어, 분자식의 분모인 '무한대' 보다 절대자 '무한대' 를 더 큰 '무한대' 로 확신한다면 그 분자식의 답은 제로가 아니고 1을 넘을 수도 있을 터이다.

다시 말해 불가사의한 우주의 무제성(無際性) 곧 '끝없음' 에 짓눌려 어느 한 신앙인이 분자식의 분자를 신이나 창조주로 확신한다고 할 때 '무한대 분의 상수의 답은 언제나 제로' 라는 공식은 성립하지 않는다. 종교란 바로 이 어마어마한 우주의 실체를 인간의 체험적인 지식으로는 도저히 해석할수 없기 때문에 난제에 대한 해답을 스스로 찾아내기를 포기하고 오로지 창조주 절대자에게 의탁하는, 바로 인간 지혜의 한계 너머의 존재가 아니겠는가.

　둘째로, 분모를 무한대로 하는 분자식의 분자에다가 인간 하나가 아니라 엄청난 수의 많은 인간들을 대입하는 가설을 검토해 보자. 가령 원자탄을 투하하여 대도시 하나를 완전 폐허로 만든다고 가정할 때, 그 분자식은 무한대를 분모로 하여 '무한대분의 백만' 또는 '무한대분의 천만'이라고 쓰되, 보편적 사고를 하는 정상적 인간이라면 분자가 엄청나게 큰 숫자의 인간 집단이라는 중압감에 눌려 그 분자식의 답은 적어도 제로가 아니라 엄청나게 많은 숫자라고 착각하기 쉽고, 또 그러는 것이 바람직할지 모른다. 그러나 과거 히틀러처럼 수백만을 눈썹 하나 까딱하지 않고 굶겨 질식사 시킬수 있는 인간 도살자들의 사고라면 분수의 수학원리 그대로를 믿어 그 등식의 답은 항상 '제로'라고 답할 것이다.

　그런 실례는 역사 속에 너무나 많다. 대단한 애국자란 착각 속에, 흔히들 자기 민족의 삶터인 국토의 확장이란 기치를 내걸고 상대국의 양민을 대량 학살함은 물론 무수한 자국 젊은이들을 징병하여 희생시킨 정복자-독재자들의 경우가 바로 그것이다. 고금동서 많은 나라의 통치자들이 자국 내에서 국가에 유해하다고 느끼는 비주류 인종의 말살을 감행한 사실은 고대로 거슬러 올라가 중세 암흑시대를 거쳐, 17 18 19 20세기를 관통, 21세기에 들어서까지 유럽 아시아 아프리카 등 어느 대륙을 불문하고 얼마든지 찾을수 있다. 600만명의 유태인을 학살한 독일의 히틀러, 수많은 원정으로 유라시아 곳곳에서 수십만을 도륙낸 몽고의 징기즈 칸, 중앙아시아까지 휩쓴 마케도니아의 알렉산더대왕 등 헤아리기조차 힘들게 많다.

아프리카 여러 나라에선 종족 간에 감행되는 끔찍한 살육전이 현재까지도 그치지 않고 진행 중에 있다. 타민족뿐 아니라 정치 이데올로기의 불일치를 내세워 자국민을 대량 살상한 네로 스탈린 류의 예 또한 동서고금에 드물지 않다. 초 거물급부터 비교적으로 간이 작았거나 덜 잔인했던 독재자, 그 부화뇌동자, 하수인들을 포함하면 그 숫자는 부지기수다.

이런 부류의 인간들을 통틀어서 분석할 경우 그들의 머릿속에 작용하는 사고의 틀의 공통성은 과연 무엇일까. 틀림없이 그 등 뒤에는 애국애족의 깃발과 슬로건들이 높이 게양되어 있고, 내건 신념을 관철, 목표를 실현키 위해선 아무리 많은 인간들을 희생시킨대도 전체 인구를 분모로 한 분자식의 답은 '제로다' 고 우기는 사고의 틀이 작동했으리라.

그렇게 거창하게까지 생각은 하지 않더라도 정도만 달랐지 그런 류의 개인적 야욕과 집단 이기주의가 넘쳐흐른 사례는 한시도 쉬지 않고 우리 주변에서 끝없이 이어져오고 있다. 조금만 정신을 가다듬으면 그들을 보고 느낄수 있다. 각기 수백명 단위의 미국의 사교신자 집단자살 사건, 남미 가이아나의 인민사원 신도 살해사건, 20세기 초 북한산 속 백백교주의 대량살인, 조그만 충동에 말려 7명 또는 20명씩 여러 사람을 살해한 김대두, 고재봉, 유철희 등 살인귀들도 분명 그런 계산방식을 가진 부류에 속한다.

하지만 이러한 신문 사회면적 사건사고도 아니고 살인이라는 극단적 수단을 사용하는 것도 아닌, 말하자면 악성이 대단치 않아보이는 정도의 물의, 또는 일반의 눈에 잘 안 띄든가 오히려 겉모양이 번지르르 하기까지 한 뿌리 깊은 구조적인 비리까지를 유추한다면 소름끼칠 만큼 그 범위는 광대무변하기 짝이 없다. 왜냐하면 그것들도 다름 아닌 지배계층이 고도의 지능과 계략을 농단하여 저지르는 '무한대 분지 상수는 항상 제로' 라는 사고의 연장선상에 있기 때문이다.

바야흐로 우리 주변에서 통일지상의 사고가 열기를 더해, 각기 개별적 사정에 기인해서 조급증까지 작용하는 최악의 경지에 당도하면 '얼마큼의 희생은 남북 동포 7천만을 (분모로) 놓고 볼 때 별 거 아니다'는 순간적 확신에 자아도취, 어느 쪽에서건 큰일을 촉발하지 말라는 보장이 아무 데도 없다. 보통의 정상적 사고를 하는 인간이라면 선험적 경이에 부닥쳐서 결국 절대자–창조주에 의탁하지 않을수 없을진대 인간이면 마땅히 취해야 할 행동반경을 벗어나지 않는 것이 주어진 선택의 폭이라고 봐야 한다.

그러나 종교를 가지고도, 창조주 신을 믿으면서도 종교적 도그마에 사로잡혀 무신론자보다 못한 환각에 빠지며 결국 자기의 신(神)도 원하지 않을 과격행동을 서슴지 않는 사례가 이 고도의 문명사회에서 끊이지 않고 있음은 불행중 불행이 아닐수 없다. 가장 오래, 가장 극렬하게 빚어지는 종교적 도그마의 상충은 뭐니뭐니 해도 '기독교+시오니즘' 대 '이슬람' 이라 아니할수 없다. 헌팅턴의 문명충돌론이 말해주는 이상으로, 천년 전 십자군전쟁의 무모성과 참혹성에 방불하리만큼 중동전쟁은 40년이 넘도록 세계 불안의 도화선으로 끝도 없이 계속 중이다. 특히 미국의 맹목에 가까운 지원을 업은 이스라엘이 아랍세계 복판에 자리잡고 앉아 유아독존적 선민의식을 조금도 숙이지 않은 채, 상대방에만 책임을 떠넘기며 무한 전쟁을 벌이고 있는 것이 현실이다. 유엔도 제대로 경고 한마디 건네지 못하는 형편이니 한마디로 줄인다면 현대 인류문명의 수치라고 밖에 말하기 힘들다. 물론 이슬람도 잘못이다. 이젠 세련미를 갖춘 현대종교의 상으로 탈바꿈할 때가 되었음에도 남들 보기 민망하게 거추장스런 종교의식에 여인들의 안면을 가리는 고집을 언제까지 끌고 갈 작정인가.

더구나 불과 10년도 안돼 인류문명의 축약판처럼 한도 끝도 모르며 발전에 발전을 거듭하고 있는 휴대폰-컴퓨터의 다기능화는 멀리서만 바라보아도 마치 인간이 신의 경지를 침범하는 것 같이 아슬아슬하게 느껴져, 이러다가 인류자멸의 묘혈을 스스로 파는 건 아닌가 하는 두려움에 사로잡힐 때가 있다. 기우였으면 얼마나 좋을까. 그러나 한반도 정세가 꼬이다 보니 만일 제2한국전쟁이 발발하는 경우 첨단기술들의 실험장으로 대량파괴 대량살상의 불장난이 이 땅에서 벌어지는 건 아닌가. 이런 두려움은 위의 '무한대 분의 상수' 분자식에서, 어떤 독재자가 분자인 자기 자신을 무한대로 순간 착각하는 경우, 그 분자가 천만 또는 그 이상의 인원수로 올라간다 해도 상관없이 답은 제로라는 데서 생긴다.

3
약육강식 弱肉强食

🌸 나이가 들수록 귀가 순해지는 이순(耳順)은커녕 세상만사가 고깝게만 비쳐, 인간 세상에 통용되는 근본 법칙이 동물의 세계에서 통하는 법칙과 하등 다를 바가 없다는 쪽으로 생각이 굳어져 간다. 그 법칙이란 약육강식 법칙이다. 정의 양심 정직 등등의 쨍쨍한 낱말들은 한낱 위선을 가리는 연막탄일 뿐, 세상 내면을 꿰뚫는 통칙은 힘센 자가 약자를, 교활한 자가 고지식한 자를, 음흉한 자가 순박한 자를, 설치는 자가 겸손한 자를, 목소리 큰 자가 목소리 작은 자를 깔아뭉갬으로써 스스로 더욱 강성해지는 도도한 저류를 감지할 때 새삼 놀란다.

사필귀정(事必歸正)이란 4자성어 역시 유교 문화권만 아니라 기독교 문화권, 정의의 총잡이에게 악한이 필패하는 서부활극의 고장 미국, 알라신의 전지전능을 믿는 이슬람 세계 등 모두를 통틀어서 '세상만사는 옳은 대로 돌아간다'는 뜻의 교훈은 만고불변의 절대 도덕률이었다. 선을 상찬하고 악을 벌하는 권선징악(勸善懲惡)은 그래서 고금동서에 불변하는 규범이었던 것이다.

이 오랜 흐름에 이상기류가 나타났다. 선진화 정보화 지식화 사회를 지향해 가면서 사람들 뇌리에서 사필귀정이란 신념체계가 흔들리고 급속히 허물어져 내리는 감이 잡히면서 한편에선 "큰일 났구나. 이래선 안되는데" 하는 강박관념마저 샘솟고 있는 것이다. 그러면 그 강박관념의 실체는 무엇인가. 이에 대해서는 백인 백답이 나오고 있어서 섣불리 '이거다' 고 가늠하기 어렵다.

마음에 잡히는 게 있다. 분명 수천년, 적어도 석가 공자 소크라테스, 5세기쯤 뒤에 예수, 다시 6세기여 뒤에 마호메트가 강론을 편 이래, 수천수백년 동안 인류양심의 척도로 자리잡아 온 일종의 황금률이 왜 근래 단 몇십년 사이에 이리도 위협을 받는 것인가, 의아하지 않을수 없다. 여기서 그런 강박감이 퍼져가는 중요한 통로가 아주 가까운 곳에 열려 있다는 심증이 굳어지고 있다. 다름아니라 TV화면을 통해 안방에 실감나게 투영되는 '동물의 세계', '동물의 왕국' 필름이 그것이다.

사자 호랑이 등 맹수에서 거미 개미 벌 같은 미물에 이르기까지 온갖 동물의 생태를 있는 그대로 담은 천연색 영상들이 거실 속에서 인간과 함께 살며 호흡하는 'TV시대'에 우리는 살고 있다. 1960년대쯤까지만 해도 타잔 영화에서나 구경하던 밀림 속의 신비나, 제한된 범위의 곤충세계에 대한 근접 촬영물 방영이 고작이었다. 그러나 불과 20~30년 사이, 그것도 한국에선 1980년 천연색 TV방영을 전환점으로 크고 작은 온갖 동물들의 생동하는 숨결, 포효, 질주, 비상(飛翔), 사생 건 결투, 짝짓기 등 있는 그대로가 가감 없이 최근접 촬영된 필름들이 하루를 거르지 않고 어른 아이 모두의 관심 속을 흥미진진하게 파고들어 온 것이다.

촬영-영상의 기술과 장비, 관련 산업의 비약적 발전으로 눈을 의심할 정도로 생생한 자연 생태계의 실상이 우리 눈앞에 최근 수년 사태 난 것처럼 펼쳐져 온 결과와 그것이 2차, 3차로 세상에 미친 영향은 과연 무엇일까. 무수히 많겠으나 딱 한마디로 줄인다면 '인간과 동물은 크게 다르지 않다'는 사실의 확인이다. 그 화면들 속에서 큰 맹수건 하찮은 작은 동물이건 간에 가까이서 보면 인간과 크게 다르지 않은 오각육감을 지니고 있으며 침팬지 등 유인원은 물론 물개나 일부 조류까지도 열매를 돌로 깨서 알맹이를 먹는 데 도구를 사용하고, 어미를 잃은 아기 코끼리를 지극 정성으로 돌보는 고모 코끼리의 다정한 거동이 오랫동안 비쳐지면서 거기서 인간들이 받은 충격 감동 반성은 긴 여운을 남겨 왔다.

결정적인 것은 영상에 비춰지는 동물세계의 약육강식 법칙-먹이사슬의 원리와, 인간 사회에서 벌어지고 있는 피나는 생존경쟁 양상을 음미하면 할수록 세부방식과 겉모양새만 다소 다를 뿐, 본질로 따지자면 완전 동일하다는 깨달음이며, 문제는 그와 관련된 깊은 감정들이 인간 세상에 확산되고 있다는 사실이다.

이제 아무도 '天地之間 萬物之中 唯人 最貴 此 五倫也; 천지지간 만물 중 유인 최귀 차 오륜야'(세상에 사람만이 귀하기에 오륜을 지킨다)라는 공자의 가르침을 그전처럼 믿고 떠받드는 사람이 믿지 않는 사람보다 아직도 더 많은지, 아닌지 자신 있게 대답할수 없는 시대, '오로지 경쟁' '오로지 승리' '오로지 돈' 시대, 그것을 위해선 무슨 짓을 하더라도 괜찮은 시대에 우리는 살고 있지 않은가.

웅녀의 단군신화, 별주부전, "떡 하나 주면 안 잡아먹지"로 이어지는 딸네집 가는 할머니와 호랑이 얘기 등 맹수를 의인화(擬人化)하는 동화 수준의 한국인 전통의 동물관 내지 자연관이 영상시대에 들어와서 동물계의 생태를 속속들이 파고드는 사실성(寫實性)과 근접성으로 인하여 오로지 인간만의 특성이라고 자부해 오던 정감(情感)마저 동물들이 같이 가지고 있음을 영상물에서 분명하게 발견 확인하는 것이다.

적나라한 동물세계의 간접 경험은 단순한 오락 관람 차원을 넘어서 우리의 철학적 사색을 자극한다. 아리스토텔레스 노자 장자 다윈 같은 소수의 천재들, 적어도 지성인에 한정되었던 고차원의 인간관 자연관 세계관, 자아 통찰을 영상시대는 모든 사회인들에게 평등하게 같이 요구하고 있다.

'인간은 과연 동물과 같은가, 다른가. 다르다면 무엇이 얼마나 다른가. 그렇다면 도대체 인간이란 무엇인가. 기존의 종교관 우주관은 이대로 두어도 괜찮은가' 등등 우리가 내다봐야 할 사고의 수평이 하염없이 넓게 펼쳐져 있다는 사실 자체가 우리에겐 중압이고 충격이다.

이런 자문 끝에 떠오르는 것이 동물과 인간이 공통으로 안고 있는 생존경쟁의 문제다. 고등동물에서 미생물에 이르는 모든 생명체들이 먹지 않으면 먹히는 먹이사슬(eco-chain) 안에 위치하여 죽기 살기 경쟁을 잠시도 멈출수 없는 현실이 영상 속에 떠오른다. 그 경쟁에서 승자에게는 개체보존과 종족보존이 보상으로 돌아가고, 패배자에겐 개체의 생명보전은 물론 종족의 번성까지 박탈당할수 있다.

경쟁은 싫다고 해서 그만둘수 있는 게 아니다. 왜냐면 경쟁을 회피하면 바로 패배이고 그것으로 존재는 끝나기 때문이다. 스포츠에서처럼 무승부란 없다. 노정권 하의 유행어로 '싫으면 말구'가 아니다. 또 경쟁은 한번으로 끝나거나 다시 안해도 좋은 일회성이 아니라 다회 다발 무제한적이다. 심판도 규칙도 예고도 없고 그럴 말미도 없다.

적자생존-자연도태의 실타래 속에서도 가장 중심에 있는 과제가 종족번식 욕구에 모든 것을 거는 수컷들 간의 혈투이며, 애오라지 새끼의 보호

양육에 추호의 나태도 저지르지 않는 암컷들의 모성애다. 그것은 조물주가 정해준 종족보존 본능이고 그런 본능 충족의 수단으로 역시 조물주가 허용한 것이 다름 아닌 약육강식의 먹이사슬이다. 또 약육강식의 전략에는 '영역 확보'와 '영역 방어'가 전술로 부가되도록 예비돼 있다. 종을 막론한 동물의 이런 본능과 약육강식 원리는 규명된 지 이미 오래고, 다윈의 진화론의 핵심인 적자생존-약육강식 원리는 저학년 수준의 기초지식이다.

영상시대가 우리에게 안겨준 놀라움은 "동물과 인간이 근본적으로 다르지 않다. 다만 인간은 동물적 본능을 가진, 자칭 '영장류' 동물일 뿐이다"는 평범한 진리의 새삼스런 인지라고 볼수 있다. 인간(homo sapiens)은 동물에 속하고, 동물은 식물과 함께 생물의 한 부분이라는 패밀리 트리 분류에 오류는 없다. 그럼에도 사람들이 "인간도 동물이다"는 선언에 번번이 충격을 받는 것은 무엇 때문인가. 그것은 아마도 인간 스스로 쌓아 올린 '위선'이라는 장막과의 느닷없는 조우일 것이다.

동서양 비슷이 약 2천 5백년 전 전후로 현자들이 "인간은 동물과 다른 존재"라는 명제를 선언했고 후세에 오면서 만고불변의 진리로 굳혀져 왔다. 그러나 그 저류에는 억지가 깔려 있다. 먹이사슬에서 인간만이 스스로 초월적 존재라는 논리를 기정사실화 했다. 전생-현생-내생(前生 現生 來生)의 윤회를 신봉하는 불교는 살생을 금한다.

그러나 그 밖의 어느 종교가 토템 이외 다른 동물의 살생과 식용을 반대하고, 신전에 제물 받치는 일을 금한 예가 있는가. 인간 이외 어떤 동물의 희노애락도 부인되어 온 원인 속에 동물세계를 근접 관찰할 만한 과학기술의 한계가 작용한 때문일까. 영상시대 진입 이후 사실성 높은 동물세계 영상물의 급격한 보급이 앞으로 어떤 결과로 이어져갈 것인가. 수천년 굳혀온 인간의 초월적 위상, 구약성서에 써 있듯 사람의 존재는 여느 동물과 근본부터 다르다는 공리는 과연 계속 살아남을 것인가. 각국의 줄기세포 연구 진척이 그 위에 어떤 영향을 미칠까. 이런 의문들을 너무나 선명한 영상화면 앞에 수십억 인류가 함께 앉아 자문자답하는 시대가 이미 도래한 것이다. 그것은 밀레니엄적 대 분수령을 준비하는 계기가 될 것이다. 각자가 시청한 여러 편의 영상들을 연상한다면 몇가지 의문들을 스스로 제기할 것이다.

과연 동물들에겐 없고 오직 인간만이 보유한 초월적 능력은 무엇인가.

동물들이 가지고 있는 일차적인 본능, 가령 먹이를 향한, 짝짓기를 위한, 지배영역을 사수하려는 처절한 포효와 혈투가 과연 동물의 전유물일 뿐, 절대로 인간은 그와 다르다고 누가 과연 단언할수 있을 것인가?

4
거꾸로 된 역사관

🌸 한국만의 일이 아니라 16~7세기 국민국가(nation state)가 출현한 이래 동서양의 어떤 나라나 대동소이하게 청소년들에게 애국심을 주입할 목적으로 가장 역점을 두어 오는 국가적 과제 중의 하나가 바로 자국중심 사관(史觀)의 역사교육이고, 그중에도 국사교육이다. 해방 전으로 소급할 필요도 없다. 해방 직후부터 오늘날까지 초중고 과정을 나선형식으로 반복해 올라오며 역사과목을 이수했던 한국의 평범한 시민으로서 세계사 속의 동양사와 서양사, 그리고 동양사 속의 한반도의 역사를 체계적으로 종합하고, 동서양 각국의 역사를 시대적-횡적으로 연결하여 머리에 간직하고 있는 교양인은 드물 것이다.

다만 동양사 교과목의 대부분을 차지하고 있는 중국사는 한반도와의 교접 왕래가 고대로부터 계속되어 왔기 때문에 이 땅의 3국시대는 중국의 한(漢) 수(隋) 당(唐) 시대와, 고려는 송(宋) 원(元)과, 조선조는 명(明) 청(淸)과 동시대임을 대충 알고 있다. 하지만 중국 러시아 다음의 최근 인접국인 일본에 대하여는 한국인의 역사지식이 거의 절벽이다.

초중고 역사시간에 설치다시피 배우는 둥, 마는 둥 했기 때문에 일본사 자체도 백제가 불교를 전했다는 등 몇줄에다 도요토미 막부가 임진란으로 조선을 쳐들어 와 충무공에 패배한 일, 선조가 독 속에서 통곡을 해 명의 이여송 원군을 불러 들였다는 부분 부분을 아는 것이 고작이지 그 이전 고대 '죠몬' '야요이' 이래 두 나라 역사가 어떤 선후관계를 가졌는지에 대해서는 대체로 깜깜이다. 더군다나 남아시아 중앙아시아는 물론 그 이서(以西)의 여러 나라 역사를 한국사와 시기적으로 연결하기 힘들게 가르친 역사 교육이었다. 그래서 까마득한 상고시대로만 알던 '박혁거세가 알에서 나온' 건국신화의 연대가 실은 첨단 장비의 로마군단을 거느리고 시저가 옛 영국땅을 정벌했던 때와 동시대임을 알고 어리둥절해 진다.

한마디로 수업시간 배정이 많고, 고등고시를 포함한 여러 국가고시나 입사시험 등에서 출제비중이 높은 국사에 있어선 국민 일반으로 배운 것, 얻어 들은 것, 드라마에서 본 것이 많다. 3국의 건국 연대에서 '태정태세문단세…'. 조선 27왕을 암기하는 등 꼭 외워둘 필요조차 없는 것마저도 평생 외우는 노장년들도 주변에 흔하다. 이에 국사지식 많아서 안될 일 없지 않느냐는 반문이 있을수 있다. 그러나 그 국사지식과 이해력이 동아시아 속의, 전 아시아 속의, 나아가 전 세계 속의 한국의 위상을 연결해 바라볼수 있는, 균형감각 있는 유기적 역사지식이 아닌 다음엔 세계화 시대역행의, 자만심만 강하고 쇼비니즘에 젖은 밥맛 없는 '어글리(남–북) 코리안'을 양산하는 역기능 가능성을 배제할수 없다.

그렇다고 일본인이나 중국 등등 이렇다 할 나라 사람들이 한국인보다 꼭 앞섰다고 주장하려는 것은 아니다. 동양권을 통틀어 이른바 개화–산업화가 1세기 이상 앞선 일본을 포함, 선진국이라 통칭되는 서구 여러 나라들까지도 자기 나라 중심적 국수주의 의식체계에서 시원히 해방되었다고 보긴 힘들다. 그럼에도 세계 식민지 개척에 수세기 앞서 나갔던 스페인 포르투갈 네덜란드 벨기에 덴마크 영국 등 서구인들이 지닌 세계관과, 조롱 섞인 '조용한 아침의 나라' 한국인들이 지닌 세계관 사이에는 상당한 격차가 있음을 간과해선 안된다.

그런 점에서 태평양전 종전 60년이 넘은 오늘날에도 정부 지식인 학생을 포함한 한·중·일 3국인들이 제각기 역사인식상의 간격을 끝내 좁히지 못한 채 업치락뒤치락 끝없는 신경전에서 헤어나지 못하고 있는 사실을 우리는 어떻게 보아야 할까. 헌법 비준까지는 실패했어도 EU통합의 대 진전, 철천지 앙숙인 프랑스-독일 간의 화해만을 예로 들어 동아시아 3국 간의 과거사 문제를 둘러싼 끝없는 각축과 대비한다면 동서양 간 역사인식의 현격한 차이에 탄식하지 않을수 있는가, 자문할 일이다.

다행히 2005년 한·중·일 3국의 소장 사학자들이 '미래를 여는 역사교과서'를 공동제작 출판한 사실은 놀라운 진전으로써 길게 보면 동양인들의 진정한 자기발견과 공동 눈높이 향상을 위해서 희망으로 향하는 분수령이 될 것이라 믿고 싶다.

지역별 아닌 시대별 역사교육

구시대적 역사관 내지 역사교육 방식이 근본적으로 잘못된 것은 무엇이며 그것을 바로잡는 첩경은 과연 있는 것인가. 한마디로 줄인다면 지역별로 각급학교 역사과목을 분류하는 편제, 다시 말하면 지역별로 나누는 수직적 분류방식을 과감히 불식하고 세계사 전체를 시대별로, 즉 횡적으로 분류하여 저술 출판 교육하는 방식을 모색해야 한다는 것이다. 어떤 면에서 이것은 교육방식을 변경하는 차원이 아니라 수천년 쌓여온 세계인들의 역사인식 내지 역사관의 구조를 본원적으로 바꾸는 패러다임 쉬프트로 알고 출발해야 한다.

그렇다고 지역별 또는 민족별 역사의 존재나 흐름, 그에 입각한 학문연구 자체를 완전 배격하는 것은 있을수 없는 일이며 그래서도 안될 일이다. 다만 역사연구의 접근자세를 시대구분에 기초를 두되, 지역 국가 민족별로 연구하면서 그들 상호간의 교접사 교류사를 중점 부각시키는 일이 중요하다. 그러려면 최소한 각급 학교가 수업하는 역사교재의 편제와 서술방식을 상고사에서부터 각 천년기(밀레니엄) 내지 세기별로 구획하여 시계열로 연결하는 방식이 될 것이다. 그러니까 종래 동양사 서양사 국사 하는 식의 과목분류나 역사과목 담당교사의 배정 방식을, 상고사 중세사 근세사 근대사 현대사로 구분한 교과서-담당교사 제도로 바꾸면 가능하리라 믿는다.

그리로 향해 가기 위한 일차 대안으로는 세계 역사상 주요사건의 연대를 횡적으로 비교 나열하여 편찬한 '세계사 연표(年表)'를 활용하는 길이 가장 빠른 첩경이라고 본다. 세계사 연표를 펼치면 그 속에서 우리는 많은 시사점을 얻는다. 연표를 들여다보는 자세 하나만으로 우선 시야가 좌우로, 그리고 공간적으로 넓어짐을 느낀다. 어느 특정국 간 국경에 갇혀 있지 않고 광대무변한 지구를 섭렵하는 느낌이 든다. 당장 시도해 보면 안다.

종래의 역사 교과서만 읽으면 한 지역, 나라 종족 계급에 깊이 빠져 옆으로 헤어나질 못한다. 마치 깊은 숲 속에 한참 들어가면 시야가 가려서

나의 현 위치나 나아갈 방향을 찾기 힘들 듯이 한 나라나 어느 족속의 복잡하고도 사소한 행적에만 사로잡힌 나머지, 그 경계 밖에 있는 지역의 대소사는 상대적으로 관심이 적고 등한하고 그러다 보니까 상호간에 이해가 부족하게 되는 것은 오히려 당연하다.

가령 한국 학생들이 각급학교 국사시간에서 거듭거듭 배운 단군 역사는 까마득한 옛날 곰(熊女)을 어머니로, 환웅(桓雄)천왕을 아버지로 하여 태어나 BC 2333년(단기 원년) 평양성(또는 아사달)에서 조선이란 국호로 나라를 연 것으로, 말 그대로 신화처럼 배웠을 따름이다. 따라서 그 비슷한 시대에 지구의 다른 구석에선 어떤 일들이 일어났었는지를 비교해서 배운 바가 없기 때문에 인류 상고사 속에서 우리나라의 역사가 어떤 위치를 차지하고 있는지에 관한 입체적인 지식이 결여돼 있다고 본다.

세계사 시간에 고대 4대 문명, 8대 문명의 발상에 관해 배운 바가 없다는 것이 아니라 국사와 다른 나라 역사를 부분부분 따로 떼어서 배웠기 때문에 가령 단군시대, 기자조선시대, 한사군시대, 삼한시대, 삼국시대를 각기 세계 여러 다른 나라들의 역사와 연결 비교 파악하여 이해하지를 못한다는 것이다. 잠시 보자.

단군이 웅녀에게서 태어나 왕검이 되기 이미 천여 년 전에 에게문명이 꽃피었으며 BC 2850년경 이집트 제2왕조에선 최초의 태양력과 신성문자를 창시했다고 서양사엔 기록되어 있다. 소아시아, 인더스, 황하에 이르는 아시아의 고대문화들이 사료의 신빙성은 별도로 치더라도 앞서거니 뒤서거니 5천년 전부터 이미 꽃피어 왔음을 우리는 외면할수 없다.

더구나 알 속에서 시조가 나왔다는 우리의 삼국 건국신화는 허망하게까지 받아들여진다. 가장 앞선 신라의 건국이 BC 57년으로 2천년도 채 지나지 않은 시기이다. 그런데 그 동시대의 타지역의 역사는 너무나 사료들이 상세하게 발굴 정리되어 전해져 오기 때문에 아무리 미화된 설화라 하더라도 그 시기에 유독 이 땅에서만은 사람이 알을 깨고 세상에 태어나 나라를 세웠노라고 가르친들 이젠 저학년 초등생이라도 믿을 리가 없다.

중국사로는 나관중의 소설을 통해 삼국지가 널리 읽혀졌다. 유비 관우 장비 조자룡 등 그 많은 협객들의 활동기였던 춘추 전국시대는 BC 403-221년으로 신라개국보다 약 150년 앞서고, 오늘까지 언동이 소상히 전해지는 공자가 탄생한 것은 BC 551년으로 그보다 약 5백년이 앞서니, 비천한 모계가 공인된 성인 공자보다 4, 5세기 뒤에 출생한 반도의 위인들이 모두 알에서 태어났다는 학교 역사교육을 어느 방향으로 끌고 나갈 것인가.

한-중과 다른 한-일 關係史

종래 우리가 익혀온 한국사의 분량에서 만일 한-중, 한-일 관계사를 몽땅 떼어내 버린다면 남는 것은 과연 어떤 모양의 한국사가 될 것인가. 엉뚱하게 생각을 진척시켜 나가다보면 아예 기존 한국사와는 전혀 판이한 다른 나라의 역사 모양이 될지도 모른다. 중국과의 관계사 기록이 전혀 없는 한국역사를 과연 생각할수 있으며, 그보다는 덜하더라도 일본과의 관계사가 전혀 빠져 있는 한국역사, 특히 조선 중기 이후의 한국사를 어떤 모습으로 상상할수 있는가를 조용히 자문할 때, 결국 한국역사에 있어 한중관계사, 한일관계사가 차지하는 비중은 몸통의 중요 부분에 해당한다는 사실을 아프지만 인정해야 한다.

우리가 대중관계와 대일관계를 논의할 때 이 양 측면을 완전히 별개로 떼어 독립적으로 파악하기보다는 대중 대일 양 측면을 마치 삼각형의 두 사변(斜邊)처럼 동시에 연결지어 비교 분석함으로써만 각기 양국관계의 개념이나 성격규정까지도 비로소 가능하다는 데로 생각이 미친다. 물론 한국사에서 한중관계와 한일관계 중 어느 쪽이 더 중요하냐, 단도직입적으로 답하라고 다그치면 더러 망설이는 사람이 있을지 모른다.

한국에게 있어 대중관계와 대일관계 중 어느 쪽이 중요성을 갖느냐는 질문은 미묘하다. 한일관계보다는 한중관계가 오랜 기간에 걸쳐 광범한 폭으로 이루어졌다는 측면, 한일 간에는 식민 지배-피지배 관계가 그것도 가까운 시기에 각인되어 있다는 측면이 엇갈리는 것은 사실이다. 그러나 한국문화의 대표적 특질인 유교문화와 한자문화의 근원이 중국이라는 문화적 근접성을 잠시라도 떠올려 교량한다면 한국에 있어 대중국관계는 대일본관계에 비해 월등 중량감이 크게 느껴지는 것은 어쩔 수가 없다.

역설도 가능하다. 한일관계가 한중관계에 비해 떠올리기 불편하고 정서적으로 황량하다는 바로 그 점에서 그렇다. 중국, 더구나 북방민족까지, 중원의 주역들을 포괄하는 광의의 중국을 논의 대상으로 삼을 경우 대중국관계 역시 순탄했다고 한마디로 말할 수는 없지만 대일관계는 중국과의 관계에서와 같은 다양성을 결여한다. 따라서 한일관계는 앞으로도 상당 기간 마치 뜨거운 감자처럼 덥석 끌어안기도 힘들고 던져버리기도 불가능한, 불가근 불가원적(不可近不可遠的) 관계라는 현실을 출발점으로 삼을수밖에 없다.

따라서 이 문제의 전개방향을 탐색하는 과정에서 대일관계와 대중관계 2개 변수를 트레이드 오프(trade off)나 제로 섬(zero-sum) 관계가 아니라 상호보완 관계로 파악하여 대처해야 한다는 점이 간과돼선 안되겠다.

한국전쟁 이후 그처럼 소원하던 한중관계의 재접근 드라마는 '1980년대 초 중국 민항기의 한국 내 불시착'이었음을 생생히 기억하는 사람이 많을 터이다. 그 돌발사건의 사후처리 과정에서 이입되는 기대 이상의 온란성 고기압 기류 형성을 상기하며, 한 TV 드라마에서 출발한 일본 내의 한류바람을 무색케 할 만큼 교과서 문제, 독도문제, 야스쿠니 참배를 둘러싼 양국 정부 간의 거센 맞바람을 떠올린다면 한일관계는 마치 견원(犬猿)처럼, 또는 물과 기름처럼 완전한 융합을 바라기란 힘들다는 현실의 벽을 자주 통감하게 된다. 여기도 물론 희망은 보인다. 양국 정객의 큰 목소리를 제외하면 민간 간, 특히 새세대 간의 교류는 훨씬 부드럽다는 점에서 기성세대는 실망보다 장기적인 안목을 가지고 대처해야 한다고 본다.

중요한 것은 금후 세계판도의 재편성 와중에서 한중일 3국 간의 합종연횡이 어떤 방향으로 작동해 나갈지에 관한 고차 함수관계로써 그 답을 점치는 일조차 매우 조심스럽다. 다만 어떤 대가를 치르더라도 한일 양국이 끝내 상호 적대하는 위치에 선다고 가정할 경우에 양국이 동시에 지불해야 할 대가를 신중히 촌탁하지 않으면 안된다는, 너무나 엄청난 사실을 양국의 지도층은 물론 양국 국민 대부분도 충분히 통찰할 수준에 와 있다고 보고 싶다.

한-일관계 악운은 상호 멸시서

이러한 논리의 전개가 마음에 꺼림직하다고 해서 이를 인정하는 데 인색하다면 현실도피다. 나라들 사이에 자기과오의 자인이란 심리작용은 쌍방 또는 각 당사자가 양심의 명에 따라 서로가 항구적 불화의 비생산성을 인식하고 나서 이를 극복하기 위해, 새로운 역사를 쓰기 위해 시도하는 예가 많다. 프랑스 대 독일의 관계, 영국 대 프랑스의 관계, 러시아 대 프랑스의 관계 등 열거할수 없이 많은 인접국-인접 민족 간의 끝없는 양자관계 조정과 그에 연결된 흥망성쇠를 우리는 보아 왔다.

한일 관계에서도 우열의 기복(起伏)은 있어 왔다. 그러나 두 나라 중 어느 쪽이 우세이고 어느 쪽이 열등한가, 직문-직답하라는 주문이 있다면 당혹스런 일이다. 심판자가 제삼국 사람들이라면 GDP 등의 여러 기본지수를 가지고 단순 비교를 함으로써 쉽사리 '일본 우위' 판정을 내리는 것이 아마도 상식일 것이다. 그러나 한국인이라면 내심 여기에 수긍을 하면서도 '즉각 승복'의 의사표시는 삼갈 것이 틀림없다.

상고로 소급할수록 한국 측은 일본 측에 대하여 우위를 양보하지 않으려는 경향이 있다. 공인된 인류사의 발원인 4대 또는 8대 고대 문명권 가운데 황하문명권을 구심점으로 볼 때 시간-공간적 원근에서 일본보다 한반도가 중심부에 가까운 위치였기 때문에 선-후발의 순서와 문명 수준을 그렇게 구분하려는 논리에는 일면의 타당성이 충분히 있다. 시야를 넓혀 가령 메소포타미아 문명권 한가운데 자리하던 메소포타미아(이라크)나 페르시아(이란) 앗시리아(시리아)가 이제는 엄청난 격차로 문명 정도가 역전한 구미의 현대 문명권과 현실문제를 다룸에 있어 항상 불퇴전의 고자세를 견지하는 모습을 우리는 끝없이 보아 오고 있다.

그러나 우선 중국과의 공간적 원근에서 한국보다 처져 있던 일본이 대략 10세기 이후 대세를 뒤집어 한 밀레니엄(10세기~20세기 천년) 간의 장구한 국력신장 경쟁에서 한국을 압도했다고 볼수 있고, 오늘 현재에도 여러 면에서 한국에 대해 가시적 우위를 견지하고 있음을 부인키는 어렵다. 나아가 현재의 양국의 상대적 지위가 보이는 장래에 뒤바뀌리라는 어떠한 증거도 아직은 떠오르지 않고 있다.

반면 한국의 입장에서 보면 임진난 수난으로, 중과부적(衆寡不敵)으로, 서기(西器; 유럽소총) 활용의 기회일실 등 복합작용으로 해서 일본에 추월 당한 것이 엄연한 사실임에도 불구하고 세계가 공인하는 일본의 상대적 우위를 마음 얕은 데서 양보하지 않으려 안간힘을 쓰는 일면이 우리에겐 있다.

그러나 한국이나 일본이 조금씩만 공정한 마음을 가지고 양국관계를 파고든다면 '근본적으로는 양국 국민 모두가 상대국의 역사에 대한 올바른 이해를 가지지 못했다'는 이 한 점에만은 초점을 모을수 있다고 믿는다. 한국인들은 역사상 언제나 중국에서 전수받은 문화를 끊임없이 후진 일본에 꼬박이 전달해 주었다는 자만에 사로잡혀 있고, 또 그것은 상당 부분 사실이다. 하지만 일본의 생각은 다르다. 한반도를 통해 대륙문화를 직접 전달받은 것은 극히 일부에 지나지 않았고 더 많은 부분은 견당사(遣唐使)를 통해 그들이 직접 받아들였다는 완강한 소신을 조금도 누그러뜨리려 들질 않는다. 결국 이 상반된 주장에 대하여 양국은 당사자이면서 동시에 객관적으로 공정히 판단하는, 자신에 엄격한 문화민족이 되어야만 동아시아가 정신적 물질적으로 세계에서 EU나 미국과 나란히 리딩 롤을 감당하는 날이 올수 있다고 믿는다.

한국인에 묻자

첫째로 한국인이 우리 자신에게 물을 내용은 이렇다. "일본은 과연 일-이천년간 모든 문명을 중간 스승인 한국을 통해서만 받아 들여간 후발국이며 따라서 일본은 많은 외국인들이 즐겨 쓰듯이 '원숭이 나라'에 지나지 않는가"이다. 조금 애써 들여다 보면 일본은 근대화 초기 그들의 심학(心學)에서 양생하여 자부하는 '화혼양재(和魂洋才; 정신은 일본의 야마토 정신을 흐트러뜨리지 않으면서 서양에선 물질문명만을 배우자는 교훈)'란 경구가 말하듯이 7,8세기 이후의 상대(上代)에서는 중국과 한반도를 아우른 대륙문화를, 16세기 말 이후로는 화란과 포르투갈을 통해 서양의 문물을 쉴새 없이 도입 모방하여 실용화함에 있어 누구의 추종도 불허할 만큼 열심이었고 또 효과적이었던 것이 사실이다. 가장 상징적인 것이 포르투갈제 조총으로, 슈시(種子)번의 번주가 모방 제작한 6만 정을 조선정벌에 결정적 신무기로 활용한 사실을 양국에 모르는 사람이 드물다.

경제대국이 된 최근년 까지의 일본 역사를 보면서 모방에 능한 특성을 떠올리는 사람이 있다고 해서 펄쩍 뛸 일은 아니라 본다. 더구나 일본열도에는 토종 원숭이가 인간과 가까운 거리에서 서식해 왔으니만큼 그 인과관계를 부인만 할 것도 아니다. 그러나 여기서 일본의 국력이나 문화수준은 그것들이 거의 모두 한국을 거쳐서 갔기 때문에 당연히 이쪽보다 미개하고 뒤져 왔다는 한국인 일반의 일본에 대한 인식은 너무 조악한 것이다. 그런 부적절한 인식은 왜 생기는가. 한마디로 교육 부재다. 해방 후만 따져도 반세기 이상 오랜 세월이 지났지만 학교 교과에서 일본 역사-문화에 대하여 최소한 인접국 시민으로서의 교양을 높이는 정도에도 훨씬 미흡했다는 사실을 인정함에 인색해선 안된다.

그들이 백제를 필두로 한반도 3국에서 한자 유교 불교 등 많은 문화를 전수받은 것은 틀림없는 사실이다. 그러나 그들이 전국시대를 거쳐 열도를 통일하고 조선에 출병한 뒤에는 동양 유일하게 제대로 된 봉건제도를 3백년 가까이 운영하는 과정에서 농공상 각 방면의 불산장려, 교통발달, 도시개발 등에서 대단한 축적을 이루었던 것이다. 한국이 정약용 등의 실학

사상 열매를 가꾸어 수확하지 못하고 당쟁에 허송하기 전부터 일본은 산업화-근대화를 준비 발전시키는 과정을 효과적으로 이수했다는 점을 우리는 직시해야 한다.

특히 유교에 있어 형식논리에 빠진 주자학이 아니라 실질을 숭상하는 양명학을 발전시켜 소위 일본 자체의 국학, 심학으로 국민을 개화시키는 데 이바지했다. 불교 역시 한국처럼 호국불교에서 자리를 밀려나 산중에 칩거, 탁발(托鉢)이나 하는 소극적 존재가 아니라 도심에 자리잡아 주판 문자교육 등 국민교화에 중심역을 해냈다. 게다가 16세기에 화란 포르투갈과 교역을 열어 비누 소파 등 갖가지 귀중한 제품에다 근대 의술 조선술 등을 배워 근대화-산업화를 준비하는 과정을 이미 명치개국 훨씬 이전에 착실히 밟아왔던 것이다.

그런 긴 과정을 모두 거쳐서 19세기 말 비 유럽국으론 유일하게 부국강병을 달성하고 제국주의 대열에 끼어 구미열강과 어깨를 겨루었다. 탈아입구(脫亞入歐) 허영의 늪에서 자멸하는 비운을 맞았던 것이 사실이나 한국전을 첫 호기로 삼아 전후부흥을 가속화시킨 끝에 미국 하나에만 뒤지는 세계 제2 경제대국으로의 도약을 필한 것도 이미 30년 전의 일이 되었다. 한국의 교과과정에서 일본사의 이 같은 음과 양 두 측면을 균형 있게 2세 국민에게 제대로 가르치는 일은 지금부터라도 긴요하다고 본다.

일본인에 묻자

반대로, 일본인들이 믿듯이 한국은 항상 중국의 무릎 아래 속국의 지위를 면치 못하였는가, 일본이 전수한 대륙문화도 한반도를 거친 것이 아니라 몽땅 해로를 통해 중국에서 직수입한 것이라고 확신하는 일본인 일반의 대한국 인식은 과연 타당한 것인가. 물론 사람에 따라서는, 또는 물증이 뚜렷한 고구려 및 백제 성왕대의 여러 불교문물과 한자 전수 같은 것들은 저들이 부인하진 않으나, 일반적으로 극히 한정적이고 예외적으로 마지못해 한반도의 대륙문화 중계를 인정하는 인색한 태도에서 멀리 벗어날 생각을 하질 않고 있다.

일본인 일반의 한국에 대한 인식 수준이 이렇듯 제한적으로 되어 있는 근본원인 역시 알고 보면 일본의 역대 정부가 그 나라 국민에 대해 펴오던 왜곡된 교육을 패전 후 새로운 발상으로 근본 개혁하는 데 소홀한 때문이라 믿지 않을수 없다. 최근 문제가 되는 후소사출판 '새일본사' 교과서 문제 하나만 해도 그것이 한일 관계만 아니라 동양사 세계사에 대한 그릇된 지식이 가져올 파괴작용과 장래에 미칠 악영향을 외면해도 괜찮은지, 아니면 후세들이 다시 참혹한 전쟁의 피해를 또 입지 않도록 서로 일보씩 물러서서 이제라도 새 역사를 써나가야 할지를 한–일 양국인들은 심사숙고하여 단안을 내려야 한다.

중국인에 묻자

중국 측이 그들의 역사연구의 한 단위로 내세우는 '동북공정'이란 말 속의 공정은 한자로 '工程'으로 쓰는 모양인데 우리 귀에는 '공격해서 정벌한다'는 의미의 '攻征'으로 떠오르기가 쉽다. 그런 선입견은 한반도 위의 역대 국가들이 역사상 하도 여러 자례 요농반도를 통한 중국세력의 침공을 받아 왔기에 "자라보고 놀란 가슴 솥뚜껑만 봐도 놀란다"는 말처럼 터무니없는 엄살만은 아니다. 서 남 북에 이어 '동북지역을 연구한다' 는 그들의 표면상의 명분을 그대로 믿기보다는 천여년 전 수양제(隋煬帝)와 당태종(唐太宗)이 고개가 뻣뻣한 고구려를 징벌하려고 군사원정을 기획하던 때의 모습이 더 리얼하게 떠오르는 것을 피해자를 선조로 둔 후예의 입장에선 어쩔 도리가 없다.

그러나 개방을 전제로, 낙후했던 경제를 저리도 쾌속으로 도약시키며 그 중간 결산 축제로 2008 올림픽 준비에 여념이 없는 현대 중국이 아시아 전횡의 옛 꿈을 설마 다시 꾸기야 하겠느냐고 머리를 저으면서도 솔직히 마음 한구석이 무거운 것은 사실이다. 워낙 나라의 덩치가 커, 우선 인구로 남북한 합친 것에 20배나 되는 거인, 그런 거구가 순한 말을 한마디 한다 해도 귀청이 울릴진대 분명한 고구려 유적까지를 끌어안는 그들의 표정을 지켜보며 어찌 어린애인들 알아차리질 못하겠는가.

중국이 문화적으로 고대에 앞서서 나갔었고 그 가운데 중점적으로 한반도가 한자와 유교문화를 배워온 것은 엄연한 사실이다. 그에 따른 부작용 여부를 불문하고 그 같은 역사의 흐름을 우리는 부정하지 않는다. 인접국 간의 그 많은 교류는 세계역사, 인류사를 구성하는 인자로서 현재에 와서 그 공과에 새삼 매달림은 한마디로 난센스다. 가령 유럽 각국이 고대 이집트나 희랍으로부터 찬란한 문화를 직-간접으로 전수받았다고 해서 프랑스 영국 독일이 항상 이집트 그리스를 공대하는가. 프랑스와 독일, 영국과 프랑스, 영국과 독일이 역사상의 무수한 은수(恩讐)관계로 얽혀 있지만 누가 나는 채권자라고, 채무자라고 자처하는가. 과거는 인정하되 역사는 현재진행형일 뿐이다.

아마도 한국에 들어오는 중국관광객들이 서울이나 지방에를 다니면서 놀라는 여러 가지 가운데도 대표적인 것이 거리에 한자 간판이 눈에 띄지 않는 사실일 터이다. 그것은 솔직히 내국인도 놀라는 급변이다. 그렇게 짐작과 다르게 흘러가는 것이 역사다. 중국의 시민이나 정부나 과거 수백 수천년의 역사를 동경함을 나무랄 생각은 없다. 그러나 그것은 어디까지나 마음속에서 머물러야지 행여 새로운 이웃 나라를 대하는 언동 속에 시대착오적 저의를 노출시킨다면 한국이나, 동아시아 어떤 곳에서도 중국은 진정한 우방을 찾기를 단념하고 으르렁대는 분위기 사나운 낙후지 아시아로 남을수 밖엔 없다.

불행히 체면 차릴 여유가 없는 북한이 사이에 끼어 있어 중국이 때로 곤혹을 느끼는 일이 있겠지만, 그것을 기화로 과거 요동벌에서 범하던 초법자의 관록에 연연해 주변소국을 얕볼 엄두를 내서는 진정 중국이 바라는 신흥부국의 위상만 손상받게 될 것임을 상기하기 바란다. 동양 3국의 정립(鼎立)은 아시아뿐 아니라 세계질서 균형의 중요한 가늠자가 될 것이며 그 속에서 중국의 선의(benignity)가 가장 소중한 미덕으로 유감 없이 울어나길 아시아인들은 바랄 것이다.

미국인에도 묻자

도대체 미국은 우리에게 무엇인가. 수천년을 갖가지 영욕과 은수(恩讐) 애증이 뒤엉켜 가까운 이웃으로 부대끼며 지내온 중국과 일본에는 댈 것도 없을 만큼 짧은 기간동안 한국과 미국, 한국인과 미국인과의 관계는 무척이나 밀접해졌다. 1950년대만 해도 얼마 되지않던 그때 유학생들은 태평양을 건너는 여객선에서 몇주일씩을 고생해야 닿을수 있는 산 실고, 물 실은 미국이었지만 이젠 10시간 전후면 날아 오가고, 양쪽에 사는 가족들이

화상으로 얼굴을 맞대고 대화하는, 거리를 초월한 교류를 양국민은 누리고 있다.

국제결혼도 늘었겠지만, 한국 가정치고 친인척 중 한둘 미국에 이민을 갔거나, 몇년 묵으며 공부를 했거나, 친인척 방문 등 최소 나들이 한두번 다녀오지 않은 집이 드물 정도로 60년 동안의 양국관계 진전은 놀랍다. 시간-공간적으로 수천년과 단 몇십년, 이웃과 만리타향 간의 친소관계가 뒤바뀔 정도로 한미관계는 질량 면에서 한·중, 한·일 관계를 훨씬 추월했다. 그러나 20세기 마지막 십년대의 탈냉전 이후 국제판도의 개편 움직임은 급기야 각국간의 원근-친소 관계를 총 점검하지 않을수 없는 계기를 제공했고 한미관계의 좌표 역시 능동적이든 수동적이든 어쩌면 미(微)조정이 아닌 근본 변화를 겪지 않으면 안된다는 강박관념에 휘말리고 있다.

40년 이상의 세계 냉전기류 속에서 한·미·일 직선 안보체제로 항로가 고정되다시피 했던 기본노선마저 자의반 타의반 재검토하지 않을수 없는 시점에 다가서 있다. 한 나라의 진로는 확고부동하되 시대의 변화를 수용함에 있어 조정이 필요할 때는 과감히 조정하는 것 또한 현명한 일이다. 그러나 중요한 것은 그 같은 노선조정은 신중에 신중을 기하지 않으면 안된다는 점이다. 국민의 여망이 어디를 향하고 있는지의 정확한 파악이 무엇보다 급선무이지만 그 접근방법에 있어 공개토론은 존중하되 어느 편에 서건 수단방법을 가리지 않는 살벌한 분위기를 조성하는 이탈적 자세를 가지고는 나라와 민족의 장래에 영원히 불행의 그림자를 드리울 가능성을 배제할수 없다. 그런 처지에서 저들이 떠올릴수 있는 것이 담담타타(談談打打)식 모택동 전략, 즉 말로 할땐 말로 하고 싸울땐 싸워 이기는 전술의 차용이다.

이런 숨가쁜 고비에서 미국은 수십년간 한국을 지원한 결산서가 겨우 이거냐 하는 배신감으로 서운해, 기본적으로는 전략상 후퇴 쪽으로 방향을 잡는 듯한 감이 든다. 이런 흐름에서 한국측의 태도돌변 못지않게 미국측의 몰이해 또한 온당치 않아 보인다. 우선 한국 집권당의 중핵을 점하는 주사파 세력이 반미성향을 바탕에 깔고 태어났음은 새삼 놀랄 상황이 아닌데도 불구하고 아무런 사전대처도 없이 외면해 오다가 한국정부의 노선변경 움직임이 명확히 노출되고 나서야 한미관계 60년을 들먹이며 서운해 한다.

사실 오래 한 배에 타고 항해해 오던 한국인의 내면을 그렇게도 파악하지 못한 미측의 진면목을 이번에 발견하면서 우리는 많이 놀란다. 아무리 피부색 종교 가치관 문화가 상이하다 하더라도 그들에게 깊은 원려가 있었다면 긴 세월 교류에서 숙지한 산 경험을 활용, 그들을 향한 오해와 혐오를 해명, 포용하는 진지한 행동을 취할수 있었을 것이라 본다. 그러기는 커녕 냉전종식 후 적수 초강국 소련이 몰락한 이후 유아독존적 자신감에만 젖었지, 무엇 하나 정확성을 가지고 시종일관 일을 마무리 짓지 못하고 오로지 독단에 찬 일방통행으로 세계정치를 전횡해 왔음을 반성함이 옳지 않을까.

특히 부시는 취임 후 첫발로 지구환경 보존을 위한 오랜 공동노력의 결실인 교토협약의 비준을 일언지하에 거부하는 무사려를 보임으로써 이미 세계에 첫 실망을 안겨 주었다. 9·11테러에 대한 응징심리를 이해는 하면서도 이라크 공격의 정당성 증거가 객관적으로 부족한 상태에서 영국의 동조 외엔 거의 독단으로 개전, 하고 많은 인명을 희생시켜도 평화의 빛은 보이지 않는 실패를 저질렀으니 아무리 단독 초강국인 미국인들 감당하겠는가.

한반도 문제에도 미국은 좀더 진지성을 발휘했어야 옳았다. 한반도 처리에 관한 가스라-태프트 이면협약이나, 애치슨의 한반도 미방어권 제외 공언까진 올라가지 않더라도 정치(精緻)하지 못한 전략 추진으로 대외공약이 삐꺽 어긋나 결과적으론 약소국들에게 치명타를 안기는 실수를 범해선 안된다. 그러한 무성의 내지 엉성한 행동 때문에, 그보다 훨씬 큰 지원을 여러 지역과 나라들에 베풀고도 뒤에는 좋은 소리보다 제국주의라고 비난이나 받는 무모함이 없었는가 돌아봐야 한다. 그 비근한 예가 한국의 운명에 중요한 계기로 작용한 여중생 장갑차 늑살사고였다. 아무리 작전중이라 하더라도 무고한 시민 둘의 생명을 과실로 치사케 한 실수는 대단한 것임에도 군사법정이 한국인의 시선이 집중한 가운데 장갑차 운전병을 무죄로 방면하는 정치적 무감각을 가지고 무슨 친선외교를 하겠다는 것인지 의아할 뿐이다. 거기서 가속화된 촛불데모가 한국 정치정세에 얼마나 결정적인 영향을 끼쳤는지 알 것이다.

5
감투공화국-봉투공화국

🌸 헌법상 '대한민주공화국'이 정식 국호인 한국은 다른 몇가지 공화국이란 별호가 더 귀맛에 감칠 지경으로 사람들 입에 회자됐다. 하나는 '감투공화국'이고 다른 하나는 '봉투공화국'이다. 물론 '도박 공화국' '부동산 공화국' 같이 그때그때 화두에 오르는 사회상이 '공화국' 앞에 접두어로 붙었다가 사라지곤 한다.

한국인 남녀노소 불문하고 손에 넣고 싶어 하는, 좋아서 죽고 못사는 물건은 누가 뭐래도 벼슬과 돈이다. 그래서 벼슬아치가 쓰는 '감투'는 이 나라 사나이라면, 이젠 여자도 급속히 그렇게 되어 가고 있지만, 사족을 못 쓰는 가치서열 넘버원에 올라 있다. 따라서 '감투공화국'이라는 한국의 별칭은 전혀 어색하거나 생소하게 들리지 않는다.

예부터 돈을 상징하는 어휘로는 주고받는 사람의 위치, 용도에 따라 가려 쓰는 '동구라미' '황금' '쇠' '쐬푼' '쇠가루' '돈푼' '실탄' '엽전' 등

등 비속어가 많다. 그것을 담거나 운반 보관하는 도구로는 쌈지 염낭 지갑 전대(錢袋) 돈꾸러미 금고 문갑 등을 들수 있다. 오늘날 돈이 특수사명을 띠고 전달될 때 거기에 사용되는 도구엔 무엇이 있을까. 사과상자 케이크 상자 바나나상자 공공칠가방 부대 슬리핑백이 등장했으나 그걸로도 고액의 지폐를 담을수 없어 등장한 것이 근년의 '차떼기' 다.

돈 써 안될 일, 돈 안써도 될 일 없어

뇌물 같은 부정한 돈으로 액수가 높을수록 쌍방이 은행발행 어음(수표)을 기피하기 때문에 운반이 거추장스러워도 큰 용기를 쓰는수 밖엔 없다. 그러나 뇌물의 액수가 가령 백만원대를 넘지 않고 수십만, 수만원인 경우엔 그것을 담는 용기로 흰봉투가 가장 흔하게 쓰인다. 공화당 전성기 1960년 대에 세도를 누리던 유명 거물 정치인 두어 사람은 수하들의 창의로 묘안을 써서 더 유명해졌었다.

 상대가 말단 공인인 경우 1년 두세번 건네는 행하의 금액도 그 당시 3만원 5만원을 넘지 않았다. 고액지폐 몇장을 세번 접으면 성냥갑 크기쯤 되므로 봉투를 그만큼 작게 만들어 사용했다. 상대가 상대니만큼 독사무실도 없어 옆 동료 부하들이 보지않는 사이 슬쩍 놓고 나가야 되는 판이라, 그 작은 봉투는 수수 양방에 편리하기 짝이 없었다.

 그 거물들이 한 계절 돌리는 대상인원은 제일 많을 때 대략 3천명선은 되리라는 것이 당시의 근사한 추측이었다. 오죽하면 박통이 "아니 이젠 내 울타리 안까지 손을 뻗쳐!" 하고 역정을 냈다는 공공연한 소문이 돌았을 정도다. 그들 거물의 봉투철학이 보통과는 좀 다른 면이 없지 않았다. 가

급적 많은 사람들에게 고루고루 차례가 가도록 나눠 주자는 일종의 포퓰리즘이라고도 할수 있겠다.

그러나 한국사회에 보편화한 봉투철학은 물론 그게 아니다. 결재서류에 도장을 찍는 층층 감투들의 손에 이 봉투를 일단 쥐어 주기만 하면 안 되는 일이란 없고, 거꾸로 말해 그것을 집어주지 않고는 되는 일이란 없는, 그때나 이때나 크게 다름없는 이 나라를 뭐라 부르나. '봉투공화국'이랄 밖에. 좀더 따져 나가면 감투 쓴 자가 봉투를 차지하기 때문에 감투와 봉투는 서로 모르는 남남간이라기보다 혈족 정도 아니면 한날한시 같은 부모에서 태어난 일란성 쌍둥이라고나 할 정도이고, 동전의 양면이라고까지 동일성이 높다.

만고에 '목구멍이 포도청'이란 말처럼 다급한 명제는 없다. 이 나라에선 벼슬이란 것이 예부터 먹고 사는 데 있어 가장 단단하고, 어쩌면 유일한 수단이었기에 벼슬자리에 나아가는 것과 그것의 상징으로 쓰는 감투는 그 자체가 세상에 태어난 인간의 목적이고, 동시에 돈이고 권력이고 명예일수 밖엔 없었다. 천하지대본이라는 농사에서부터 장사치 고기잡이 옹기장이 대장장이 등등 온갖 생업이 없진 않았으되, 그 생업은 감투들이 그것을 상대해 주기에 따라서 연명거리가 되느냐, 안되느냐의 기로에 섰다.

미관말직, 하다못해 그 밑의 관노라도 돼야 연명이 되었으니, 크건 작건 간에 감투는 인간이 생명을 걸고 덤빌만한 유일한 표적이었다. 그래서 감투싸움은 마치 수사슴들이 짝지을 상대 암컷과 부족 전체에 대한 지배권을 걸고 혈투를 벌이듯, 이 나라 지배층은 당쟁이란 이름의 패거리 싸움을 싫든 좋든 마다고 회피할 수가 없었다. 지금도 똑같지 않은가.

한반도에서 천년 이상을 뿌리내려온 이 막강한 감투의 위력은 동시에 봉투와의 연계가치를 계속 보강시켜 오고 있다. 삼국에서 통일신라 고려

조선 대한제국 일제치하로, 종국엔 남북 두 공화국으로 탈을 바꾸어 오고 있지만 그 오랜 동안 변하지 않고 내면에 흐르는 '감투와 봉투의 공생원리'는 어쩌면 더욱 깊어져 오고 있다. 구태여 선후를 따진다면 대소의 감투들은 공식적인 봉록만으로 윤기 있는 삶의 방도가 되지 못함은 물론 재욕(財慾)을 채우기에는 어림도 없다는 자기 합리화로 오늘날 '봉투'로 약칭되는 부수입을 챙기고 그 원천을 증식시켜 나감으로써 식솔과 파당을 부식(扶植)함은 물론 자자손손 영화의 터전을 닦는 데 눈이 뻘개 왔다. 산업화 민주화 선진화를 합창하는 오늘에도 원리는 같다. 감투를 사이에 둔 혈투, 감투들이 봉투를 챙기는 혈안적 거염, 그 대가로 부당한 인허가장에 도장을 찍는 직권남용, 다시 그것을 발판으로 감투를 물림하는 불가사리의 순환 원리가 그대로 작동하고 있다.

비뚤어진 소방도로 뒤엔

아주 비근하게 20세기 70년대에 착수된 한강 이남 도시개발의 발자취를 눈에 띄는 대로 들여다보자. 더욱이 노무현 정부 들어서 말썽의 한복판에 선 강남지역을 차로나 도보로나 지나가다 보면 대소 도로가 제대로 끝까지 뻗어 나간 길이 많지 않다. 잘 나가던 여러 차선의 대로들, 또는 넓찍하던 이면도로들이 중간에서 느닷없이 불쑥 끊겨 고급주택 상가 아파트 단지가 되어 길을 막고 있는 것을 심심치 않게 본다. 그곳을 똑바로 갈수 없어 멀리 우회하는 불편과 울화는 시민들이 두고두고 챙길 몫이다.

    정부가 나서서 강북의 집중을 분산시킨다는 장기목표 아래 허허벌판 강남의 신시가지계획을 도면 위에 그릴 초기에 고하 불문한 당로자들은 바둑판처럼 선이 분명히 그어진 현대 도시를 건설하여 역사에 이름을 남기고 싶었을 것이다. 그러나 시행에 들어가면서 말죽거리 등 건축판은 복마전이 되었다. 조금만 땅을 파고 무얼 지으려 해도 어느 하나 허가 없인 안되는데, '인-허가' 이름 붙은 것 치고 사전 사후 봉투 없이 맨입으로 되는 법이란 없었다. 아니라고 할 사람 있으면 어디 손들고 나와 보라고 외칠 만큼 예외없는 불문률이었다. 그러니 어디 도로인들 제대로 곧겠으며 시가지 건물들이 '우로 나란히' '앞으로 나란히'를 제대로 해 세계 제일 대도시에 끼겠는가.

강남뿐이 아니다. 수복 후부터 진행되어온 강북 여러 곳의 신개발 시가지, 서울 말고 전국 대소 도시들 거의가 크게 다른 것 없다고 본다. 그야말로 소수의 영웅적 관리들이 정신 바짝 차린 일부지역, 가령 서울 서남방의 안산-오이도 지구라든가 서울북부 화정지구 등 소수예외 말고는 제대로 선이 그어진 시가지란 눈을 씻고 봐도 보이질 않을 정도다. 아마 소방도로가 중간에 끊겨 막다른 길이 되었거나 어린이놀이터가 택지로 둔갑한 현장들, 갑자기 차로가 병목처럼 좁아져 교통 혼잡한 곳, 보도가 1미터 폭도 안남아 행인들이 오토바이 자전거에 치지 않는게 이상할 지경인 도심인도, 이루 헤아릴수 없게 남루한 대중소 도시들, 고층아파트가 들어선 농촌취락지가 한반도 밖에 또 있는가. 건축관계를 떠나서 하다못해 학사나 병무 등 민원서류를 발급받아 오던 많은 서민들의 경험, 여권발급에 필요한 신원조사를 받아본 경험에서 너무나 많은 사람들이 봉투를 연상하지 않고는 얘기가 안되는 쓰디쓴 기억을 떠올릴 것이다. 가령 파출소에 앉혀 놓고 신원조사를 하는 경찰이 '덜거덕' 쇠소리가 나게 수갑을 책상 위에 쾅 올려놓고 위압감을 주던 일, "꿀릴 것 없지만 혹시 모르지" 또는 "도장을 받고 보는 게 낫지" 하고 봉투를 밀어 넣고 돌아서는 자신에 대한 환멸을 씹어보지 않은 보통사람이 있을까.

대부분의 시민들은 비록 떳떳치 않음을 알면서도 우회해 갈 길이라도 없는 이상 봉투제공이 불가피했고, 털어 먼지 안나는 사람 있으랴, 권력과 버티다간 손해보는 쪽이 결국 누군가에 대하여 일종의 체념 내지 달관을 지녔다고 해야 할 것이다.

주는 데 받는 데 道가 트다

봉투를 둘러싼 실화는 숱하게 많다. 한번은 주택 준공검사를 하러나온 구청직원이 알고 보니 고교 동창생이어서, 준비했던 봉투를 "혹시 사람 어떻게 보고 이러느냐"고 나무랄까봐 눈치를 살피며 건넸더니 빈말이라도 사양은커녕 아주 당연하단 표정으로 받아넣고 휙 나가던 모습이 마냥 선하다. 실망 한편엔 동창생이라고 해서 증회의무(?)를 면제해주는 특혜를 남발하지 않은 그가 오히려 공정한 관리였다는 생각마저 든다.

1981년쯤 편집 책임자로 야간 근무할 때 모 대기업 직원이 방에 들어와 신문 가판에 나간 기사 하나를 빼달라고 부탁했다. 꼭 거절해야할 만큼 기사도 중요하지 않았고 무엇보다 그 회사가 신문사의 대주주중 하나라는 고려에서 쉽게 부탁을 들어줬다. 그 직원들은 나가다 되돌아 와 봉투를 올려놨다. 끝내 사절하자 봉투를 되받아 물러갔다. 거기까진 좋았다. 며칠 안돼 사장이 불러 귀띔했다. 그 대주주사 회장이 대노해서 "어째서 내 봉투는 안받는지, 그가 어느 계통 인맥인지를 자세히 조사 보고하라"고 부하에게 엄명했으며 그 명을 받은 임원이 마침 사장 친구라 귀띔해서 좋게 말해 수습했노라는 설명이었다. 그러나 그 뒤끝이 오래 갔다. 2년여 동안 마주칠때 마다 그 회장은 고개를 돌리길 거듭했고, 오해가 완전히 풀린 것은 훨씬 뒤의 다른 계기였다.

꽤 친히 알고 지내던 당시 준 재벌 회장이 어느해 노동절날 중국집으로 불러 단둘이 자장면을 먹고 나서 불쑥 봉투를 건넸다. "오늘 타 직장은 다 노는데 언론은 수고를 하니 이거 적지만 부하들과 식사라도 하시지요" 했다. 얼떨결에 봉투를 잡는 순간 '아차' 하는 생각이 들어 사절하며 승갱이 끝에 되돌려 주었다. 몇주 뒤 중간의 지인이 말을 전했다. 그 K회장 가로대 "아무개는 봉투를 주니까 만저 보고는 얇아서 그런지 사양하더라"고 하더란다. 진심을 알아주기는커녕 그렇게까지 곡해를 한데 대해 고까운 생각이 아직도 남아 있다. "그 순간 봉투 두께를 알 수가 있었나, 또 수표라면 봉투가 얇아도 고액임을 바로 알 텐데" 지금이라도 반문하고 싶은 건 역시 약자의 변이다.

그러저런 체험에서 얻은 교훈은 너무나 해학적인 것들이다. 그래서 슬프다. 주는 봉투를 사절했다고 상대방이 결코 "이 친구 괜찮은 사람"이라고 액면대로 평가하지 않는다는 점, 오히려 못믿을 사람, 경계해야 될 사람, 언젠가는 나를 배신할 사람이라는 예감만 상대방에게 준다는 점. 그렇게 따져 나가면 결론이 탐탁치 않은 쪽으로 귀착하기 쉽다. 조건을 달지 않고 순수하게 호의로 주는 것이 확실하다고 믿음이 가는 봉투라면 고맙다며 받는 편이 좋다는 후회 같은 게 '지혜'인가, 만시지탄이라면 안타깝다. 봉투를 주고받는 것은 쌍방간에 끼어있던 격의-거리를 허물고, 앞으로도 잘 지내자는 합의가 아닐까. 기회가 오면 다시 해보자고 빗장을 푸는 요식행위는 아닐까, 만감이 교차한다.

개중에는 마음속에 봉투를 무척 바라면서도, 또 퍽 그 봉투가 요긴하면서도 못내 받기가 계면쩍어 부끄럼을 타는 인간형도 있게 마련이다. 물론 대체로는 봉투 받는 것을 당당히, 심하면 "너무 적다"면서 내던지는 별종들도 없진 않다. 그 적례라고 볼 수는 없지만 유능하고 쾌활한 명망가로서 부총리까지 지내고 약관이라고 할 50에 아깝게 타계한 K씨의 일화는 관가에 오래도록 전설처럼 전해온다.

그는 과장시절 명절 때 들어오는 업계 촌지를 직원들이 함께 일하는 과 사무실 자기의자에 앉은 채, 들고 온 사람을 세워놓은 채 액수를 헤아렸다. 경우에 따라선 "이걸 촌지라고 가져 와?" 일갈하기도 하고 어쩌다는 추가 징수(?)한 것으로도 전해진다. 그러나 그는 그걸로 해서 욕을 먹은 것이 아니라 오히려 찬사를 받은 관리로 정평이 나 있으니 역시 인물이다. 그럴만 했다. 사리 밝고 활달하며 청렴하기까지 한 능력가로서, 봉투를 뒤에서 독식하거나 또 그렇다고 유난히 청렴을 외치는 것도 아니어서, 명절에 떡값 조로 들어온 봉투를 모았다가 끝날 전 과원들에게 공평 분배했다는 점이 두드러진다. 많은 경우 뒷구멍에선 잘 챙기면서 남 앞에서는 연극을 떠는데, 그는 그런 의심도 받지 않았으니 그 시절에 감히 누가 흉내조차 내지 못할 덕목을 갖췄던 셈이다.

단체로 하면 죄의식 줄어

이런 형에 비추어 봉투받기에 얼굴 붉히며 주저하는 두어 가지 유형이 있다. 하나는 개인이 아니라 단체 베이스로 뇌물의 수수가 이루어져 그 단체의 구성원은 내용을 소상히도 모르면서 간접으로 분배를 받는 유형이다. 이런 봉투에 대하여 단체의 개별 구성원은 심리적으로 도덕적 면책 작용을 일으킴으로써 범법이라는 죄의식 별로 없이, 그래서 결과적으론 사회

부패를 만연시키는 데 기막힌 촉진제역할을 한다.

　이런 단체에 부지불식간에 소속돼 있던 구성원들이 승진을 하거나 전근을 해서 일단 그 단체의 소속을 떠나 개인 베이스로 봉투를 받을 위치에 서는 경우가 많다. 여기서 유형에 따라 완전히 몇가지 다른 성격으로 변한다. 일부는 일년 몇차례 봉투 들어오는 절기가 오면 굉장한 스트레스에 빠진다. 심한 경우는 "이 짓 안하고 떳떳이 사는 세상은 없나"고 동료에게 털어 놓아 위안을 받고 간신히 넘어가는 소심형 내지 부패 거부형, 준 청렴형이 꽤나 있다. 개중에는 실제로 조용히 사표를 내고 직업을 아예 바꾸거나 심지어 이민의 길을 택한 사례마저 그리 드물지 않았다.

　이런 봉투수수 거부형 사회 구성원들이 꽤 있지만 봉투를 갖다 주어야 할 입장에 서있는 측에서는 청렴파들이 수취를 거부한다고 해서 쉽게 제쳐 버릴수 있느냐 하면 그리 간단히 끝날 일은 아니다. 가령 그들을 아주 백안시한다면 그들을 이 사회의 톱니바퀴에서 빼놓는 결과가 되고 그렇게 되면 전체 조직이 움직이질 않을 위험부담 또한 있는 것이다. 때문에 제공자들은 그들을 배려한 봉투전달 방식을 개발하여 활용한 지도 이미 오래다. 봉투의 전달자들이 받을 사람 집무처 근처의 밥집이나 다방 등에 불러내 전달하는 것은 오히려 '본격 수회형' 이다. 거기까지 가지 않고 받을 사람의 근무처 현관이나 사무실 문밖에 서서 포켓에 찔러넣는 우체부형이 흔한 편이었다. 조금 더 머리를 쓴 전달자들은 봉투를 미리 신문 잡지 등 인쇄물 갈피에다 끼워 넣고 들어간다. 책상머리에 앉아 들고 들어온 인쇄물을 올려놓은 채 평상적인 대화를 나누는 척 하다가 봉투가 끼어있는 인쇄물을 그냥 놓아두고 일어서 작별인사를 하고 나가는 '연기형' 이 있다. 그런가 하면 받는 측이 능동적으로 머리를 굴리는 '잔꾀형' 이 있다. 그런 철이 닥아 오면 책상서랍을 항상 조금 열어두어 봉투 가져온 사람이 다가

와 이미 열려있는 서랍 틈새에다 슬쩍 봉투를 떨어뜨리고 가면 일이 수월히 끝난다. '증수 합작형' 이다.

이 사회의 의외로 많은 직종에서 그들 나름의 특수한 증수회 관행이 넓고 깊게 세련미를 가지고 뿌리를 내리고 있어서 부패를 발본색원하는 일이 인체에서 오랜 고질병 고치기보다 어렵다는 사실을 알만한 사람은 안다. 우스개 소리로 증수회 먹이사슬에서 가장 꼭대기에 있는 직업이 무엇인 줄 아느냐는 수수께끼가 있었다. 순사 세관원 관리 검사 기자 등등 여러 직종을 열거해 가며 뽑힌 답은 각양각색이지만 그 가운데 모두가 꼼짝없이 수긍한 명답이 있다. "설령 아무리 무서운 검사가 있다해도 자신이 어떤 입장에 서면 봉투를 갖다 바치지 않고 넘어가기 어려운 상대가 있다"니 그게 누구겠는가. 한국인 치고 재학중이건 성인이 되었건 그 자식들 문제로 해서 무슨 수모라도 마다 않았던 경험을 단 한번이라도 갖지 않은 부모가 얼마나 될지 모를 일이다.

지방의회 의원들이 5·31 선거로 당선된 지 석달 만에 절반 이상 벌써 외유를 다녀왔다는 어느 도의회 얘기를 신문에서 보았듯, 여러 직종, 그것도 국회의원을 포함한 중상류에 속하는 전문직 성격을 띤 직종일수록 해외시찰 학회행사 골프투어 등 단체행동을 자주 하고 있고, 그런 가운데 여비 조, 선물 조, 회식 조 등 갖가지 명목이되, 법적으로는 분명한 수회를 공식처럼 당당하게 위장, 의젓하게, 멋지게들 해낸다. 근래 현충일과 재해 발생일에 친 골프가 문제되었지만 그게 언론에 노출된 것은 빙산의 일각이라 여기는 사람들이 더 많다. 왜냐면 현장에서 사진 찍힌 당사자들 대부분의 하는 말이 "자숙해야 마땅한 날, 내가 잘못했다"고 즉석에서 탁 털어놓고 사과를 하는 게 아니라 "사전에 약속이 됐었다"느니 "재수 없다"는 조의 불평 덩어리임을 보면 짐작이 간다.

증수회 부패 문제를 다룸에 있어서 '친구따라 강남 간다'는 식으로 죄의식 전혀 없이, 마치 당당한 공개행사로, 심지어 국민의례를 포함한 공식행사를 진행하면서 그 속에 끼워 행해지는 증수회 관행의 병소(病巢)를 봉쇄해내는 작업이 본원적으로 추진되지 않으면 부패척결은 백약이 무효로 백년하청, 말뿐이란 생각이 든다.

한국적 감투의 뿌리가

이같은 감투-봉투 합병증의 원인을 다른 각도에서 살펴보자. 한국 역사에서는 영지의 농노들을 빈틈없이 지배-착취하는 유럽-일본형 피라미드식 봉건제도가 결여되어 있었다는 데까지 소급할수 있다. 적어도 고려중기 이후 왕권(중앙권력)과 백성을 직접 연결하는 중앙 집권적(集權的) 통치구조 속에 천년이 흘러 왔다.

토지에 종속된 농노제(農奴制) 신분사회에서 물물 교환제를 거쳐 화폐경제-무역중시 중상주의 시대에 산업혁명을 진척시키며 계약사회로 이행했던 유럽 봉건제도의 경험을 한국은 겪지 않았다. 유럽 봉건제도에서는 왕과 영주, 영주와 기사, 기사와 농민 등 다층간의 상호교섭으로 상호 의무와 권리에 관해 협약을 맺는 관행이 누적되어 왔다. 한편에선 길드를 중심으로 한 상공인층의 역할이 비중을 공고하게 키워가며 성장함으로써 18세기말 프랑스혁명을 가능케 한 원동력이 됨과 동시에 산업혁명에서도 주요 역할을 담당한 끝에 오늘날의 자본주의 시장경제 체제의 틀을 다지는 중심역할을 해냈다.

그러한 봉건제도가 만일 이 땅에도 존재했었다면 철저한 중앙집권제적 사회에서 둥지를 틀어 자랄수 있는 한국적 감투의식, 벼슬중심 단세포 가치관이 오늘에 이르기까지 깊은 뿌리를 내리고 그 속에서 헤어나지 못하는 형편에는 이르지 않았을 것이다. 물론 유럽에서도 중세까지 4백여개의 소국으로 조각조각 쪼개져 혼전을 벌이다가 17세기 30년전쟁의 종전으로 체결된 베스트팔렌 조약체제로 이입함으로써 전 유럽에 분명한 국민국가들이 설립되었다. 그 뒤 미국독립과 프랑스혁명, 비스마르크의 독일 통일 경영, 가리발디의 이탈리아 통일 등을 계기로 완전한 형태의 국민국가들이 오늘의 모습으로 성립하는 과정을 겪으면서 정착되어 온 것이 막강한 관료제이다. 그러나 그 유럽식 관료제는 한국 고래의 벼슬-감투 개념과는 성질상 동일하지 않다. 봉건계약 제도에서 영주들의 대관(代官)이 갖는 신분, 권력의 형식과 내용은 한국식 왕권제하의 관리임용과 권력행사 방식, 생계 내지 치부 수단으로써의 관료층의 증수회 행태 간에는 많은 차이점들이 있을수 밖에 없었다.

 그 가장 본질적인 차이는 봉건제 속에선 영주가 영민에게서 자신의 수확지분을 우선적으로 징수는 하되 영민의 생계를 도외시 할수 없는, 일종의 영속적 신분계약이었다. 따라서 지배층인 귀족들의 수효를 왕권이 철저히 통제하지 않고 방만하게 운영하다간 국가의 지배구조가 흔들려 나라 자체의 존속이 위협을 받는다. 왜냐면 한 나라를 통틀어 볼때 '수탈자의 숫자로 피수탈자의 숫자를 나누는 분자식', 다시 말해 귀족 한사람에 차례가는 농노의 평균 인원수가 감소하는 현상은 결과적으로 왕을 정점으로 한 귀족층의 지배기반을 파괴하는 중대한 결과로 귀결되기 때문이다.

봉투의 생태학

송충이는 솔잎을 먹어야 살지, 갈잎을 먹고는 못산다. 이는 속담이라기보다 자연생태계를 지배하는 원리로써, 송충이의 생체구조가 그렇게 생겼고 창조주가 생태계 속에서 송충에게 부여한 역할이 처음부터 소나무 잎을 갉아 먹는 일 아니었겠는가. 뒤집어 보면 솔잎을 아무 벌레나 먹어도 소화되는 게 아니라 송충이가 먹어야 소화를 시킨다는 말도 된다. 물론 진화론적으로 생체는 환경의 지배를 받아 그 환경의 특성에 순응해서 체질이나 식성을 바꾸어 가는 것을 잘하면 우리의 육안으로도 볼수 있다.

필자의 집 화장실 바닥엔 자주색 타일이 깔려 있고 그 틈새에 흰 양회로 바른 잇잠이 있다. 그 하얀 잇잠의 골을 따라 사람의 눈을 피해 쏜살같이 오가며 생을 영위하는, 약 2 mm 길이의 전혀 새로운 벌레를 여러해, 여러 차례 목격해 왔다.

마찬가지로 봉투는 아무나 먹는다고 다 소화해서 배탈 안나는 것이 아니라 먹던 사람이 먹어야 소화도 되고 뒤탈도 적다. 직장에서도, 주변에서도 유심히 살펴보면 누가 봉투 식성이 좋고 소화력이 있는지 눈에 들어오고 육감으로도 감지되는 게 보통이다. TV뉴스에 뇌물 먹다가 잡혀온 사람 가운데는 '상습으로 잘도 먹다가 꼬리가 너무 길어 걸려든 이무기로구나' 싶어 "고소하다"는 반향을 부르는 밉상이 있는가 하면, 개중에는 먹는 것이 몸에 배지 않아 비교적 청렴하게 잘 버티다가, 어쩌다 꺼림칙하면서 섣불리 먹은 것이 급체가 되어 토사곽란을 일으킨 딱한 사례들을 심심찮게 듣기도, 보기도 한다. 이럴 땐 "재수께나 없는 사람이군" 하는 동정성의 탄성이 들릴 때가 꽤 있다.

요즘 갈수록, 멀쩡한 은행원들이 상상하기도 쉽지 않은 수백억 단위 공금을 꿀꺽하고는 한마디 변명조차 없이 국외로 사라지는, 그 뒤 몇년이 흘러도 잡혔다는 소식이 드문 허무맹랑한 간 큰 대형 사건들이 심심치 않게 터진다. 이런 유형은 권력형 수뢰와는 성격이 달라, IT시대에 등장한 지능형 또는 디지틀형 범죄라고나 할까, 여기서 다루는 감투성의 '봉투' 주제와는 구분된다.

우리는 사회의 모순, 인간모순의 함정을 발견하고 낙담할 때가 많다. 이 세상 크고 작은 감투들 가운데 공정-청렴하려 애를 쓰는, 봉투 기피적 청백리 모범관리의 숫자가 많은가, 그렇지 못한 오염된 감투들이 더 많은가를 묻는다면 어떨까. 아무래도 청백리가 많다는 자신있는 대답이 적은 것이 안타깝다. 간단히 말해 이 사회는 꼬장꼬장 '감투' 로서의 사명을 다하는 사람들이 인정받고 우대받는 의로운 세상이라기보다 "많이 먹고 요소요소 잘 뿌릴 줄 아는, 그래서 안되는 일과 되는 일의 구분이 따로 없는 수완가들이 출세도 빠르고 먹어 탈도 안난다"는 세인들의 탄식이 개혁을 아무리 뇌까려대도 잦아들질 않으니 한심스럽고 한심스럽다.

자유당 때부터 왁자지껄한 대 인맥의 구성멤버로 세상사람 눈에 뜨일 만큼 번드르르 하게 잘 지내며 출세가도를 달리던 사람 중에 정권이 몇번 바뀌어도 세를 멈추지 않고 연거푸 출세하는 탁월한 명인들이 한둘 아니었다. 그들의 공통점은 잘 먹기도 하려니와 뿌리기도 잘 하는 '마당발' 이라는 점이다. 위에도 잘 바치고 꼭 챙겨야할 옆과 아래까지 배려도 잊질 않는, 어쩌면 지극히 '인간성 좋다' 는 품평을 달고 다니는 타고난 표본 인간이라고 볼 수도 있다. 조금 심하게 말하면 역사란 다 그런 사람들 손으로, 그렇게 그렇게 이루어져 온 것이지, 어디 곧이곧대로, 사필귀정(事必歸正)으로, 수학문제를 풀듯 똑 떨어지는 세상이란 어느 하늘 아래를 찾아봐도 없다는 생각이 새삼 든다.

그런 성공형의 인간은 주변에 욕하는 사람이 있는 만큼 칭송을 하는 사람들을 주위에 거느린 것이 그들 불패의 강점이다. "이젠 분명히 끝이 났으려니" 하지만 칠전팔기 오뚝이처럼 자리를 오래도 보전한다. 여기서 작동하는 중요한 이치가 있다. 청렴해서 주변의 주목을 받던 어떤 '합리주의자'가 만일 불우한 입장에 휘말릴 위기에서 주위에 위험 무릅쓰고 그를 구원하려고 온갖 것을 모두 동원, 필요하다면 위증이라도 서슴지 않는 '골수 의리' 패거리가 없다는 사실이다. 말하자면 그는 헛똑똑이었다. 평소 그를 괜찮은 사람으로 봐주던 주변인들도 망신살에 분해 울먹이는 그의 등뒤에서 기껏해야 "안됐군" "운 나빴군" 하는 동정이 고작이다. 그게 세상이다.

그와 유사하게 불우했던 현대 청백리 얘기다. 정부제정 최초의 '청백리상'을 받고 나중에 부총리에까지 올랐으나 느닷없이 대형 부정사건에 연루혐의로 불명예 퇴직을 당하고 결국 암으로 타계한 J씨의 경우가 그것이다. 그는 관료사회에서 너무나 잘 알려진 정말 청렴관리요 전문지식과 능력을 겸비한 모범 커리어였으나 공교롭게 나라를 흔든 유명한 사기사건의 불똥이 튀어 TV 앞에서 수갑을 차는 희생양이 되었다. 그가 억울하다는 사실은 알만한 주변 사람들은 다 알지만 그건 말뿐이지 세인의 뇌리에 억울하게 찍힌 부패관리 낙인을 누구라 달려들어 벗겨주리란 기대는 걸기 힘들었다.

반드시 관청만이 아니라 일반 직장에서도 원리는 같다. 요령이 좋아 세상을 잘 헤쳐 나가는 사람들은 챙길 것은 약삭 바르게 다 챙기면서 좋은 자리 골라 차지하고 승진에서도 양보가 없다. 수완도 융통성도 없이 그저 제일 하나 곧이곧대로 하는 사람들은 원칙 어긋나는 일이면 누가 뭐라고 압력을 넣어도 굽히지 않는 대통형(속이 빈 대나무에 빗물이 들어가면 즉시 흘러

내리듯 하는 순박형)은 제 식솔마저 호강커녕 공부도 제대로 못시키는 예가 허다했다. 그렇다고 제대로 승진이나 되는가 하면 양보심이 있어 뒤를 치받치는 후진들에 밀린 나머지 결국은 명퇴 대상에 이름을 올리기 십상이다.

　더러 생길게 많은 노른자위를 유난히 밝히는 똘똘이들 가운데는 승진을 하기보다 그 자리에 오래 버티려 힘을 기울이는 유형도 있다. 가방 끈이 짧아 승진으로 영달할 싹수가 노랗다든가, 정년이 멀지 않은 늦깎이 실무급 간부들에서 흔한 사례다. 아우나 조카 같은 젊은이와 승진을 다투기보다 짭짤한 봉투 챙기며 작은 밑천이나마 퇴직 전에 모으는 편이 낫다는 계산이다. 그런 직장 분위기가 온존하는 한, 아직 많이 남아 있겠지만, 관청부패는 근절되기 어렵다. 그런 관행들은 예외 없이 상하좌우에서 감싸주거나 최소한 눈감아 주는 풍토가 아니면 지탱이 불가능하기 때문이다.

　이런 현상의 연장선상에 있는 것이 낙하산 인사 관행이다. 관청 안에 그런 사람들을 언제까지나 품고 있을 수는 없으니 산하 어느 기관–단체에 있는 감투를 비우거나 새로 마련해서 그 수명 다해가는 동료를 앉혀서 다시 몇년의 후렴인생을 살도록 보장해 주는, 눈물 많고 의리 있는 덕목인 것이다. 사실은 이런 궂은일을 알아서 능란하게 처리하는 상관들 또는 중간보스들이 예로부터 주변의 칭송을 한몸에 모으는 왕초기질이다. 이것도 실은 일본식 '아마쿠다리'를 본딴 관행으로, 그 나라에서조차도 늘상 시비거리는 되면서도 두고두고 못고치는 가슴앓이 속병으로 꼽혀오고 있다.

6
血緣주의 블랙홀

🌸 대략 중국 2만3천 가지, 미국 2만 가지, 일본 17만 가지에 달하는 어마어마한 성씨 수자에 비하면 본관을 구분하지 않은 한국의 성씨는 단 286가지(2000년도)로서 사람을 구분하는 성명 본연의 기능도 제대로 하지 못할 만큼 총인구에 비한 성씨의 가지수가 파격적으로 적다. 남북한 총인구를 7천만으로 보아 성씨 하나의 평균 인구는 무려 24만4천명을 넘어서, 인구 1억3천만인 일본의 성씨당 평균인원 765명보다는 자그마치 318배가 많으려니와, 성씨제도의 연역면에도 가장 유사한 인구 13억 중국의 한 성씨당 5만6천명이나, 인구 3억인 미국의 한 성씨당 1만5천명보다도 월등히 많다.

게다가 대성과 희소성씨 사이의 인구격차, 다시 말해 대성 집중현상이 극심해 제일 많은 金씨성 소유자는 1천만에 육박하는 992만 6천명으로 전인구 중 점유율이 21.6%에 이른다. 한국사람 열명 중 적어도 두 사람은 김씨란 얘기다. 그러자니 학급을 비롯해 어느 모임에서건 인원이 벌써 50명 내지 100명만 돼도 동명이인(同名異人)이 속출해, 가령 한 학기 내내 출석을 부를 때 마다 겹쳐 대답을 하는 촌극이 드물지 않게 벌어진다. 워낙 많은 김씨에는 훨씬 못 미치지만 李(14.8%) 朴씨(8.5%) 또한 마만치 않아 이들 김-이-박 3성의 누적 점유율은 총인구의 절반에 다가서는 44.9%로, 2천만명에서 61만이나 넘어선다.

사실상의 한글전용 시대에 들어섰고, 전화 보급률이 1가구 1대를 넘어서면서 전화가입자 명단을 인쇄한 '전화번호 인명부'는 무용지물이 돼 숫제 인쇄를 중단한 지가 10년이 넘었다. '114' 안내에서도 영업소 상호의 전화번호는 유료로 안내하지만 개인명의 전화번호는 알려주지도 않고 설령 알려주고 싶어도 그럴 방법이 없게 됐다. 게다가 남궁 황보 제갈 사공 선우 독거 등 복성을 제외한 모든 성의 소리 값은 '김' '이' '박' 하는 외마디 음절이어서 가령 '아이젠하워' '고이즈미' 등 대부분 성씨의 음절이 5개를 넘나드는 것이 보통인 외국 성씨보다 부르거나 표기하기는 쉽더라도 대신 얼른 알아듣기 어려운 허점이 크다.

소란한 장소서나 전화상으로나 성씨를 말하는 외마디 음절을 단번에 알아듣기란 매우 어려워 비슷한 발음의 성씨들과 혼동, 몇차례씩 되물어 확인해야 하는 맹점이 있다. 전화를 통해선 알아듣기 어려운 한국어 단어는 1과 2의 발음 '일'과 '이', 그리고 3과 4의 발음 '삼'과 '사'로서, 뒤의 '한자 퇴조가 남긴 공백'에서 자세히 쓴다.

반대로 길다란 다음절의 성을 가진 서양인들이 단음절에 익은 우리들 한국인을 괴롭히는 경우도 적지 않았다. 월남전 당시의 미군사령관 '웨스트모얼랜드'를 외신부 기자들 중에서도 '웨스트'는 이름이고 '모얼랜드'가 성인 것으로 오기하는 혼란이 잦았고, 비슷한 시기 IMF 한국과장의 성이 '아렌스돌프'였으나 서울에 올때 마다 '돌프' 과장으로 자주 보도되었다. 미국 대통령 안보보좌관이던 '브르제진스키'도 쓰기 어렵고 발음이 길어 곤욕을 주었었다.

꼭 서양의 성씨만이 다음절은 아니다. 한자로 표기되는 이웃 일본의 성씨(묘지 : 苗字)에는 '나카무라' '야마시타' 등 4음절이 흔하나 5, 6음절도 적지 않다. 특히 언어학상, 인류학상 분류가 한국과 가장 가깝다는 몽골인에게서 의외로 긴 음절의 성이 많은 것은 어찌된 일인가. 1992년 국교 수립 후 서울에 부임한 초대 몽골대사가 용모와 말씨 모두가 정확한 한국표준인 데다 특히 한국어 구사가 조금도 어색하지 않아 대단한 친근감을 준 반면에 자기이름 '페렌레이Perenlei'를 떼어놓고도 성 '우르진뤼훈데브Urjinleilkdev' 하나를 발음하거나 쓰는데 정말 어렵고도 잘 틀려 무척 애를 먹던 기억이 새롭다.

필자는 1971년 가을 자유중국 자리에 대륙 중국이 회원가입과 동시에 안보리 상임이사국이 되던 때의 유엔총회를 취재하는 며칠동안 두세 차례 일종의 당혹감을 경험했다. 본부건물 낭하를 걸어 가다가 저만치서 몽골 대표단원 4,5명이 함께 이리로 걸어오는데, 그쪽이나 이쪽이나 무의식중 시선을 떼놓지 않고 응시하면서 약간의 목례 시늉을 하며 서로가 스쳐 지나갔다. 재미있는 순간은 십여 발자국 지난 때였다. 믿기지 않을 만큼 닮은 외모가 하도 신기해 다시 한번 보자고 이쪽이 돌아서는 순간, 그리도 똑같은 찰나에 그쪽도 똑같이 돌아서서 이쪽을 쳐다보려다 서로 들킨 꼴이 되었다. 그때만 해도 한-몽 양국은 자유세계-공산권 양극 진영으로 대립돼 속으론 서로가 반가워도 말로 정서를 교환하기 어색한 처지였음은 물론이다.

유난히 많은 일본의 성씨

일본의 성씨 숫자는 조사한 학자나 기관에 따라 12만도 되고, 17만도 되고, 많은 경우는 20만이라 할 정도로, 세계적으로 필적할 나라나 종족이 없을 만큼 많은 것은 잘 알려진 사실이다. 그래서 일본에서는 '유령성씨'란 말까지 있어, 어디서 한번 들었던 성씨를 그뒤 필요가 생겨 다시 찾으려 해도 찾지 못하는 경우를 지칭해 새 단어가 생긴 정도다. 역사적 지리적으로 나름의 사정은 있으나 일본의 성씨는 많아도 너무 많아 한국과는 대칭적인 장단점이 따른다. 헤이안(1000-1192) 무로마치시대(1392-1573)에도 한때 많은 성들이 생겼었으나 에도시대에 와서는 화족이나 사무라이 외에는 성을 갖지 못하게 규제하는 등 엎치락 뒤치락 제도의 변천이 잦았다.

그러나 개국과 동시에 '유신'을 표명하고 막부제를 폐지함으로써 왕정을 복고한 메이지 정부가 1875년에 긴급칙령을 공포해 성이 없었던 일반 백성에게, 그것도 단 1년 안에 성을 지어 등록하라고 명했던 것이다. 작명해서 등록하는 기한을 그리도 짧게 정했던 이유는 일본 최초로 실시될 선거에 대비, 선거인 명부를 급히 만들어야 하는 필요성도 있었지만 역시 그 바탕에는 오랫동안 성씨의 사용이 제한적이었던 데다 성을 가지고도 조상의 내력조차 알아내기 어려우니 일본사회의 성씨에 대한 인식이 한국이나 중국에는 비교도 되지 않을 만큼 깊은 의미가 없었기 때문에 정부도 "즉시 창씨하라"는 명령을 별스럽지 않게 기획해서 발동했다고 봐야한다.

태평양전 개전 초기에 일제가 소위 내선(內鮮)일체를 표방하며 조선인들에게 천년 넘어 써온 본래의 성씨를 일본식 성으로 고치라는 '창씨개명'을 강행한 배경에도 명치때의 그들의 창씨 경험을 참고, 조선에서 시행

해도 대수롭지 않으리라는 오판이 작용했을 터이다. 그러나 아베 일본수상의 외조부 기시 노부쯔케가 뒤에 수상을 한 사토 에이자쿠의 친형인데도 형제중 한쪽이 사토가에 양자로 이적하는 바람에 형제의 성이 달라졌듯이, 데릴사위로 장인의 성씨를 잇는 예가 흔한 자국의 가치기준과 '성을 갈면(二父之子) 개만도 못하다'는 조선의 가치관을 혼동한 일면이 있었을 것이다.

말이 그렇지 교통–통신망도 미비한 당시 4천만 전후의 많은 인구를 가진 나라에서 여기저기 흩어져 사는 동족–친척들과 제대로 상의하여 성을 지으려면 1년이란 기간은 너무 짧은 것이었다. 그러자니 가까이 살아 연락 가능한 친척끼리만 공통의 성을 창씨하기에 이른 터였다. 물론 화족의 뿌리로 미나모토(겐지 源氏) 다이라(헤이지 平氏)를 비롯해 고대호족인 소가(蘇我) 키비(吉備) 등 오랜 성씨와, 중국 한반도부터의 도래인인 하타(秦) 쿠다라(百濟) 쿠마(高麗)씨, 신관(神官)의 가문인 우사(宇佐) 아소(我蘇)씨 등 전통을 자랑하는 오랜 성씨가 많이 있긴 하다. 일본의 최대성인 사토(佐藤)처럼 성씨의 끝에 '토'자를 받쳐쓰는 이토 카토 코토 사이토 등 여러 성씨들은 대부분 헤이안시대를 주름잡던 후지와라(藤原) 가문의 후손들로, 등(藤) 한 글자를 넣어 쓴다고 한다.

명치때 창씨에 가장 보편적으로 쓰인 방법은 주거가 위치한 지명이나 지형적 특징을 한자로 표기하되, 한자를 한국식으로 음독하지 않고 뜻을 훈독하는 방식이었다. 지명을 딴 성도 많아 야마자키(山崎) 미야자키(宮崎) 등이 그것이다. 그러나 한국인들이 조롱섞어 비하하는 일본의 성씨 작명법은 거주하는 장소의 지형지물을 가장 많이 딴 것이다. 가령 밭 한가운데에 사는 사람이면 '밭의 가운데'란 한문으로 '田中(전중)'이라 쓰고 읽기는 '다나카'로, 산 밑에 살면 산하(山下; 야먀시타), 가운데 마을에 살면 중촌(中村; 나카무라), 연못가 밭에 살면 지전(池田;이케타), 우물 위에 살면 정상(井上;이노우에), 숲 밑에 살면 삼하(森下;모리시타) 식으로 주거지 특징이 지배적이다. 밭 전(田)자가 많은데 이들 성은 대체로 벼농사(야요이문화)가 앞섰던 서남지역에 많이 거주한다.

물론 유럽식으로 생업을 성으로 쓴 일본성씨도 꽤 많다. 복부(服部)라 쓰는 '하토리'는 포목상을 뜻하고 개를 기른다는 뜻의 이누카이(犬養)는 뒤에 수상을 배출했다. 수도의 근위를 맡았던 콘에부(近衛府)에서 고노에 성이 유래했다. 성씨 끝자로 '야 屋, 谷' 자를 쓰는 성은 세습된 상인들의 성씨로, 취급 품목, 가령 '코메 米' '누노 布' 자 뒤에 점포란 뜻의 '야'를 붙여 써오고 있다.

필자는 1990년대 초 논문을 쓰며 일본의 성씨제도 자료를 구하느라 노력했으나 성씨의 가지수라도 파악하고 있는 어떤 공공기관도 없었다. 오로지 손에 닿은 자료는 창사 100주년을 맞은 '다이이치세이메이 第一生命'가 자사 보험가입자 8백30여만명을 대상으로 분석해, 성씨별 인구순위를 밝혀내고 그것을 집계한 결과로 성씨의 가지수를 '약 20만'이라고 집계했을 뿐이었다. 그러나 인터넷에 접근이 쉬워지며 요긴한 자료들을 입수하기 편해졌다. 이런 일본에 비하면 경제기획원(통계청)이 5년마다 국내 성씨를 전수조사, 분석하는 데서도 한국의 성씨존중 성향이 엿보인다.

역사가 길고 인구 역시 엄청나게 많은 중국의 성씨가 1만2천 정도, 최신판 '중국성씨 대사전'엔 2만3천개가 올라 있다(네이버). 여러 나라에서 각 성씨들이 모여든 이민의 나라 미국의 성씨는 약 2만 정도로 알려져 있다. 한국의 경우와 단순 비교를 하면 중국이나 미국의 성씨도 훨씬 많은 숫자이긴 하다. 하지만 총인구수, 여러 인종들의 이민 집합국이란 점 등등을 고려하면 중국의 2만, 미국의 2만개 성씨는 납득이 간다. 그러나 일 중미 등 여러 나라들의 어떤 특수사정을 모두 참고한다고 해도, 남북인구 7천만에 한국 성씨 300개 미만이란 숫자는 이해가 안될 만큼 이만저만 적은 게 아니다.

최근년 외국인들의 국내이주가 급격히 늘어 귀화한 성씨의 수가 442개나 된다고 2003년 분석으로 밝혀졌다. 그러나 이는 대부분이 신부감 부족으로 동남아 등 여러 나라 여성들이 한국에 시집 와 남편 호적에 입적한 경우가 대부분이니, 그 여인들의 외국성이 관청의 공부상 계속 존속하는 것은 아닐터이다. 따라서 한국 성의 숫자가 지속적으로 느는 데는 외국인 여성이 아니라 외국인 남성의 귀화가 늘어 새로 들어온 성씨들이 계속 남고 추가되어야 비로소 가능하다.

한국 성씨의 집중 현상을 간단히 입증하는 자료들은 과거 약 5세기 동안에 한국성씨의 총수가 총인구 증가에도 불구, 대체로 300성에서 250성 사이를 오가는 정도로 큰 변화가 없는 것에서도 나타났다. 가장 오래된 문헌은 1486년의 동국여지승람으로 그 속에 조선의 성씨는 277성, 그 2세기 뒤인 영조때의 도곡총설에는 298성, 1908년 증보문헌비고엔 496성, 1930년 250성, 1960년 국세조사에서 258성, 1985년 인구주택 센서스에 274성, 2000년 센서스에 286성이 등재된 것이다. 한마디로 총인구는 계속 느는데도 1908년 조사에서 갑자기 돌출한 것을 제외하면 5세기가 넘는 긴 기간에 성씨의 숫자는 증감이 없었던 셈이다. 1908년의 급증은 한말까지 성씨 없던 천민들이 처음 호적에 등재되면서 일시적으로 늘어난 현상이라 보는 사람이 많다. 그때의 예로 독립군 사령관 김좌진장군의 성씨 없던 노비들 100명이 모두 '안동김씨'로 등재되었다는 간접 기록이 나오고 있다.

상식적으로 한 성씨당 평균 인구를 '성씨의 밀도'라고 가칭할 때 일본의 1개 성씨가 담당하는 평균인구는 단 765명 수준으로써 이는 밀도가 지나칠 정도로 낮음을 직감한다. 다른 각도에서 이것은 성씨로 사람을 구분하는 '성씨의 개인 변별력'은 대단히 높은 반면, 지나치게 성씨의 숫자가 많아 혼돈을 일으키는 부작용 또한 크다 할 것이다. 그런 일본에 비하면 한국의 한 성씨당 평균 24만명은 너무 많은 극단적 대조로, 한국 일본 어느 쪽이든 한쪽으로 너무 치우쳐 이 복잡한 사회에서 성씨가 갖는 기능을 너무 약화시키는 괴리감을 느끼게 만든다. 한-일에 비하면 미국의 1만5천명과 중국의 3만2천5백명은, 성씨로써 특정할수 있는 인원비례가 적절하여 안정감을 준다.

실제로 중국에는 가장 많은 성씨인 李씨가 9천6백만명이나 되어 일단 그 절대수에 놀라지만 총인구가 워낙 많은 13억이어서 이씨의 구성비는 7.4%에 그친다. 한국에서의 김씨의 점유율 21.6%보다는 3분의 1가량 낮은 수준이다. 일본의 경우는 말할 것도 없다. 전기 제일생명 조사로 가장 많은 사토(佐藤)의 구성비가 1.58%, 2위인 스즈키(鈴木)가 1.33%이다. 한국에까지 많이 알려진 다나카(田中)도 4위로 단 1.06% 밖엔 되지 않는다. 품격 높은 화족가문인 미나모토(源)도 일본 내 성씨 순위는 무려 2,578번째, 인원 수도 1,192명 밖에 되질 않는다.

문제는 성씨가 너무 남발돼 혼난을 주는 일본의 지나친 성씨당 인구 저밀도에 못지않게 한국 성씨의 고밀도, 즉 한 성 평균인구가 무려 24만명을 넘는다는 사실은 성씨의 개인특정 기능을 감쇄시킴으로써 예부터 널리 퍼져온 속담 "남산 위서 돌 던져 얻어맞는 건 김 서방 아니면 이 서방이지"가 새삼 그럴싸하게 느껴진다. 물론 중국에도 장삼이사(張三李四)라고 중국인들을 마주치고 보면 장씨네 셋째아들 아니면 이씨네 넷째 아들이라는 4자성어가 생겨났으나 한국의 김 이 양씨에는 훨씬 못 미친다.

　이런 사정은 통계청이 2000년 11월 1일 현재로 조사한 '인구주택 총 조사'를 조금만 분석함으로써 더욱 분명해 진다. 김-이-박 3성을 합치면 인구가 2천61만6천에 점유율이 44.9%에 이르니, 절반에 가까운 한국인이 단 이 세가지 성씨에 속한다. 거기에 인구 백만을 넘는 崔(4.7%) 鄭(4.4%) 姜(2.3%) 3성을 더한 상위 6성을 합치면 56.3%이다. 조금 더 나아가 趙 尹 張 林까지 10대성의 누적 점유율이 64.2%, 吳 韓 申 徐 權 黃 安 宋 柳 洪 20성까지의 누적 점유율은 78.2%나 된다.

민주화 역류, 위세 집착

중요한 것은 이러함에도 불구하고 자신이 속하는 성씨의 인구를 다다익선으로 여겨 숫자와 위세를 정비례시켜 자만하는 고래의 경향이 민주화 산업화 세계화의 진행이 빠름에도 아랑곳하지 않고 오히려 짙어간다는 사실이다. 이것은 마치 아침 풀잎 위에 이슬이 방울처럼 맺히게 만드는 표면장력(表面張力)에다가 옆으로 스며들어 퍼지는 응집력이 동시에 작용하는 물의 성질과도 닮았다고 할 것이다.

　여기서 성씨에 의한 개인의 특정기능을 높이는 방법은 없는 것일까. 필자의 생각으론 가장 무리 없이 다가설수 있는 길은 민법상 일족 구분의 준거가 되는 동성동본 즉 본관을 성 위에 붙여 각각 하나의 성씨로 세분하는 방법과 스페인 포르투갈 등 라틴족처럼 자기 이름과 아버지 성 사이에 어머니 성을 끼워 넣는 방식의 병행 또는 택일이라 본다. 2000년 조사로 파악된 286성의 총 본관 숫자가 4,179개이니, 간단한 계산으로 현재의 남북한 인구 7천만을 4,179로 나누면 1성 평균밀도는 24만여보다 훨씬 적어져, 한개의 본관 당 인구는 (남북한 통틀어) 1만6천여명으로, 바로 미국의 1만5천명과 대동소이한 밀도가 된다. 가령 金씨 한 성의 본관만 282개이고 그중 잘 알려진 본관만 해도 121개나 되니, 실제 생활에서 본관을 성자 위에 반드시 붙여서, 예를 들어 "나는 김해 김 두한이요", "난 경주 이 종찬이요", "난 남양 홍 난파요" 하는 식으로 성씨를 구분하면 훨씬 변별력이 커서 성명에 의한 사람 혼동 사례를 줄이는 합리적 방향이 아닐까, 깊이 연구해볼 가치가 있다고 본다.

父姓 + 母姓 경향도 대안

모친성을 중간에 넣는 방식은 아무런 법적 조치 없이도 임의로 시행이 가능한 데다가 부모의 위상을 동등시하는 젊은 세대의 부모관(父母觀)에도 부합하여 요즘 많은 사람들, 특히 여성들 가운데 부성 모성을 합쳐 '金韓영숙'으로 행세하는 사람들이 늘고 있다. 초기에 배우 신성일씨는 국회의원 선거에서 예명 '申' 위에 본래 성인 '강'을 붙여 '강신성일'로 입후보, 국회진출에 성공한 바 있다.

  본관을 앞에 씌워 성명을 사용하더라도 몇몇 대성의 경우, 특정 본관의 인구는 여전히 엄청나게 많다. 가장 많은 김씨 본관 중에도 김해 김씨의 현 인구는 박씨의 총 인구보다도 훨씬 많은 412만5천이나 되고, 두번째 큰 본관인 밀양 박씨(303만), 세번째 전주 이씨(261만)도 각기 2백만을 넘으니, 앞으로 대를 내려가며 성씨의 분성(分姓) 내지 분본(分本)을 지속하지 않는 한, 혼동은 피할 길이 없어 보인다.

하긴 옛날로 올라 갈수록 격식을 차려 통성명을 하는 경우엔 으레 성씨 앞에 관향을 씌워서 자신이나 제삼자를 상대방에게 소개했었다. 그것이 설령 "내 집안인가, 아닌가", "혹시 원수지간은 아닌가"를 점검 확인하여 피차의 위치를 미리 정하고 행동하려는 구시대의 폐쇄적 처세방법인 측면도 없지 않았을 것이다. 그와 무관하게, 특히 인구가 많은 도시지역일수록 학교 출석부, 동회 주민명부, 전화번호부, 동창회명부 등에다 본관표기를 시도하면, 우선 40명 전후한 한 학급 출석부에 동명이인이 속출해 빚어지는 혼동만은 훨씬 줄어들 터이다.

미국 뉴욕에 가서 성명의 스펠링만 정확히 기억하면 오래 전에 이민 온 친구라도 그 복잡한 시가지 복판의 공중전화 부스에서 전화번호를 찾아낸 경험자들이 많을 터이다. 상주 인구가 천만이 넘어도 가령 '존 피체랄드 케네디' 하는 식으로, 퍼스트네임-미들네임-라스트네임 세 이름을 알파벳순으로 열거해 놓은 뉴욕 전화인명부는 몇권씩이나 되는 분량이면서도 그 속에 동명이인이라곤 거의 없다시피 한 게 참 신비로울 정도다. 그런데 10여년 전까지도 서울의 인명 전화번호책이 제 역할을 하지 못해 폐기되기 전에는 가령 한글로 '김철수'란 좀 흔하다 싶을 성명을 찾으려면 똑같은 사람이 무려 2페이지에 걸쳐 100명이 훨씬 넘게 줄달아 나오니 어찌 그게 성명이랴.

데릴사위에 장인 姓을

성씨 절대존중의 가치관이 이 땅 깊숙이 천년 이상을 뿌리 내리고 있는 현실에서 근년 민법이 개정되어 여(女)호주제가 인정되고 어머니 성의 선택도 길이 열렸으니 그만해도 가히 상전벽해의 대단한 진전임엔 틀림없다. 그럼에도 결정적인 결함은 서양자(壻養子) 이성(異姓) 양자의 길이 여전히 막혀 있는 것이다. 남아선호사상을 누그러뜨리지 못하는 이유 가운데 하나도 이 문제와 깊숙이 연결돼 있다. 서양이나 일본선 봉건시대에 성주가 후사가 없는 경우 영지를 몰수당하기 때문에 일찍이 데릴사위를 들여 성을 물려주고 한슈(번주 藩主) 자리를 잇게한 예가 많았다.

재벌도 한가지다. 미츠이 스미토모 등 일본 여러 재벌에서, 그리고 독일의 크루프 철강 재벌에서도 중간에 절손이 되었었으나 사위양자로 성씨와 가업을 이어 왔다. 혈통이야 아들만 아니라 딸 쪽으로도 이을수 있다는 것이 동서양 공통의 인식변화 방향이다. 영국왕실이야 현 국왕인 엘리자베스 2세는 물론 16세기 엘리자베스 1세 등 모계로 대를 이은 전례가 많다. 전통적 봉건국가의 이력을 가진 일본이 몇달 동안 황실 후계문제로 홍역을 치뤘었다. 제2 왕자비가 왕손을 출산하는 바람에, 무르익던 '태자의 딸에도 승계권을 주자'는 전범개정 기운이 일단 가라앉았다. 그러나 그것도 시간문제다.

사위양자에 대해서는 공감이 급작히 넓어지지만 완전히 피가 안섞인 타성인에게 자기 성을 주는 이성(異姓) 양자 제도는 아직 까마득해 보인다. 만일 민법이 그런 경지로까지 개방폭을 넓혀 나간다면 주위에 보이지 않는 여러 사람들이 광명을 볼 것이 틀림없다. 동양시멘트 그룹 창업자 고 이양구 회장이 아들이 없어 사위에게 그룹을 상속시키느라 남모르게 겪어야 했던 갈등은 널리 알려진 사례지만 그 유사케이스는 수다하다. 기업가 아닌 일반 가정에서도 사위 중에서 장인의 성씨와 함께 가업을 이을 상속자를 지명한다면 구태여 늘그막까지 아들 출산을 바라는 무리수는 많이 줄수 있다고 본다.

신세 망친 양반타령

부계사회의 존엄성을 시비하는 말은 아니다. 다만 그런 뿌리에 연원하는 부작용들, 이것저것 아전 인수격으로 다 끌어다가 족보 만들고, '백발 삼천척' 식으로 부풀려 조상 높이는 반 시대적 허영과 위선을 자제하고 줄여 나가야 나라에 장래가 있다는 생각을 강조할 따름이다. 개중엔 불과 몇십 년 전까지만 해도 자신의 선대가 누구였는지, 어땠는지 낌새도 모르던 많은 사람들이 살만해지면서 화수회에 기부금을 내 줄기를 억지로 갖다 붙이고 나선 아무데서나 전에 안하던 족보자랑, 직계도 아닌 방계조상 끌어대기, 가문 쳐드는 데 입에 침이 마른다.

족보의 허위날조나 과장은 욕을 먹어도 싸겠지만, 주변에서 다 알아주는 명문가의 후손들 가운데도 사람에 따라 하는 언동에는 천양의 차이가 난다. 아주 극심한 예도 있다. "십 몇대 조상이 정승을 지냈다"는 그 판에 박은 자랑을 입에 달고 살았으나 그것이 판에 박은 듯 반복되니까 주변 많은 사람들에게 부러움이나 존경을 사기는커녕 오히려 불쾌감에다 비웃음을 산 결과, "신언서판(身言書判)이 최소 국회의원쯤 따논당상"이라던 양양한 전도를 스스로 망친 예가 있다.

그가 말하는 그 조상님이 하필 교과서에도 나오는 당파싸움의 영수여서만은 아니었다. 그리도 몸에 밴 양반행세로 일관하다가 결국 실(失) 인심하여 직장에서 밀려나고, 하던 사업도 졸아들었을 뿐 아니라 종내는 가정 파탄에 이른 실례를 목격한 지 이미 오래지만 이를 잊지 않고 경종으로 울리고 싶은 심정이다.

그와는 대조되는 인품도 있다. 이름 끝 자에 九를 쓰는 우인이 새삼 잔잔한 충격을 주었다. 다른 생각 없이 "본관이 어디냐"고 물으니 "아무 임금의 직손"이라 했다. 순간 이 친구 이제 조상자랑에 침이 마르겠구나 지레 짐작이 갔다. 그게 아니었다. 이어 나온 한마디는 "우리 조상들이 잘못한 게 너무 많아" 하는 조용한 탄식이었다. 추궁을 했던 것도 아닌데, 조상의 과는 숨기고 공만 부풀리는 뭇사람들과 달리, 설령 빈말일지언정 스스로를 낮추는 자세가 평소에 겸손하던 그의 인품을 다시 확인시켰다. 방송에 나와 지식과 명성이 하늘에 닿았던 한 학자가, 학벌은 물론이고 조상에다 남매까지 쳐들며 조선 제일의 명문임을 강변하느라 입에 침이 마르던 장면이 겹쳐 떠오른다.

한국인은 그 욕구가 타국인에 비해 권력 명예 재물에 대한 욕구 모두를 다중적(多重的)으로 갖는 특성의 소유자다. 인간의 기본 욕구에 관한 여러 학설 가운데 마클리랜드의 권력욕구 성취욕구 친화욕구 3분류가 설득력이 있다. 그 위에다 재물욕과 명예욕을 덧붙여 '인간의 5욕'이라 규명해 온 것이 불교를 비롯한 동양사상의 일단이다. 마슬로의 욕구 5단계설이 광범하게 공감을 사오지만, 그것은 개개 인간에 있어 욕구 완급의 단계 이행과정을 규명한 연구여서 마클리랜드의 이론과는 구분된다. 필자는 한국과 일본 경영인의 욕구를 설문방식으로 비교 조사한 결과, 일본인은 명예 권력 재물에 대해 그중 어느 하나를 택일적으로 선호하는 '트레이드 오프' 관계인데 비해 한국인 경영자들은 권력욕구와 명예욕구가 중첩하는 경향을 보였다(감투공화국, 호영진, 동아출판사, 1993).

같은 시각에서 한국인은 중앙 왕권에 접근하는 관존민비 가치관, 사농공상의 직업관에 전통적으로 젖어온 결과 조상의 혈연존중 의식에 깊이 잠겨 있다.

영남 優位의 여러 근거

물론 사람 나름이지만 뭐니뭐니 해도 문벌자랑 씨족자랑을 입에 달고 살거나 자존심으로 온몸이 돌돌 뭉쳐 사는 사람들을 대라고 할 때 아마 영남인을 먼저 꼽지 않으면 그들 자신마저도 섭섭해서 못견딜 것이다. 하기야 호남에도, 충청 황해 경기 강원 등 조선 8도 도처에 누대의 명문 없는 곳이란 없을 터이다. 하지만 수적으로나, 어쩌면 질적으로까지 영남을 제칠 지역은 별로 없으리란 생각이 든다. 영남이 이렇게도 으쓱할 만한 이유는 충분히 있다.

첫째, 삼국통일을 달성해 반도를 배타적으로 지배한 것,

둘째, 후삼국을 무력 석권했으나 휘하에 문신(文臣)이 드물어 아쉽던 왕건(王建)에게 경주 일원에 대를 누린 신라귀족의 중용을 조건으로 나라를 받침으로써 신라의 지배세력이 후삼국을 통일한 고려조의 상층부마저 사실상 계속 장악하는 터를 닦은 점,

셋째, 조선조 들어 사화로 인해 중앙 훈구세력에 수난도 있었지만 김종직 이후 퇴계문하 사림파의 권토중래로 조선조에서도 유리한 고지를 차지한 점,

넷째, 근대에 와서도 지리적으로 근거리인 일본으로의 유학이 많았고,

다섯째, 한국동란엔 유일하게 전화를 피한 데다 부산의 임시수도 3년의 인연이 영남인 대거 중앙진출의 도약대가 된 점,

여섯째, 박정희 전두환 노태우 김영삼 노무현에 이르기까지 김대중 5년을 제외한 30여년을 한국의 정치무대에서 영남인들이 유리한 위치를 점유한 점 등을 들수 있다.

여기 정신적으로 더 중요한 이유가 추가된다. 경국대전에 따르면 4대를

출사하지 않으면 양반이 상민으로 격하되어야 맞는데 실제는 그렇지가 않았다. 대지주나 소작농이 비교적 적어, 양반의 후예도 궁하면 농사를 짓지만 그러면서도 밤이 되면 책을 읽는 주경야독(晝耕夜讀)의 독서인을 자처하며 유지하던 양반행세를 오늘날까지도 고집하는 것이 영남인이다. 거기엔 성골 진골이란 소위 천강성(天降姓)과 6두품에 삼한거족(三韓巨族)을 들먹이며 2000년을 소급하는 뿌리 깊은 선민의식이 영남인의 의식구조 밑바탕에 깔려 있음은 물론이다.

서풍-황사 바람도 그리로

일시적이 아니라 영남의 천오백년 끊이지 않은 역사적 배경은 타 지역, 특히 호남과 관북 관서에 견주어 좋은 대조를 이룬다. 우선 예부터 한반도에 큰 영향을 주어온 자연현상이 있다면 그것은 서풍, 일러서 '하늬바람'이라고 할수 있다. 도인비의 서세동점(西勢東漸)과는 뉘앙스가 다르다. TV 보급 후 수십년 일기예보를 지켜보면 8~9월의 태풍을 제외하면 중국에서 불어오는 서풍이 사철 지배적이다. 봄의 황사에서 시작, 여름의 장마구름, 가을~겨울의 찬 바람까지를 포함해 한국 기후에 직접적 절대적인 영향을 주는 바람이 서풍이다. 이 점에서 해방 이후 초등학교에서 써온 교과서는 착오가 있었다.

옛 초등학교 교과서엔 일률적으로 여름엔 동남풍이 불고, 겨울엔 서북풍이 불어오는 것으로 학생들 머리를 채워주었다. 그러나 그것은 '삼국지'에서 제갈공명이 동남풍을 빌어 비를 내린 이야기처럼 중국 중심의 24절기 달력을 들여다 쓰던 오랜 관행에서 영향을 무의식 중에 받지 않았을까. 4계절에 부는 바람 가운데 태풍철의 남풍을 빼면 대부분 서풍 서북풍이지, 일본에서 불어오는 동풍을 경험하기란 힘든 일이다. 이것은 본원적으로 지구가 자전하는, 서에서 동을 향해 무역풍이 불고 바로 그게 서풍이기 때문이다.

역사–문화–군사의 흐름도 같다. 어떤 바람이 아시아 대륙(서북)에서 한반도로 불어오면 그 바람의 끝은 반도 끝인 영남이 종착점이 된다. 육지로 더이상 갈 데가 없다. 그래서 서풍의 영향은 유교처럼 영남땅에 고이고 뭉쳐서 나름의 열매를 맺을 수도 있었고, 또한 힘이나 세력의 작용 방향은 동남의 바다를 등에 지고 배수진을 친 듯 거기서 더 나아가지 못하여 저지선이 될 수도 있다. 신라가 당나라의 힘을 빌려 백제–고구려를 쳐서 흡수하는 전술을 썼다가 나중에 당에 스스로 먹힐 위기를 용케 벗어났다. 그러나 동남방으로는 원–고려의 막강한 연합군이 일본 정벌에 두번이나 실패, 결국 원의 세력이 한반도를 뛰어넘지 못하고 그 땅 끝에서 멈춘 사실은 틀림 없으며 6·25때 공산군 또한 영남의 보루 낙동강을 넘는 데 실패하여 패퇴한 사실까지 그렇게 엮어 해석을 한다면 무리일까.

신라는 백제를 663년에 병탄했으나 고구려에 대하여는 당과 협공으로 멸망시킨 뒤 36년이 지난 699년에 그 유토를 진(震)과 발해가 승계했다가 926년 거란에 의해 발해가 멸망하고 만다. 그러니까 정확히는 발해의 227년 전사(全史)가 한–중 학계의 연구로 분명히 소속을 밝혀내지 못하는 이상 신라의 3국통일이 사실상 반도 안으로의 국토 축소를 결과했다는 의문은 깨끗이 씻어지지 않는다 하겠다 그런 영남의 기질은 세월이 가도 별반 변하질 않는다. 우선 그 표정 몸짓 말씨 모두에서 당당하다 못해 콧대 드높은 자세야말로 타 지역인은 죽었다 깨어나도 가히 추급 불허다. 억양부터가 고저 강약이 분명해서 여러 나라 언어 중에도 가장 악센트가 강한 영어에 지지 않는, 악센트 언어이다. 함경도 평안도 억양도 꽤 세기는 하지만 영남인 말씨는 분명하게 억양을 높이고 낮추는 특징이 있다.

거기다 대면 서울-중부 말은 아무 굴곡 없이 하도 연하게 흘러가기에 영남인의 표현으론 여성어라든가, 간지럽다든가 할 정도로 고기가 살기를 피하는 맑은 물 같은 말이다. 충청인의 말결은 느리고 길게 여운을 끌고 나가는 것이 특징인가 하면 호남인은 프랑스어에 방불한, 상냥 기교 굴곡을 고루 갖춘, 감칠맛이 있다 못해 여성성이 서울말 이상 짙다. 다시 말해 영남말은 억세면서 말끝이 공대보다는 하대같은 어법을 손위 사람에까지도 써서 한편 당당해 보이는 장점과 동시에 시끄럽고 거만하고 투박하다.

천년 상처, 호남 정서

반대로 호남말은 굴곡이 심한 나머지 서울말이 그렇듯이 민감한 언어감정이 지나쳐 어찌보면 듣는 사람의 눈치를 보는 듯한, 그래서 간사스럽다는 인색한 평을 듣는다. 위에서 영남의 고자세에 관련된 역사적 배경을 살폈듯이 호남이 영남과 맞서는 역사적 대치성은 어떤 배경을 가졌는지 고찰할 필요가 있다.

첫째, 백제 계백 장군의 5천 결사대가 옥쇄(玉碎)로 나당 연합군에 패하고, 2백년 뒤 견훤 부자의 후백제가 왕건에게 다시 패한 사실이 물론 결정

타다. 동서양을 막론, 전쟁에서 패배처럼 후손과 지역에 오래오래 불운을 끼치는 영향인자는 다시 없다. 대저 패전국의 신민이 승전국에 포로로 끌려가 대대로 노예가 된 사례는 세계사 어디에나 흔하다. 그러나 3국통일전쟁의 패전국인 백제 고구려가 전승국 신라, 나중 고려와는 어디까지나 이민족 아닌 동족 간이었기에 이민족 간과 달리 극히 일부를 빼면 계층 동화로 이어졌다는 사실을 더 중요하게 여겨야 한다고 본다.

둘째, 지형으로 보아 바다로의 연접이 서해-남해의 길다란 리아스식 해안이어서 해운에 편리했고 이어 일본과 중국의 중간 지점에 위치, 해상거래가 유리했다는 점이다. 물론 완도에 청해진을 두었듯이 신라도 가야의 뒤를 이어 남부해안의 지형적 특색에 힘입어 해상통로를 확보, 일본과의 내왕이 잦았던 점을 무시하긴 힘들다.

셋째, 신라나 고구려보다 대 평야가 많아 대농이나 지주의 형성이 용이하다. 그런 지형적 환경에서 '만석꾼'이 흔하고 그 반면에 소작농민의 비율이 타 지역보다 높을수 밖에 없었다. 결과적으로 소작농민과 지주 간의 양극적 빈부격차 또한 어떤 지역보다 심할수 밖엔 없었다. 게다가 고려조에 이어 조선조에 들어 와서도 백제 후예들의 벼슬길 접근은 신라에 기반을 둔 영남인의 그것에 비해 계속 불리했다. 그러한 호남정서에서 영남인들처럼 농사를 지으면서도 독서인-양반 행세에 집착하는 옹고집의 중상층보다는 시인묵객으로 정서를 풍부히 했고 서예 가무에 명인이 많아 예향(藝鄕)의 향취를 오래 이어오게 되었을 것이다. 식문화에 있어도 부농 지주층의 넓은 수요로 영남과는 대조적으로 다양한 먹거리 개발 향상에 탁월해 왔다.

넷째, 일제의 식민지 수탈에서 동양척식회사의 주 착취대상이 바로 호남 곡창이었고 이어 6·25동란 시에도 북한군 점령의 영향을 더 많이 받았으며 5·16 이후 중앙진출 역시도 영남의 경우보다 불리한 위치에서 헤어나지 못했던 것이 사실이다.

원인과 과정에 대한 고찰을 중요시하는 것은 그동안 우리 사회가 무의식중 범해온 과오를 시정하기 위함이다. 영호남 쌍방간의 간극은 물론 제3지대에서의 호남인의 일방적인 불이익, 그에 대칭적으로 영남인의 유리한 출발선, 그럼으로써 전 국민들 사이에 앙금처럼 가라앉아 언제 흙탕물을 들쑤실지 모를 불신풍조, 특히 정치의 장에서 깊이 패인 골을 메우지 못함으로써 끝도 없이 반복되는 필요 이상의 정치혼란을 계속 외면만 해선 안된다는 것이다.

가장 집약적으로 호남인에 대한 뿌리깊은 차별을 가늠케 하는 척도는 통혼기피 현상이라 할수 있다. 통혼이 갈수록 꾸준히 늘어가는듯 하여 다행이지만, 큰 흐름으론 변화가 더디게 느껴진다. 혼령기 젊은이들의 진취성이 급속히 증가하고 성격, 국민성이 발랄해짐이 감지되지만 부모세대의 완고한 반대에 밀려 호남인들이 처음부터 아예 교제를 기피당하거나 심한 경우 정혼을 하고나서도 뒤늦게 본적지가 밝혀져 파혼에 이른 사례를 주위서 심심치 않게 접한다.

사실 이 부문에 대해 좀더 솔직하고 진솔한 연구가 있어야겠지만 백제와 5년 간격으로 서기 668년에 고구려가 멸망, 3국이 통일된 지 올해로 천년 하고도 343년이 더 지났다. 한때 7왕국이던 잉글랜드가 앵글로색슨 왕국으로 통일된 서기 829년보다 161년이, 윌리엄공이 기병 5천으로 쳐들어와 영국을 차지한 1066년보다도 약 400년이 앞선 것이 한반도의 3국통일이다. 보다 짧은 기간 동안 저들은 4, 5개 이상의 복수 민족들이 뒤섞여 세계제패를 이룬 지도 벌써 오랜데 한반도에선 훨씬 더 긴 세월 속에 백의민족 단일민족을 입으로만 외쳤지 마르고 닳도록 타당성도 약한 신라인 후손, 백제인 후손, 고구려인 후손을 가리는 데 시도 때도 여념도 없다. 그러고도 세계에다 문화민족 '대~한민국'을 외친단 말인가.

가문에 따라 조상의 세거지(世居地)를 족보나 문집 또는 구전으로 전해오는 집안이야 있겠으나 13세기 넘는 장구한 기간에 각기 신라인이 영남 외 지역에, 백제인이 호남 외 지역에, 또 고구려인이 북한 외 지역에 엄청 많이 이주해 서로 뒤섞여 살았음에 틀림없다. 선행연구가 아직은 미흡하지만 조사에 나타난 4,179 본관 가운데 '경주'를 본관으로 하는 성씨가 87개에 인구도 482만으로 가장 많았고 다음 '진주' 80개, '김해' 43개에 448만명, '밀양' 67개에 340만명, '전주' 75개에 321만명, '청주' 66개, '안동' 44개 순으로 전주와 청주를 빼면 경상도의 경주 김해 밀양 안동이 본관지로서 많은 부분을 차지한다.

그러나 경주를 본관으로 하는 경주 김, 경주 이, 경주 최, 경주 정 등 여러 성씨들이 경북 일원에만 몽땅 사는 건 물론 아니고, 전주를 본관으로 한 전주 이씨, 광산을 본관으로 한 광산 김이 각기 전북이나 전남에만 한정해 사는 것도 물론 아니고 절반 넘는 숫자쯤은 서울 중부권에 많이, 그 밖의 여러 지역에 옮겨서 살고 있음은 분명하다.

대안을 더 찾아보자

중요한 것은 이 불합리한 지역 대립, 관존민비, 혈연 강조라는 가치관 이완(弛緩)현상을 그러면 결코 치유할수 없다며 그냥 내버려 둬도 되는 것인가. 그렇진 않다. 동서양의 많은 나라들이 이른바 오늘의 국민국가 모습을 갖춘 것은 한국역사의 눈금에 맞추면 조선중기 임진란 훨씬 뒤와 맞먹는다. 중세까지만 해도 유럽은 약 400여개 소국들과 수십개 종족으로 이합집산하면서 편한 날 없이 서로 으르렁거리며 살다가 제2천년기[제2밀레니엄(millennium, 11세기초~20세기말)] 후반, 그것도 1648년 베스트팔렌 체제 이후에야 오늘의 영 불 이 독 등의 번듯한 근대 국민국가들이 형성되었다. 각국에서 탈 봉건, 국토통일, 정치권력의 중앙집중현상이 진척되는 일방 개인의 자유와 합리주의적 사회 가치관의 형성이 동양에서와 다른 방향으로 추진되어 왔다. 각 국내에 분거하는 여러 민족-종족들을 사회 종교 문화적으로 통합하는 노력도 지속되었다.

그 이전 중세 유럽 여러개의 국가 내지 봉토들 각각의 통치방식이 구체적으로까지 똑같았다고 보기는 어려울 것이지만 대부분 국가들은 공후백자남(公侯伯子男)의 품계 작위, 기사, 자유농, 상공인 등 여러 계층간에 인구비율을 일정 상태로 유지하는 확고한 제도를 정립하여 운용했다. 가장 핵심 부분은 귀족의 수를 전 인구의 5퍼센트 이내로 억제하기 위해 감작(減爵)제도를 철저히 견지했다. 그에 비하면 한국의 계층구조는 가령 착취-피착취 계층 간의 균형이 일정 한계를 벗어나지 않도록 하는 규제장치가 있었다고는 해도 형식에 흐르거나 호도되는 역사를 지니고 있다.

대체로 고려중기까지는 봉건제적 세습귀족 제도의 성격이 강하다가 여말 이후 특히 경국대전이 성문 헌법적 지위에 오른 조선조 초에 와서부터 중앙집권적 관료제도로의 이행이 시도되었다. 그 속에서 계층간 인구비율 유지를 위한 제도의 골간은 4대를 내려 출사(出仕)하지 않으면 양반 반열에서 격하시켜 상민을 만드는, 봉건제도의 감작제와 유사한 규정이 경국대전에 들어갔다. 그러나 임진-병자 양란 이후 삼정(三政)문란과 외척 발호가 극심해 지면서 과거제도와 관리임용의 문란 부패는 갈수록 심화돼 왔다.

피폐된 왕권 아래 풍양 조, 안동 김의 세도정치가 판을 치던 조선조 말에는 매관매직이 너무나 공공연해져 족보를 팔고 사는, 반-상 분별을 문란케 하는 풍조가 만연하기에 이르렀다. 세도가의 첩실 나합이 군수자리 매직에 열을 올리던 구한말 총인구 중 양반의 비율은 무려 60퍼센트를 넘었으니 영국의 귀족 5% 내 유지와는 거리가 멀어도 한참 멀었다.

이같이 장기간의 인습을 탈피하는, 그래서 합리적이고 정의로운 사회를 건설하는 과제는 말보다 어렵고 시간이 걸린다.

첫째로, 종교도 중하지만 못지않게 중요한 일이 언어의 통일이다. 여러 종족을 하나의 국가 안에 감싸는 과정에서 단일 종교의 집회장에 모여 강론을 함에 있어서나 혼인을 하고 상거래를 하는 데 있어 발등에 불 떨어지듯 급한 것은 언어소통이다. 다민족 국가 영국은 초서(Chaucer), 셰익스피어 같은 대문호들의 노력이 가세하여 오늘날 세계어 구실을 담당하는 영국어를 거의 새로 만들다시피 하여 다듬고 다듬어 왔다. 이젠 '고요한 아침의 나라' 어린이들까지 그걸 배우느라 생난리를 치러야하는 '영어문화 금자탑'을 앵글로색슨은 우뚝 쌓아 올린 것이다.

한반도에는 신라통일 이전부터 3국 모두가 일부 남방족의 혼혈을 제외하곤 대체로 몽골계 단일 종족에다가 언어 역시 같은 우랄-알타이 어족이었으므로 방언의 존재 외엔 언어 다기화-의사불통의 이렇다할 애로는 없었다고 추론된다. 오늘날에도 학교교육의 보급, 문맹의 퇴치, 더구나 상당한 저항에도 불구하고 한글전용 추세의 가속화로 한국 영토 내에서 언어불통의 문제는 어느 나라에 비해서도 전무할 정도로 진화돼 나아간다. 물론 남북한의 언어가 많은 부분에서 정도 이상의 이반현상을 보이고 있음은 정치 군사적 교류완 별도로 시급히 극복해야 할 과제다.

그러나 문제는 남한 자체에서 의사소통 차원을 떠나 일부 지역인의 억양이 심하게 다름으로 해서 국어 아닌 구어(口語)의 표준화 내지 악센트-인토네이션(억양)의 표준화라는 색다른 과제를 제시하고 있다. 이 문제는 순수 언어적 주제라기보다 언어 외적, 파생적 문제라는 점을 강조하고자 한다.

말을 하는 화자(話者)는 말씨 말투 발음 강약의 음색 등을 가지고 자신의 개성을 말 속에서 나타낸다. 여성은 가늘고 연약한 음성, 음운의 부드러움으로 굵고 억세고 투박한 음색의 남성과 구분된다. 그래서 언어기법으로 여성다움 남성다움이 자연스레 형성되어 있다. 또 한국에 들어온 중국 지린성의 조선족 여인들은 흉내 내기도 힘든 억양과 템포로 우직하고 융통성 없어 보여, 그것이 오히려 신뢰감을 준다. 거꾸로 북한서 온 황장엽씨가 초기에 족집게처럼 기자들에게 지적한대로 한국의 젊은 여성들의 말은 전혀 알아 들을수 없을 만큼 국적 없는 희귀한 꾸밈의 억양으로 발전하니, 이 웬일인가. 특히 직장 여성들의 전화화법은 속사포처럼 빠르다가도 괴성을 섞기만 하지 상대가 알아듣건 말건 신경을 쓰지 않는다. 말이 안통하니 말 그대로 언어도단이요, 그 원인은 섣불리 규명키 어려워 확실히 새로운 연구대상이다.

휴전 직후 이대엽 주연의 〈경상도 사나이〉 영화상영 이후 '경상도 사투리'는 벌써 사오십년간 나라 안에서 독특한 지위를 구축해 왔다. 그 자신만만하고 높낮이가 심하고 분명한 악센트는 원래 한국 표준어와는 거리가 멀다. '푸추'를 '정구지'로 쓰는 등 어휘의 상이는 제주도나 타도 역시도 심하니 그렇다 치자. 똑같은 어휘를 전혀 다르게 발음하여 아무리 지적해도 아니라고 잡아떼는 모음의 엇갈림이 있으니 'ㅓ'와 'ㅡ'를 거꾸로 발음하는 도치현상이다. 가령 '근엄謹嚴'을 '건음'이라고 발음하는 식이다. 또 서울서 오륙십년을 산 영남 지인들의 거의가 아직도 '뉴욬'이란 발음이 아마도 고통스럴 정도로 어려워서인지 두번 세번 고쳐 발음해도 계속 '유녹' 인 것은 이상할 정도다.

물론 호남 충청 중부권에도 똑같이 듣기 힘든 방언은 있다. 그러나 결정적인 차이가 뭐냐면 영남 외의 타도인들은 자기가 하는 말이 사투리인줄 알면 즉시 고치려 들며 표준어 사용에 꽤나 노력을 하는 데 비해 영남인들은 일부 미래지향적 현대인을 제외하면 막무가내로 조금도 억양을 고칠 생각은커녕 오히려 '나는 정통 영남인' 이라는 자부심에서 일부러 더 하는 게 흔하다는 점이다.

어떤 시대, 어떤 지역에서도 웬만한 사투리는 못알아들을 정도가 아니면 큰 문제꺼리는 삼을 필요 없다 해도 나라 안을 좀더 부드럽게 하고, 불필요한 마찰을 피하려면, 그리고 그중에도 핵심인 지역감정을 눅이려하면 어깃장 놓듯 더 강하게 사투리를 고집하지 말고 조금씩 가운데를 향해 양보하란 것이다. 그래도 그 쪽으로의 진척은 희망이 있다. 억센 방언을 쓰는 부모 아래서 성장한 젊은이들의 대부분은 완벽한 표준어를 잘 알고 잘 쓴다는 것이다. 하지만 이들도 집에 들어가면 "깍쟁이 서울말 쓰지 말고 고향 말 쓰레이" 하는 어른의 빗장에 가로막혀 물러서는 예가 불무하다.

혐오 회오리 자초한 대통령

문제는 옛날이 아니라 바로 오늘이다. 지금 정치 사회 문화 구석구석에서 꼬리를 물고 일어나고 있는 대립과 모순의 극치는 대부분 이치에 맞지 않고 시대에도 역행하는, 바로 지역문제와 씨족의 문제, 두 가지로 집약된다. 비근하게 참여정부 아래서의 정치가 깊은 수렁에 빠진 채 영영 헤어나지 못하고 있는, 아니 앞으로도 기나긴 세월 동안 엉켜서 해소되기 영원히 힘들지 모를 갖가지 마찰음의 깊은 속내에는 이 두 가닥의 암덩어리가 응어리를 틀고 있다고 봐야한다.

좀더 솔직히 말해 보자. 노 정부 새로운 집권세력의 중심에 서 있는 주역들의 출신성분이 그 이전까지의 정통 주류와는 상당한 대조를 보인다는 데 갈등의 원천이 있지 않은가. 386세대니 7080이니 하는 세대별 호칭 자체는 본질에 있어 그리 문제가 되지 않는다. 왜냐면 누구든 예외랄 것 없이 사람이 해마다 한살씩 나이를 먹는 것은 자연현상이기 때문이다. 조금만 생각을 다시 해보면 '보수골통'이란 새 세대에 비교해 전적으로 체질이 다른 종(種)이 아니며 종족이 다른 것은 더욱 아니다. 보수 골통은 바로 몇년 뒤의 자신이어서, 서로가 잠시 입장을 바꿔보는 역지사지가 아주 쉬운 일이다. 노-청을 가르는 기준은 오로지 시간 하나, 집에 들어서면 부자 숙질(叔侄)의 지근 거리가 된다.

그러나 노무현 대통령의 재임이 시간을 더할수록 진보의 중심에 서 있는 노씨에 대한 보수 측의 적대하는 숫자가 늘어감은 물론 그 혐오도에서 극단을 향해 달려가고 있음을 어떻게 볼 것인가. 비판자의 범주도 이제는 '수구골통'의 경계를 훨씬 넘어서 중도에 서 있던 많은 부동층이 비판 혐오자 대열에 동참한다고 할 정도로 널리 파급되어 가는 느낌이 든다.

그를 향한 비판을 넘은 혐오 내지 증오의 근거는 무엇인가. 첫째의 정론은 과거사 문제, 보안법 폐지, 사립학교법 개정, 전시작전 통제권 환수, 대북 퍼주기, 끝없는 코드인사 등이 그 중심일 것이다. 이런 것들은 대통령을 비판하는 아주 훌륭한 의제들이다. 그것들이 좌파노선에 서 있는 그를 대통령으로 당선시킨 386 중심세력의 선택이라고 볼 때 그런 진보성향에 우려를 표하는 보수세력으로서 그를 반대하고 비판을 가하는 행위는 민주

정치의 본령에서 벗어나지 않는 범주라 할 것이다.

  둘째 이유는 그의 성격과 기질에 관한 것이다. 노무현 대통령은 언론으로부터 비판을 받고 당장은 묵묵부답 하다가 며칠이 지나는 시점에 가서야 느닷없이 그 특유의 달변, 마치 달변을 과시하기 위한 달변을 펴, 앞서 있었던 비판에 대한 응답을 언론에 공개한다. 그러나 이것이 번번이 다시 역효과를 가져오니 딱한 노릇이다. 대개 그 말미엔 "노통은 말을 잘 바꾼다"는 비판이 꼬리를 물게 마련이다. 좀더 파고 들면 그는 자신이 겉보기보다는 모든 영역에서 지식 사고능력이 자신만만하다는 불굴의 소신을 가진 것으로 갈수록 분명해진다.

氏族관념 갈수록 골 깊어져

셋째는 비판이라기보다 그의 출신배경에 관련한 일종의 매도(罵倒)다. 우선 역대 어느 대통령보다 한미한 집안 출신으로 대학을 포기한 학력이 결정적 결함으로 꼽히는 일이 잦다. 그 비판은 "그래도 대학은 나와야지…"로 말끝을 흐리는 자세로 봐서는 '고졸자, 아니 무학자라는 이유로 대통령을 못한다' 는 헌법조항, 하다못해 법령규정이라도 있느냐는 반론에는 대항이 불가능한 억지임을 스스로 알기 때문일 것이다.

  거기에 정말로 한국적 현실이 추가된다. 인구 약 20만으로, 순위로 33번째 가는 노(盧)라는 성씨다. 영의정 노사신을 낸 교하(交河) 노씨와 본관이 같지는 않지만 같은 글자의 노태우씨가 이미 몇해 전에 대통령을 한 시점에서 성씨를 흠으로 잡음은 졸수임엔 틀림없다. 비록 그때 신군부 영향하의 정규육사 출신 퇴역장군과 가난한 시골 변호사 출신, 비록 반년의 장관 경력이 있지만, 노무현씨가 여러 중량감에서 차이가 있었을 게 틀림 없다. 다만 한국에선 초대 이승만의 전주 이, 민주당 윤보선의 해평 윤, 공화당 박정희의 반남 박 등 이른바 저성(著姓)이 아니고는 민선 대통령이 되는 데 장애가 절대로 작지 않은 것이 현실이다. 전두환의 정선 전씨가 송도 왕씨의 변성인지는 알수 없으되 어쨌든 21위에 1.07%인 희성임엔 틀림 없음에도 그 자리를 지낸 것은 스스로 왕관을 들어 쓴 나폴레옹과 과히 다름이 없으니 성씨 가지고 전통을 논할 필요는 없다(60년대, 멀리는 대망도 품은 듯, 잘도 나가던 9위 성의 C씨를 가리켜 그의 종씨인 한 명사는 '9위 성을 가지곤 어림도 없어…' 하며 그걸 그에게 귀띔해 달라고 당부했었다. 한국은 그 점에서 아직도 중세다.

세상은 글로벌 시대로 줄달음 치는데 그것을 오히려 기화로 역행하는 인습이 족보 챙기기다. 박세리가 세계무대에 나가 큰 업적을 이룸으로써 이 땅의 여성혁명을 단시일 내 이룩하는 데 혁혁한 기여를 하고, 박찬호 박지성이 야구와 축구로 세계인의 찬탄을 모으는 그 장한 모습이 박씨 가문에 축복인 것은 틀림없지만 그 모든 것들이 각 성씨들로 하여금 화수회 키우고 조상묘 치장하는 계기로 오도되는 현실이 도무지 딱해 보인다. 반세기 이상 지켜본 한국사회에서 영남인에다 삼한거족이 겹친 일부 인사들의 천상천하 유아독존적 기고만장은 이 나라-민족 분열의 근본 원인으로 다시금 이 땅에 재앙을 부를 위험성마저 항상 감지하며 산다.

일정 범위 밖에 마이너리티 성을 가진 정치인들, 선대의 존재가 뚜렷치 않은 한미한 출신성분, 빛깔 덜 나는 학벌을 가진 사람들이 천신만고 끝에 웬만한 자리에 오를라치면 그 주변의 반응은 자못 냉랭하다 못해 황량하기 이를 데 없다.

정관계만 아니라 기업 학교 종교단체 군대 등 그 어느 사회, 어느 조직에서나 표면의 한 꺼풀을 제치고 나면 가장 진하고 뿌리 깊고 갈수록 더 깊이 들어가는 유대의식은 흔히 '종씨'라고 부르게 되는 혈연의 절대적 비중이다. 논리상으론 민주화와 더불어 마땅히 엷어져가야 하는데 그렇기는커녕 가속으로 짙어져 간다. 아마도 그 같은 심화현상의 가장 큰 원인은 각급 선거, 최근에는 어설픈 지방자치에 있다고 본다. 대통령 선거에서 총선거 단체장 선거, 하다못해 여러 가지 임의단체 친목단체의 어떤 선거를 불문하고 내편 네편을 가르는 최강 불변의 준거는 혈연이다.

일찍이 60년대 대선을 앞두고 출마의사를 밝히면서 김준연씨가 "최소한 김해 김씨 50만 표는 기본으로 따놓고, 00학교 학연 등등 따져보니 승산이 있다"는 발언을 해 "너무 단순하다" 싶어 조소를 산 일이 있었지만, 실은 조금도 웃을 일이 아니었다. 그 이후 반세기가 흘러도 정치인들의 득표계산 기준은 그 방향을 향해서 더 굳어져 가고, 잘도 들어 먹히는 끈끈한 유대가 되고 있다.

그러나 역시 어려운 것이 지역대립이다. "호남이라 못 믿는다"가 근 삼사십년 가장 쉽게 들리던 귀엣말, 아니 꽤 큰 목소리로 또 공개적으로 주고받는 것이 다반사였다. 거꾸로 "영남이라 밥맛 없다"는 불평소리도 동시에 흔하게 들을수 있다. 그뿐 아니다. "서울내기라 이마빡에 피 한방울 안난다"에서 "삼팔따라지라 무섭다"든가 "충청도라 느려터져"에서 "말만 느리지 행동은 빨라" 하는 식으로 모든 지역인의 특색을 나타내는 판에 박은 곁말들이 수없이 많이 쓰인다.

그러나 이런 현상을 굳이 좁은 시야에서 보고 끌탕을 하고 자조(自嘲)할 필요는 없다. 어떤 나라도 지역간의 대립-마찰이 없는 곳은 아마도 지구 위에 한군데도 없을 것이고 만일 그런 마찰 없는 나라가 있다면 오히려 이상스런 일에 속한다고 말할 수도 있다. 심지어 동물의 세계에서도 먼 풀밭에서 일탈해 들어온 외톨이를, 제 종족이라도 반기지 않고 내쫓거나 생명을 빼앗는 살벌한 광경을 영상에서 많이 구경해 왔다.

학연은 한 代로 끝난다

거기 비하면 인간의 속성에 대한 기준의 하나인 학연은, 출신학교가 제출된 이력서에 필수적으로 명기되어 있고 잦은 동창회 모임이 노출되기 때문에 주변에 가장 잘 드러나는 유대관계이다. 하지만 인연의 끈기나 성질에 있어선 천륜(天倫)이라고 하는 혈연보다는 묽은 것이라고 봐야 한다. 초등학교 중학교의 입학 기준은 학부모가 거주하는 행정구역이니까 한 동네 산다는 아주 자연스런 인연 하나가 학연의 출발점이다. 따라서 마음 먹어도 바꿀수 없는 혈연에 비해 학교의 선택 여지는 훨씬 넓은 편이다. 그러나 고등학교나 대학으로의 진학 선택은 여러 가지 변수가 얽힌 입시관문의 통과가 요건이어서 학연의 열쇠는 최소한 입학자의 자유의지로되 시험 통과의 학력(學力)이 핵심이다. 과외공부의 긴요성과 학부모 재력의 격차가 주요변수가 됨에도 불구하고 출생과 동시에 운명 지어지는 지연이나 혈연에 견준다면 학연의 장벽은 낮고 가변적이다.

학교 선택의 관건인 학생 자질의 우열은 다른 혈연 지연 등 어느 차별보다도 본인의 감당 여지가 월등히 크다. 최악의 경우라도 학연상의 불리점은 노력 여하에 따라서 자신 한 대에서 그쳐 세습되지 않을수 있다. 해마다 입시철에 찢어지게 가난한 홀어머니의 자녀가 일류대에 상위로 합격하는 감동 스토리는 좋은 사례다. 그럼에도 평등주의 egalitarianism 과잉인 한국적 혈연 공동체에선 이 학벌의 문제가 마치 영구적 사회불화의 씨로 자리매김한 지 오래다.

하긴 한때 사회 엘리트의 상징인 KS마크가 있고 없음에 따라 사람을 평생 옭아매는 숙명과도 같은, 과장하면 옛 왕조시대 암행어사가 차던 마패와도 같은 괴력을 발휘해 왔고 지금도 많이 희석은 됐지만 아직 뼈대는 남아 계속 움직인다. 명문고 명문대 출신이란 사람들의 작태가 그렇지 않은 사람들의 눈에 비치기로는 철저히 '다 해먹는' 점령군의 부대마크쯤으로 착각을 줄 때가 있었다. 물론 이런 선입견은 그렇게 보는 집단의 내부 논리와는 크게 다르다. 우수한 K고를 나왔으니까 S대를 많이 들어갔고, S대를 나왔으니 고시건 입사시험이건 KS출신의 합격률이 배타적으로 높아, 좋은 직종에의 진출과 승진이란 결과치가 나온 것이다. 'XX마피아' 소리를 들을 만큼 시장셰어(점유율)가 너무 컸던 것은 불공평해 보여도 논리는 당연하다는 것이 내부의 자변이다.

그러나 외부의 눈은 다르다. 취업에서, 배치에서, 승진에서 저들의 시장셰어가 큰 이면에는 인사를 담당한 기성층 자체가 이미 KS류로 채워져 있기 때문에 그 후배들에게 부당한 특혜를 준다는 논리가 의외로 강하다. 물론 그런 경향이 직장 문화에 따라서 짙은 곳도 적지 않으리라. 그중에도, 마치 '한번 해병은 영원한 해병'이라고 해병대 제대자들이 사회에서 대단한 유대의식을 갖듯이, 비록 숫자적으로는 KS보다 소수인 고대출신들의 끌고 미는 단결력이 어느 학연 단위보다도 강한 전통은 도처에 이름이 났었고 지금도 상당한 정도로 살아 있다고 본다.

7 겸손은 손해보는 세상

"차린 건 없지만 많이 드세요" 하는 것은 한국인에게 아마도 수백년 동안 인이 박인 관습어로서, 아직도 우리 귀에 역겹지 않다. 그러나 어느 사이에 "좋은 재료 사다가, 집사람이 실력 발휘해서 애써 차려 맛이 있으니 많이 드세요" 하는 쪽으로 이미 바뀌어 있다. 물론 최근 십여년사이 주부들의 식사초대 사례는 아예 자취를 감추었지만, 어느 편이 합당하냐를 묻기보다 최소한 전자에서 후자의 방향으로 급속히 변화해 오는 추세였다는 점에는 의문이 없고, 그러한 추세의 바탕에 민주화 서구화 개방화라는 저류가 흐르고 있음을 감지하게 된다.

그런 변화추세가 가치관 문제에 봉착하면 딱 잘라 말하기가 어렵다. 의식적이든 아니든, 우리들 기성세대가 나서 자라고 살아온 환경과 정신세계는 유교문화가 바탕을 이루어온 것이 사실이다. 가정에 따라 불교 기독교 무속 등 자신이 가까이하는 종교와 신앙의 영향을 받는 경우가 많다 하더라도, 그와 별 아랑곳 없이 이 사회를 천년 이상 압도해 온 기제(機制)는 삼강오륜(三綱五倫) 경노효친(敬老孝親) 인의예지(仁義禮智)의 유교 가치관이었음에 틀림없다. 그런 전통사회에서 "안사람이 솜씨가 좋아 음식 맛이 있으니…" 하고 내 세우기보다 "별것 아니지만 맛있게 많이 드시라"는 겸손은 당연한 예의범절이었다.

그 연장선상에서 만사에 자신을 낮추는 것은 교양인의 필수적 덕목이었다. "소생은 천학비재(淺學菲才) 즉 배운게 없고 재주가 없어서"라는 자기비하의 겸양지덕을 애써 발산하지 않고는 설령 훌륭한 자질을 갖춘 인물이라 할지라도 인격자, 지도자로서의 첫번째 교양과 덕성이 결여된 것으로 감점 받았다. 그러나 이제 세상은 정반대로 변했다.

대소 선거때 마다 반드시 중계방송되는 후보자 토론회를 지켜보다간 너무 바뀐 세상에 현기증이 날 지경이다. 만일 그 자리에서 어느 후보가 "나는 배운 게 없고 모자라는 사람이지만 열심히 노력해 봉사하려 하니 밀어 주십시오" 하고 호소를 한다고 하자. 이젠 아마도 그런 사람을 겸양지덕을 갖췄다고 칭찬하기보다 '웃기는 사람'이라고 볼것이다. 왜냐. "모자란 줄 알면서 왜 나서나?" 하는 면박을 받을 게 너무 분명하기 때문이다.

그러자니 이미 겸손은 미덕이 아니라 약점이요 단점으로 간주된 지 오래다. 1948년에 치러진 5·10선거를 시작으로 반세기 넘어 각급 선거를 치러보면서 직업 정치인은 말할 나위도 없지만 하다못해 초등학교 저학년의 반장선거에서까지 겸손이 아니라 자기과시를 마치 그 자체 능력으로 떠받드는 세상이 되고 말았다. 몇 안되는 조그만 사적 모임이나 공개된 다중 집회에서나 간에 남녀노소 가리지 않고 인물자랑 재산자랑 자식자랑 마누라자랑 문중자랑 학교자랑 등등 있을수 있는 것 이상으로 자랑을 늘어놓아야 일단 선거에 이길 승산이 있다. 말만으로 모자라서 학력 경력 이력서를 변조, 족보 부풀리기에 정신이 없고 결국 그것으로도 모자라 '실탄'이 란 별명의 봉투가 동원되고야 만다.

자질구레한 감투들은 또 그렇다 치자. 감투 중에 상 감투인 역대 대통령들의 자존 망대한 자기과시 벽을 떠올려 보라. 우선 예외 없이 모든 대통령 입후보자들이 유세에 나서면 "능력이 뛰어난 내가 대통령이 되어야만 국가적 대사들을 다 추진할수 있다, 그런 일을 할만한 사람은 이 사람 하나뿐"이라고 고래고래 소리를 질러댄다. 만일 "이런 건 내 능력으로 할수 있고, 저런 일은 벅차지만 최선을 다해 추진해 보겠지만 여기서 성공을 장담하긴 힘들다"고 곧이곧대로 말한 사람을 혹시 봤다면 나와보라.

세상에 그 많이 내건 공약을 다 실천하려면 예산이 몇배 더 확보돼야 하는데 유한한 재정수입으로 그런 일을 다 하겠다고 장담하니 그건 과장이고, 거짓이고, 결국 사기가 아니고 무엇인가. 하다못해 평생 S대 졸업생으로 세상에 너무 잘 알려진 정치인이 알고 보니 그 대학의 정규 졸업생이 아닌 청강생이었음이 딱 한 신문에만 보도되자 "내 언제 졸업했다 캤나. 당신들이 그렇게들 썼었지" 하고 넘길 정도로 낯두꺼운 '아사리판'이 바로 한국의 정치판이다. 처음 유포될 때 당사자가 사실대로 정정을 해줬더라면 그는 깎이기보다 오히려 용기 있고 훌륭한 인격자로 얼마나 돋보였을까.

나 못남 깨닫는 데 70년

"세상에 나와 살면서 '나는 못 났다'는 간단한 사실을 확인하는 데 무려 70년이 걸렸다." 이 말은 지인 몇이 앉은 어느 저녁 자리에서 필자의 입에서 불쑥 흘러나온 독백이었다. 포도주 곁든 자리에서 센치한 감정도 뒤섞여 말을 쏟아는 놓았으나 일순간 공연한 실언을 해 좌중을 거북하게 만들었구나 싶을 만큼 내심 당황도 했다. 그러나 다시 돌아봐도 그 말은 틀림없이 그때도 진담이었고 이제도 진담이다. 오고가며 지하철을 백표로 공차를 타는 근년에 오면서 필자 자신의 체험을 분석한 결론이다. 승객이 붐비지 않을 만한 시간대에 좌석에 앉아 있을라치면 맞은편 승객들이 맞은편 사람을 서로가 빤히 뜯어본다는 부담을 느낄 때가 많다. 어떤 땐 혹시 내가 잘나서 그런가, 종잡을수 없는 시험에 빠질 때가 있다.

그러나 꽤 시간여유를 가지고 차근차근 분석해 본 결론은 달랐다. 으레껏 마주 앉은 사람들이 시선을 고정할 대상을 못찾아 서로를 무심히 바라보다가 어딘가 균형이 잘 안맞는다고 흥미를 느끼는 상대가 있다 싶으면 거기 시선을 잠시 멈추는 일종의 감응장치(센서)가 작동된 셈이다. 애써 답을 찾고 나니 마음 편해질 뿐 아니라 시선도 거북스럽지 않고 편하게 가질 수 있어 좋다.

지하철이란 그런 재미도 있나보다. 앉았을 때 말고 승강대 위를 걸어갈 때도 마주치는 서로가 시선을 응시하는 경우가 흔히 생긴다. 그런데 그 응시자는 대부분 같은 연령대의 동성들이다. 더러 키 큰 노인이 만족한 눈빛을 하고 단신의 상대를 내려보며 지나가는 예도 있지만 놀랄 일은 이쪽과 도토리 키재기인 단신들이 대부분이란 사실이다. 멀리서부터 아래 위를 훑어보고 꽤 의미 있는 시선을 지으며 지나가는 상대를 마주칠 땐 다소 마음이 상한다. 그러나 이내 터득이 간다. 의식-무의식 중에 '저자는 나보다 작구나' 또는 '우리 중 누가 더 클까'를 은연중 재어보려는, 거의 동물적인 행동을 취하는구나 하는 발견이고 깨달음이다. 바다 속 상어가 상대의 몸 길이를 대보고 공격 수비 여부를 정한다거나, 물속 해녀가 긴 천자락을 늘인다는 풍설도 그럴 듯 여겨진다.

　이쪽도 한가지로, 비슷한 체구의 동년배를 마주하면 상대의 어깨와 내 어깨의 수준을 무의식 중 견줘보는 습성이 오래 전부터 싹터 왔다. 다만 칠십이 되어서도 그런 겨루기를 계속하니 틀림없이 동물의 한 종으로 인간의 보호본능이 자연스레 발로된다고 이해하면 스스로 마음이 놓인다. 그러다 보면 노소불문 TV에 제 얼굴비추기를 잘났건 못났건 상관없이 그리도 열망하는, 새로운 영상시대의 인간의 심리, 속내의 본성이 과연 어떤 것인지, 어디서 오는지, 점점 더 가름하기 힘들어진다.

　외모의 미추(美醜)에 대한 착각만이 아니다. 스스로 나 이상 머리 좋고 똑똑한 사람 없다는 착각 속에 한평생을 살다가 결국은 똑같이 허망하게 뜬 구름처럼 휙 지나가는 것이 예외 드문 인생들 아닌가. 옛말로 신언서판(身言書判), 요샛말로는 인물 좋고, 집안 좋고, 학벌 좋기로 내가 뒤질 게 없다고 기고만장하던 무수한 인걸들이 결국 태어나거나 살았던 집도 아닌, 잘해야 거대병원 영안실에 2, 3일 누워 조문봉투 몇장 받아 유족에 남기고 불구덩에 표표히 실려가면 그것으로 끝이다. 비록 영생은 믿더라도 현세에서 그것을 확인할 길은 없으니 이 점에서 유일하게 사람 간에 우열이 없다.

TV에 얼굴 내려는 본능

세상엔 미인도 많고 미남도 많다. 그러니 제 잘난 맛에 사는 사람도 많다. 그런데 영상시대에 단시일 내 이리도 깊숙이 들어서며 TV화면을 통해 세상에 자신의 얼굴을 비춰보이려는 사람들의 한량 없는 욕심을 매일 지켜보며 인간본성 중의 자기 과시욕이 저거로구나 하는 판단이 선다. 미남 추남이 따로 없다. 시청자들이 고개를 돌리건 말건, 그저 자신의 모습이 잠시 잠간이라도 비춰지기를 그렇게도 간절히 바라는 사람들이 소수의 예외가 있을지조차 모를 만큼 대부분이라는 사실을, 매일 화면을 대하는 시청자들 누구나가 확인할수 있을 것이다. 직설로 하면, TV에 나온다면 열 일 제치고 환장을 하는 것이 바로 사람이 동물과 유일하게 다른 상이점이라는 생각이 든다.

겨우 열을 세기 시작한 유아로부터 팍삭 늙은 팔-구순 객에 이르기까지 남녀 불문, 선남선녀에서 대통령에 이르기까지 아무 귀천 없이 100%라 할 정도로 모든 인간들이 영상을 통해 자신의 얼굴이 세상에 비춰지기를 평생 소원이라며 바라다 못해 목을 늘이고 고대한다(물론 예외는 있다. 법망에 걸려 쇠고랑을 찰 때만은 누구 하나 떳떳하게 고개를 쳐드는 자 드물어 마치 손바닥으로 하늘을 가리려는 듯 얼굴을 숨기느라 발버둥을 친다. 적어도 확신범이나 양심범이라면 비록 포즈까진 취하지 못하더라도 그리도 한사코 미투리처럼 대가리만 숨기느라 기를 쓰진 말아야 앞뒤가 맞지 않는가).

누가 뭐라 해도 결정판은 정치한다는 부류다. 국회 상임위에서 어렵사리 발언권을 얻은 의원이 얼른 하라는 발언은 하지 않고 시계와 출입문을 번갈아 바라본다. 이윽고 한 사람이 들어오니 그때야 상기해서 연설조 발언을 시작한다. 오매불망 기다리던 사람은 다름 아닌 TV 카메라맨이다. 분명 발언장면 찍기로 약속을 해놨는데 몇분이 지나도 안나타나니 목이 탈수 밖에 더 있던가. 표밭을 가진 국회의원에겐 연설 내용보다 영상비추기 이상 특효약이 없단다. 그래서 여야대치 속에 꼴불견 난장판을 벌여서라도 사진 찍혀 언론에 나려는 이해하기 힘든 몸부림이 그리도 자주 비쳐진다. 욕먹어도 그게 최상의 약발이라고 의원들이 철석처럼 믿으니 의회

수준 향상은 백년하청일밖에.

그래도 으뜸으로 한심한 작태는 외국 유력인사를 접견하며 기념촬영하는 최고위층들을 제칠 사람이 없다. 카메라 앞에 포즈를 취할 때 내방한 주빈을 응시하며 그에게 카메라 초점이 맞춰지도록 배려를 해야 호스트의 예의도 되고 외교에도 보탬이 될텐데, 이건 자기만 정면으로 오래 찍히는 데 온 신경을 쓴다. 상대방의 경멸하는 눈빛도 아랑곳없이 얼굴은 연상 카메라를 향하며 애꿎은 손님 손만 잡아 흔든다. 국제무대에서 이런 가관은 한국 정치인의 특기라는 정평이 난 지 이미 오래다.

그런 연출자 가운데도 특히 오랜 경력의 정치 베테랑이 으뜸자리를 양보하지 않는다. 역대 대통령 중에 안그런 사람 없지만 유난히 카메라라면 사족을 못쓰는 인사가 누구인지 각자 나름의 어림이 있을 것이다. 그 겉치레 폼생폼사 정치 때문에 국가적으로 치른 기회비용을 계산하면 대단한 금액일 것이다. 국내외의 기대가 그리도 높았던 데 비해 재임 5년에 나라가 건진 것보다 잃은 게 많다고들 한다. 초상 당한 나라에겐 '곧 망할 것'이라고 불을 질러 사이가 극악으로 빠진 결과가 되었고, '버르장머리 고쳐주겠다'던 시원스런 망발이 외교수지에 역기여한 질-량은 엄청나다. 그걸 보노라면 정치라는 것이 티 없고 순진한 것 하나로 다가 아닌, 일종의 화학물질이라 여겨진다.

요란한 자리가 아니더라도 크고 작은 공-사석에서 이런 겉치레 지사들이 설치는 모습은 눈에 진물이 날 정도다. 누구나 기억을 가다듬으면 제각기 얼른 떠오르는 사람이 있을 것이다. 장차관 국회의원 그밖의 고위공직을 지낸 사람들, 대부분은 안그런데 유난히 손꼽히는 일부 약방감초 인물들이 각계마다 적잖이 있게 마련이다. 진자리, 마른자리 가리지 않고, 그저 모임이 있다고 알기만 하면 거기 나가지 않곤 배기질 못하는 '사진 바라기족', 특히 기념촬영이라도 있으면 한사코 가운데 서려고 뒤꿈치를 고이는 극성 인사들이 어디나 반드시 약방에 감초처럼 진을 친다.

그뿐 아니라 만사에 꼭 한마디 안하고 지나면 병이 나는 자칭 논객-지사들도 부지기수다. 자기 글을 싣기 위한 로비가 대단하다. 편집자가 글을 받으려 삼고초려하는 지사형 문장가도 아주 없지야 않겠지만, 연줄 총동원해 제 글을 신문 잡지에 내겠다고 성화를 하는 극성파가 어느 시절에나 더 설친다.

태생적 감투욕-신발반장

그들의 진의는 무엇일까. 첫째 타고나길 명예욕 권력욕의 화신으로 타고난 선천형이 있다. 스스로 '신발반장'이란 별명을 자랑하는 영화인 조천석은 유치원에 들어가면서 반장을 시켜달라고 생떼를 썼으나 이미 반장에 뽑힌 아이가 있어 궁리 끝에 보모가 '신발반장'을 시켜 수습했단다. 그 사람은 그 뒤 각급 학교에서마다 반장과 학년대표를 거르지 않고 지냈고 노년에도 만사에 의욕이 넘치고 명예욕이 강한 편이다. 따지면 이런 형은 본인 탓이라기보다 그렇게 타고 났으니 DNA나 팔자소관인걸 어쩌랴.

다음엔 타산형이다. 누가 뒤서 욕을 하든 말든 그렇게 설치고 다녀야 어쩌다 한 자리라도 차례가 온다고 계산을 끝낸 사람들이다. 실제로 그렇게 세일즈를 해서 감투를 기어코 쓰고야 만 사람들이 적지 않은 것 또한 사실이다. 임면권자 눈에 밟힐 정도로 수없이 눈도장을 찍어둬야 갑자기 자리가 빌때 불쑥 뽑히는 천행이 오기도 한다.

또 다른 유형이 있다면 그저 사람 좋아하고, 말하기 즐기고, 잡기에 능하고, 남들 사이에 흥정 부치기, 중매 서기까지 마다않는 팔방미인 사교형이 없는 것은 아니다. 이들은 숫제 평생 의형제처럼 패를 만들어 멤버 간 길흉사마다 발 벗고 상부상조함은 물론 정보를 집산 교환하며 운명공동체를 이루고 산다. 개중엔 빼어난 학벌 연줄도 없진 않지만 KS마크에 대한 반발심리에서 출발, 본인들의 출세, 자녀의 진학-취업에까지 전방위적 결사(結社)로써의 공동전선을 형성한다. 한편으론 당연하다 싶으나 이의 부작용도 있다. 오버센스로 싹튼 피해망상을 동기로 서로 다지고 키운 나머지 결국 스스로 파당을 이루어 역차별을 일삼는 반 사회적 기능으로 전락하는 데 문제가 있다.

수많은 사람들이 뒤섞여 사는 복잡한 세상에 돌출이 없으란 법은 없고, 오히려 똑같은 무개성의 표준 인간들로만 채워진 일사불란한 세상, 조지 오웰의 《1984년》보다는 이러저런 인간의 냄새가 피어나는 사회가 바로 인간세상 아니겠는가. 문제는 그런 사람들이 어쩌다 산재해 있는 희귀성을 지녀야 참을만 한데 그 반대로 무개성 보통사람들이 오히려 소수이고 자칭 잘난 인간들이 다수가 되어 줄을 늘어선 데 문제의 심각성이 있는 것이다.

그 원인은 무엇인가. 추리고 추리면 근원은 정치체제에 있음을 알수 있다. 한마디로 섣부른 민주주의가 여기서 주역을 하고 있다. 쉽게 대소 선거가 치러지는 이른바 정치계절을 지켜보면 직감이 온다. 이때가 되면 구태여 그런 사람들을 구경하러 찾아다닐 필요가 전혀 없다. 매일 밤낮 TV 화면에 꼬리를 물고, 단수 복수의 의젓한 사람들이 출연해 제자랑에 정신이 없다. 평소 진득한 인품으로 꽤나 인격이 높다고 여겨오던, 더구나 구태의연한 정치꾼과는 사뭇 다른 참신하고 양심적이라 상상하던 신예들마저, 마지못해서가 아니라 침이 마르게 옛날 사람 뺨칠 정도로 자기 치켜세우고 타인 매도하는 데 열 올리는 모습들을 밥 먹듯이 보고 산다.

하긴 "난 못난 사람이요" 하면서 "여러분의 대표로 날 뽑아 달라"면 말이 안된다고 치더라도 조금은 가려 가면서 그중 몇가지만 골라서 제자랑을 하고 얼마큼은 다른 사람에게 양보를 해야 온전한 사람이라고 오히려 평판이 날텐데 그게 아니다. 세상에 자기가 1) 가장 잘나고 2) 가장 많이 배우고 3) 가장 유능하고 4) 가장 청렴하고 5) 가장 건강하고 6) 가장 효자이고 7) 가장 애처가이고 8) 무엇보다 가장 애국자니, 그런 자신을 찍어주지 않으면 유권자가 일생일대 실수를 한다는, 황당한 거짓말을 침이 마르게 늘어놓는다.

그것이 왜 황당한 거짓말인가. 간단하다. 조물주가 인종을 만들 때 사람마다 하나도 같지 않고 각기 어디가 달라도 다르게 만들었다. 외모만 봐도, 심지어 일란성 쌍둥이라도 완전히 똑같은 사람은 없다. 그러니 어떤 한 사람이 모든 면에서 우월하게 태어나기는 애초부터 불가능하게 점지되어 있다. 다시 말해, 앞에 대강 열거한 여러 덕목들 모두에서 자신이 남보다 윗길이라고 고함을 치는 것은 도저히 말이 되지 않는 억지인 것이다.

조금만 정직하다면 하나에서 열까지 모두가 앞선다고 하지 말고, 그중 몇가지는 자신이 낫고, 다른 몇가지는 자신 아닌 아무개 후보가 낫다. 그러니 여러분이 여러 후보 중에서 어떤 장점의 후보자를 선호하는지 판단 결정해 달라는 호소가 훨씬 설득력이 크지 않을까.

나라의 정치가 자유민주 대의제도를 채택한 지 60년이 다 됐고, 그러다 보니 초등학교서 반장 분단장 등 간부를 뽑도록 교육을 받으며 자란 국민들이 이제 최소 성인인구의 80%는 될성부르다. 물론 학교 내 선거조차 공명선거를 습관화하도록 가르치는 본래 취지를 존중하기보다는 교사나 학부모의 왜곡된 간여가 때로는 물의와 부작용이 사회문제로 표출되기 일쑤였다. 오늘까지도 선거풍토가 완벽에 이르지 못한 여러 원인 중의 하나는 이 산 교육의 결여가 차지함직하다.

 그렇다고 선거가 기반이 되는 의회주의에 대한 이상적 대안은 세계 200국 통틀어서 아무데서도 발견되지 않고 있다. 그러니 의회민주제 자체를 없앨 필요는 없고 3권 분립의 정착, 대통령제 내각제 간의 절묘한 조화 등 방법론상의 연구가 지속되어야 마땅하다. 그런 가운데도 가장 중요한 것은 선거제도 정당제도 지자제 등에서 민관이 합리적 관행을 쌓아 나가도록 사회 전체가 부단히 노력하는 일이라고 본다. 더욱 심화되어 가는 듯한 지역갈등은 물론이려니와 한국 특유의 씨족정치 관성이 특히 지자제의 궤도이탈을 주축으로 완화되기는커녕 끝이 안보이게 극성을 향해 치닫는 무서운 현실이다.

 말이 좋아 향토발전 주민자치이지 바야흐로 종친회 향우회 동창회 등 갖가지 네트워크를 도구로 삼는 혈연정치 가문정치는 개혁이 아니라 오히려 옛날의 법도에서마저 이탈하며 이권과 감투의 나눠먹기, 후손으로의 말뚝 박기 방향으로 굴러 떨어지고 있다. 결국 "차린 것 없지만 맛있게 드시라", "못난 자식 놈을 잘 가르쳐 달라", "부덕한 저를 나무래달라"는 한국 고유의 겸양과 예의는 부끄러운 유산으로 퇴출된 지 오래다. 그 자리에 대체된 내자랑 제식구자랑 병폐는 "우리 제품 좋으니 많이 사가라"는 시장경제-경영전략에 편승하여 홍수난듯 족출(簇出)하고 있지 않은가.

등고자비는 바보들의 합창

초등학교부터 스승마다 강조하던 교훈들 가운데 이젠 누구 하나 거들떠보지도 않게 내팽개쳐진 낡은 덕목이 '등고자비(登高自卑)'다. 지위가 오를수록 겸손하라는 가르침으로 "벼 이삭은 익을수록 고개를 숙인다"는 비유가 으레껏 스승들의 입에서 흘러나왔다. 솔깃하던 그 덕목이 빛 바래게 된 주된 원인은 역설적이지만 선거를 기반으로 하는 민주주의와 소비자를 무조건 현혹시켜야 하는 상품 자본주의의 잘못된 이식에서 찾지 않을수 없다.

민주주의와 시장경제는 차의 양바퀴, 동전의 양면으로, 한국인뿐 아니라 지구상 대부분의 나라들이 추구하는 목표라고 봐야 한다. 그 두 동축(動軸)이 균형을 잡아 함께 회전함으로써 자유와 복지가 국민들 손에 닿으리라는 믿음은 두텁다.

따지고 보면 선거에 출마하거나 사업을 경영하는 사람들이 왜 전통적 덕목대로 스스로를 낮추고 고개를 숙여선 안되는지 긴 설명이 불필요하다는 점은 앞에서도 누누이 설명했다. 지난 5·31 지방선거 때 여러 정당의 서울시장 후보들이 둘러앉아 "나는 이런 이런 점에서 남보다 잘났다"고 엄청 자기자랑을 늘어놓는 TV프로그램들이 방영될 때 웬일일까, 자신들도 조금은 어색한듯 했고 그걸 지켜보는 사람들도 뒷맛이 개운치 않았다. 꼭 저렇게 해서라도 당선이 돼야 하나, 일말의 동정도 갔다. 아직 선진국 수준엔 못 미쳐서일까, 그 점에선 민주주의를 오래 한 구미 쪽에선 그런 계면쩍음조차도 없었는지, 아니 있었는데 일찍이 극복을 했는지 모를 일이다.

사업도 마찬가지다. "우리 회사 제품은 다른 어떤 회사것 보다도 품질이 좋고 값도 싸다"고 해야지 "이런 결점이 있으니 알아서 판단하시오" 해가지곤 팔릴 리가 없지 않은가. 그러나 여기서도 실은 자사 제품의 장점과 함께 단점도 알려주고 소비자에게 경쟁 제품과 장단을 비교해 선택하도록 하는 것이 이상형으로 보이지만 현실은 그렇지가 않다. 그래서 판매가에서 포장비와 광고료가 차지하는 비중이 크게 마련이다.

정치나 사업이 개입되지 않은 개인생활에서 이미 겸손은 미덕이 아니다. 몇세대 안된 사이의 이 같은 격변을 우리는 표현방식의 변화로만 보긴 어렵다. 불가불 더 소급해 가며 사고방식의 변화라든가, 발상의 전환이라는 상투어를 쓸수 밖엔 없다. 그 내면적 발상의 전환은 왜 일어났는가. 이 물음에 답하기 위하여 가까운데서 시사점을 찾는 쪽이 빠르겠다. 정치지도자 고관 명망가 등 이른바 지도층 인사들의 언동을 보라. 그들의 몸짓에서부터 오만이 넘친다. 거기서 부러움보다는 실망을 느낀다. 그쯤의 거물이라면 겸손도 갖췄으리라는 기대가 배신당하면서 밀려오는 환멸이다. 문제는 이 자만증이 고소대처 안쪽 인사들만의 특질로 머무르질 않고 징후군-신드롬이 되어 사회 구석구석으로 급속히 만연하는 데 심각성이 있다.

그중에서도 대중시대의 영웅이라 일컫는 인기인들에게서 도지는 증세가 눈에 가장 잘 띈다. 길옥윤 같은 예술인 경지에 오른 존재들이야 추모를 받아 마땅하지만, 안하무인으로 너무 일찍 자기도취에 빠진 새파란 연예인들이 TV 속에 넘실대고 있다. 경박하게라도 인기를 끌수 밖엔 없다는 헝그리 정신의 직업적 몸짓이라면 한겹 접어줄 용의가 있으나 "나는 잘났다"는, 아랫배에서 솟구치는 우월감이 엿보이니 어렵다.

가속 심화되는 이 현상은 원인이 무엇인가. 연예인들을 우상처럼 선망하는 십대 포함, 젊은층의 시선을 끄는 힘이 첫째이고 거기 비례하는 수입 증가가 그들 자부심의 바탕이 된다. 방송경영 층은 주변의 비난도 있어서 그 폐단을 알고는 있지만 수입의 대종인 광고수입을 늘리려면 딴 도리가 없다는 고백이다.

집집마다 가계소득의 처분권은 1982년 전두환정권의 전 직장에 대한 온라인 급여지급 일제명령 이후 주부의 손 안에 한순간에 넘어갔고, 그 뒤로 빠른 추세로 광고주들은 주부들의 인기를 끄는 드라마성 프로에 눈독을 들인다. 월드컵 때 똑같은 매치를 3개의 채널이 동시에 소리소리 지르며 내보내는 지경이 이 나라 형편이니 황금 시간대에 토크쇼를 방영하려는 과당경쟁이 오죽하겠는가.

그렇지만 근본문제는 더 깊은 데 있다. 겉만 번지르르 하면 후한 점수를 매기는 이 사회의 가치기준이다. 가정 직장 공공장소의 하드웨어 소프트웨어 가릴 것 없이, 알맹이가 아니라 겉모양과 형식에 치우친 순위매김이 정당화되고 있다. 학생의 우열을 공중도덕 준수하는 사람됨이 아니라 점수 하나로 측정한 지 이미 오래고, 사람의 격을 아파트 평수와 승용차의 등급으로 매기는 일 또한 상식이 됐다.

그러나 다시, 잘못은 거기에 있는 게 아니다. 주택이건 승용차건 그것은 경제력의 한 반영일 따름이다. 따라서 더 힘껏 노력해 생활수준을 향상시키는 것은 오히려 권장사항이지 경원하고 매도할 대상은 아니다. 시대적합이다.

진짜 반시대성은 무엇인가. 아무리 민주화가 돼도 한 길로 드높아만 가는 관존민비 가치관과 권위주의의 무한한 답습이 문제다. 노무현 대통령이 인기는 없지만 권위의식 파괴에 기여한 공로만은 크나큰 업적이다. 그럼에도 아직도 이 사회 만병의 근원은 명예 권력 부의 다중욕구를 하나만 선택하지 않고 모두 채우려는 한 사람 한 사람의 과욕에 있다. 대선을 1년여 앞두고 벌써 전국 방방곡곡에 거센 정치바람 선거바람이 불기 시작했다. 선거란 힘들구나, 민주주의란 값이 비싸구나 하는 장탄식이 절로 새 나온다. 그러나 어쩌랴. 인류가 경험한 그 어느 정치제도보다 나은 제도가 이것이니 비싼 값을 지불해서라도 그 길 가기를 마다할순 없다. 희망은 있다. 가령 3·15선거보다 7·29선거가 낫고, 13대보다 14대가 개선되는 식으로 횟수를 거듭하면서 선거와 정치가 앞으로 나아가면 된다.

대통령도 의원도 지사도 시장−군수도 대를 거듭할수록 수준이 향상되고, 무엇보다 겸손하며 정직해져야 한다. 경망스런 제자랑 꾼이 넘쳐나는 쇼 무대가 아니라 힘이 셀수록 머리를 숙일 줄 아는 등고자비의 덕인이 선거에 추대되는 풍토로 바뀌어가야 권위주의가 아니라 봉사정신이 넘치는 살맛나는 세상이 온다.

8
너무 남용된 일벌백계

🌸 이것저것 터지는 끔찍한 사건들 밑바탕에 과연 사회책임은 없다고 강변할수 있는가. 마치 한강 물이 흐린 이유를 윗물 아랫물 중에 딱 잘라 어느 한쪽에서만 찾으려는 듯, 공공기관 비리사건에서도 상과 하가 책임을 서로 미루려는 양상이다. 위의 계층은 그중 일부만 썩어도 밑으로 확산시키는 범위가 넓기 때문에 '소수만 썩었다'고 발뺌하고 큰소리칠 일이 못된다. 또 아래는 조금씩만 썩어도 전체 인원수가 많으니 세상에 잘 노출된다. 하니까 상하를 가릴 이유가 없다. 여기서 우리가 깊이 반성할 근본 오류의 하나가 바로 일벌백계(一罰百戒)의 허구를 너무 믿는다는 것이다. "100명이 죄를 범했다 해도 그중 한두 명만 대표로 서릿발처럼 무섭게 처벌하면 나머지 사람들에게 본보기를 보이게 돼 재발을 막고 희생도 적다"는 뜻이다.

이 경구가 말로나 실제로나 한국인들에게 낯설지 않은 이유는 자명하다. 그 듣기 좋은 명구를 걸핏하면 인용하게 된 계기도 실은 군사통치시대라고 봐야한다. '법 앞에 평등'이란 매력적 명제를 높이 표방하기 위해서도 '일벌백계'는 새로 기강을 잡으려는 정권이나 때깔이 바란 검찰이 그들 필요에 따라 그때그때 활용해 오고 있다.

삼국지에서 제갈량은 한중(韓中)방어전에서 아군이 패퇴한 책임을 아들처럼 아끼는 마속(馬謖) 한 사람에게만 대표적으로 물어, 울면서 참수함으로써 전 병사의 사기를 올려 전국을 얼마큼 호전시키는 데 성공했다. 그 뒤 2천년이 지나도록 제갈량의 일벌백계를 노린 읍참마속(泣斬馬謖)의 결의는 아무 경우에서나 너무 함부로 인용된다. 여기서 우리는 군율시행과 일반법의 운용 사이에 결정적인 차이가 있음을 철저히 음미하지 않으면 안된다.

목숨이 초개 같이 떨어지는 전쟁터에서, 최전선 진지를 지키는 병사들이 갑자기 사기가 무너져 우르르 후퇴하여 도주하는 위기상황이 발생했을 때 지휘관은 어떻게 할 것인가. 후퇴치 말라는 군령을 어긴 많은 군졸 모두를 고지식하게 가차 없이 군법대로 처형해 없앤다면 남는 군사가 어디 있어 적과 다시 싸울수 있겠는가. 말할 필요 없이 본보기로 맷집 좋은 극소수 초급 지휘관이나 병졸을 골라 세워 많은 군사가 보는 광장에서 공개 처형함으로써 기강을 잡고 동시에 독전을 해서 승기를 되찾는 것이 지장의 선택이다. 최소의 처벌로 병력을 아끼면서 분전효과를 높이자는 일석이조의 전술이다.

그러나 정치, 특히 민주정치는 다르다. 같은 죄를 지은 사람이 여기저기 많은데 공평하게 죄진 모든 사람을 똑같이 처벌하지 않고 그중 몇만 골라 본보기랍시고 중벌을 할 경우 법치의 생명인 형평성은 무너지고 뒷말은 무성하게 마련이다. 아무리 엄중히 골라 처벌을 해도 당사자는 억울하다.

법은 위엄을 잃고 만다. 연줄 없는 사람만 억울하다는 '무전유죄 無錢有罪' '유전무죄 有錢無罪'란 불평이 요란히 나부낀다.

실제로 무슨 대형 조직범죄 등이 백일하에 들어날 때 소수만 골라 유죄-중벌, 대부분은 수사중단 내지 '증거 불충분으로 무죄'의 결정을 내린 일이 너무도 잦았으니 사법정의가 없다는 비판이 근거를 마련한다. 말하자면 일벌백계가 아니라 '백죄백벌' 내지 '유죄필벌'을 기필코 관철해야 '법 앞에 평등'이란 민주주의 황금률에 들어맞는다. 일벌백계의 최대 약점은 형평성 추구가 현실적으로 곤란하기 때문에 결국에 가선 권력 주변이나 권력을 살만한 돈 가진 사람이 득을 보는 반 정의에 빠진다는 사실이다.

일벌백계는 결국 미꾸라지들은 법망을 잘도 빠져나가 부정한 돈으로 오히려 잘 먹고 잘 산다는, 힘없고 재수 없는 놈만 당한다는, 노력이나 정직보다는 재수나 연줄을 믿는 사회풍조를 확산시키는 빛 좋은 개살구가 된다. 법 앞에 평등이란 법치주의를 구가하는 역대 정권들이 걸핏하면 '전원 엄벌'을 외치다가도 중간에 내 사람 다칠 난처한 지경에 이르면 어느새 '일벌백계'란 깃발이 바뀌어 걸리고 유야무야, 태산명동서일필(泰山鳴動鼠一匹)이란 신문 제목으로 막이 내린다. 준법을 권장하고 반칙을 필벌하는 권선징악(勸善懲惡)의 이상은 씨가 안먹힌다.

9 불친절 국민성

🌸 일찍이 조선을 동방예의지국이라고 했던 것이 진담이었던가. 그 내력을 상고할 때 유교를 절대적 선(善)으로 존중하여 그 발상지 중국을 중화(中華)라 떠받들고, 유교나 한자문화에 있어 중국 빼놓고는 단연 조선이 천하제일이라고 하는 '소중화 小中華' 사상이 반은 자발, 반은 타율로 빚어낸 산물이 동방예의지국 아닌가 하는 의구심이 든다.

유교는 내세(來世) 영생(永生) 신(神)을 운위하는 본격적 종교가 아니라 한 인간을 중심으로 전후 상하의 대인관계를 섬세히 정의, 규정하는 윤리강령이요 인륜도덕의 모습을 지녔다. 그렇기에 유교는 한 자아(自我)가 다른 자아를 대함에 있어서 갖춰야 할 마음가짐 행동거지 예의범절의 규정을 그 핵심영역으로 삼는다. 그런 만큼 원 유교나 신유교(성리학)를 공사(公私) 불문의 최고 가치규범으로 떠받든 동쪽의 나라 조선을 가리켜, 중국에 버금간다는 뜻으로 동방예의지국이라 일컬었음이 논리상 당연한 귀착이랄수 밖엔 없다.

　가깝게 불과 한두 세대 전까지만 해도, 자식이 귀향길 마을 어귀에서 어른과 마주치면 성큼 두 손과 무릎을 땅바닥에 대고 부복해 큰절을 하던 범절 한가지만 떠올려도 예의지국이란 호칭이 빈말 아님을 수긍할만 했다. 물론 부모에 대한 조석문안, 입출시 고지(다녀옵니다, 다녀왔습니다), 2년 부모상 중 매달 두 차례의 삭망제, 움막 짓고 산소 지키는 시묘(侍墓) 등등 허례허식이란 비판을 불러와도 싸다할 정도의 예절 내지 속박이 근년까지 그대로 버텨 왔었다.

　예를 들자면 한이 없지만 사변 직전까지도 길을 가던 젊은이, 특히 여인들이 지켜야할 수칙들이 있었다. 두 길이 마주치는 교차로를 통과하려는 순간, 수십 보 저만치서 이리로 걸어오는 남자 어른을 보았을 때 모른 체 하고 갈림목을 먼저 통과해선 큰 잘못을 저지르게 된다. 다가오는 길손이 일면식이 있건 없건 간에 2~3분쯤은 능히 서서 기다렸다가 그 어른이 갈림길을 통과한 연후에야 길을 계속하는 예법이야말로 여염집 아낙이 범해선 안될 철칙이었다. 알만한 집 규수가 그걸 어겼다면 평판상으로라도 불이익을 받음이 불가피했다.

　더 열거할수 있는 옛 농경시대의 고리타분한 범절들을 오늘에 되씹어 볼 때 그런 것들이 합리성 여부를 떠나 사회규범으로 존재함으로써 세상이 질서 있고 무탈하게 돌아갈수 있게 하는 일종의 가이드 내지 유대기능을 했다는 점까지는 공감이 갈 것이다. 그럼에도 불구하고 그런 규범들의 긍정적 순기능을 적극적으로 입증하는 일은 그리 쉽지 않다. 방법론상 오히려 그런 수칙들이 씻겨나간 오늘날의 산업화 사회 속에서 그것들이 부재(不在)함으로써 초래되고 있는 각박이란 반증(反證)을 들춰내는 쪽이 보다 넓은 공감을 부르리라.

대도시에 살면서 새삼 놀라고 때로 슬프기까지 한 현상 가운데 도심 노상 또는 상가나 시장 지하철역 내 어디서건, 갈 길을 몰라 물었을 때 친절은 고사하고 제대로 된 대답 한마디를 듣기커녕 잠시 눈길이라도 주는 예는 산에 가서 물고기 찾기보다 어렵다는 사실이다. 워낙 무계획하고 무질서하게, 또 대부분 봉투 건네고 허가받은 졸속 개발 미로들이라 어느 누군들 길손이 묻는 골목길을 자신 있게 알려줄 만큼 똑똑한 사람도 드물다. 더구나 목에 풀칠하기 바쁜 서민이 바쁜 제일 제쳐두고 "이리 20미터 가다 우로 돌아 50미터" 하는 식의 친절을 누가 폈다는 건 새빨간 거짓말이 될 정도다. 그래서 바쁜 상태에 있는 가게 주인에게나 마주 오는 과객에게나 눈치 없이 다짜고짜 길을 묻는 이쪽이 애초 잘못을 저지르는 일이라고 마음을 고쳐먹은 것이 잘한 일이다.

그러나 실제로 몇차례만 겪고 나면 아무리 그렇기로서니 "잘 모르겠는데요"라는 한마디조차 어려울까, 야속할 정도다. 그것도 눈코 뜰 새 없이 바쁜 형편이라면 또 모른다. 쳐다 보니까 바쁜 것도 아닌데다, 내가 물은 길이 빤히 바로 그 옆으로 났는데도, 내게 이만큼도 이문이라곤 없는 일에 왜 비싼 밥 먹고 입 여느냐는, 심하면 눈을 흘기고 쏴 부치거나, 아주 심한 경우는 "늙어 길 모르면 왜 나와 돌아다녀" 하고 중얼대는, 지옥보다 나을 것 없는 세상이 다름 아닌 '대~한민국'이라고 콧대 세우는 서울 한복판이다.

외국인들 별수 있냐고 반문할지 몰라도 그렇지 않은 나라가 훨씬 많다고 믿는다. 말할 나위 없이 대개 이태리 스페인 프랑스 영국이란 진짜 문명국들, 그리고 중남미 동남아까지의 모모한 관광 대국이란 나라 사람이면 "친절해야 산다"는 시민들의 인식수준이 되어 있다. 게다가 정부나 자치체 조합을 통한 훈련이 철저히 되어 있기도 하다. 그러나 역시 중요한 바탕은 '그 나라 국민성이 아닌가' 라는 생각이 미친다. "이젠 나부터 길

물음에 최대한 친절하자"고 몇번씩 다짐하지만 번번이 며칠 안지나서 그 반대로 행동이 나가는 자신을 발견하고 환멸을 되씹곤 한다.

좀더 가까이 다가가면 상도의가 왜 이런가, 놀란다. 시장이건 백화점이건 일단 점포 안에 들어서고 나면 물건을 하나라도 사야지 그렇지 않고 그냥 돌아서 나오기가 무서울 정도다. 그래서 길 물음만큼이나 물건값 알아보기가 겁이 나고 망설여진다. 돈 좀 있어 뵈는 다른 손님이 이미 들어와 있는 경우가 더욱 그렇고, 값만 묻고 빈손으로 돌아 나오는 순간 그 원망의 눈총이 느껴져 뒤통수가 따끔거린다. "또 오세요"라든가, "다음엔 갖다 놓겠습니다"는 고사하고 등 뒤서 소금 뿌리지 않는 것만으로도 고마워해야 한다.

일본 가서 겪은 상인-점원들의 친절 수준을 떠올려 비교한다면 한마디로 과욕이다. 값만 묻고 왜 안사냐고 눈 흘기는 험상 하나만이라도 보고 싶지 않은 게 솔직한 심정이다. 그러나 가게주인들, 점원들이 혹시나 물건 사지 않으면서 길만 묻는 과객에까지 애써 친절해 봐야 자신에게 돌아올 게 없지 않으냐는 판단을 해서 그런다면 그건 단견이다. "그 가게, 그리도 친절하더니 결국은 일어섰더라"는 성공담이 이 사회엔 얼마든지 들리지 않는가.

상인만 과장해서 폄하하려는 건 아니다. 그렇지 않아야 할 관청의 공직자 및 그 주변의 불친절을 그냥 지나칠순 없다. 물론 여기 대전제는 군사정부 끝나고 문민정부 때 지방자치가 실시에 들어서면서 '대민친절' 하나만은 대폭 향상됐다는 점을 먼저 인정해야겠다. 근년 동회나 구청 등 일선 민원창구의 친절봉사는 정말 격세지감이 있음을 누구나 인정한다. 지자제가 많은 부작용과 크고 작은 물의를 빚는 가운데 창구 공무원의 대민봉사 태도 개선만은 아주 높이 살만 하다.

더욱이 일제 때 면서기 순사 헌병들의 시퍼렇던 서슬을 기억하는 고령층, 최소 50년대 수복 직후부터 80년대까지 구청 동회 경찰관서 등에서 민원서류 떼며 수모 당하던 쓰디쓴 기억들을 간직한 세대라면 근년의 변화가 격세지감을 부른다.

기류계(주민등록) 등—초본 한 장이라도 그냥 기다려선 몇차례씩 발품을 팔아야 했다. 시간이 급하면 약을 써야했다. 보통 담배 한갑, 조금 높여 양담배 한갑이면 특효약이었으니 양담배의 대단한 위력도 새삼 놀라우려니와 그 시절 증수회는 그야말로 생계형인 경우가 흔했다. 하다못해 대학의 출석관리를 맡던 학생과 직원마저 한 학생이 여러 학우 것까지 줄 도장을 찍는 걸 묵인하는 대가로 양담배 몇갑 마다하는 걸 보질 못했다. 아주 못 잊을 공무원은 두 사람의 구청 직원이다. 하나는 지략형이었다. 여권 내는데 완납이 조건인 운전면허세의 연체액이 3만원이었다. "2만원만 주면 세금 다 낸 걸로 봐준다. 그러면 민원인 당신, 공무원인 자기, 그리고 정부까지의 3자 모두가 1만원씩 공평히 득을 본다"며 1만원을 먹기위한 묘안을 설명했다. 다른 하나는 막무가내형. 신축주택 준공 검사에 으레 준비해 두라는 경험자의 귀띔대로 실평수 측량을 끝낸 그에게 차 한잔 대접하고 봉투를 건넸다. 그는 검다 쓰다 한마디 없이 그걸 챙겨 당당하게 사라졌다.

언론에 갖가지 물의로 곧잘 오르내리는 무슨무슨 공사(公社)들도 세도 부리기는 관이나 대차가 없다. 가깝게 시 전철과 국철 매표소, 그리고 독립 청에서 한단계 격하된 공사 창구 직원들의 말투 몸짓 하나하나가 층층이 다르다. 중앙정부와 지자체, 그리고 공사와 민간 회사 간 格의 높낮이가 예외 없이 선명히 나타난다. 한번은 철도 위에 놓인 구름다리 한구석에 인분이 꼴사납게 방치돼 있었다. 표를 끊으며 매표구에 두어번 촉구를 했다. 반응은 "그쪽은 구청—동사무소 관할이니 그리 연락하라"였다. 연락만이라도 당신들이 해야 할 일 아니냐고 항의했으나 소용없었다. 외국인 왕래가 잦은 길목에 그 오물은 사흘이 지나도록 버티고 있었다. 국철 한 매표구는 바람 찬 겨울엔 방풍용 테이프를 붙여놓아 승객들이 손가락을 깊이 넣지 않고는 표를 받아 쥐기가 힘들었지만 몇년 겨울을 그렇게 지났다.

관공서 저리 가라는 준 권력기관들의 불친절도 꽤 오래 정평이 난 존재다. 신문사 방송국에다 각종 비정부 민간단체(NGO)들에 이르기까지, 일반 시민에게 결코 군림하는 존재가 되어선 안될 이들의 불친절과 때로의 오만은 사회 어두운 면 가운데 하나로 꼽혔다. 언론사에 따라선 '전화 친절히 받기' 캠페인을 간헐적으로 벌일 정도로 문제는 심각했다. 하지만 그 캠페인의 약효는 길지 않다. 인사성 없는, 반말지거리 면면이 관과 별 차이가 없거나 오히려 그걸 당하는 시민의 입장에선 더 불쾌하게도 느낀다.

왜냐면 관존 국가에서 선출직은 그렇다 치고, 각급 관리는 여러 국가시험으로 자격을 공증 받고 대통령 장관의 임명장을 받아 국록을 먹으니 그런대로 으스댈만 하다는 것이 오랜 전통이기 때문이다. 거기 비추면 언론이고 NGO고 세도가 당당한 것은 도대체 무슨 근거냐는, 말 그대로 관존민비 가치관이다. 관을 존경함은 왕조시대부터의 전통이요 관습이나, 벼슬도 아니면서 벼슬아치 뺨치는 세도나 특권을 자랑함이 못마땅하다는 심사인 것이다.

결국 한 나라, 한 사회의 몸속에 배어 있는 친절의 수준과 내용은 그 나라 그 사회의 역사와 전통은 물론 언어의 구조, 교육 정도 등 무수한 변수들에 의해 형성도 되고 변천도 되는 성질의 것이라 할수 밖엔 없다. 친절성 제고는 관존민비의 강도, 대외개방의 역사, 학교-사회 교육 등 모든 부문에서 원인을 찾아 부단히 힘을 합쳐 갈고 닦아야 효과를 바랄수 있는 대단히 시급한 국가적 과제란 생각이 든다.

미국 이민 간 지 29년 만에 친구 부부가 일시 귀국해서 며칠 만에 하는 말에서 충격을 받았다. 세상에 어느 나라 사람들보다 친절한 게 한국 사람이란 걸 이번 귀국 즉시 느꼈다는 것이다. 그중 반가운 소리임에 틀림없다. 그러나 믿음이 덜 갔다. 첫째는 이 친구가 단 며칠 사이 이 사회의 이 구석, 저 구석을 보지 않은 채, 묵고 있는 별 다섯개짜리 호텔 안팎만 보고 하는, 어설픈 감동이겠지 하는 짐작이 간다. 또 하나는 살벌한 로스앤젤레스 상가에 오래 살면서 친절한 꼴을 몰라서 그러리란 점도 물론 고려돼야 한다.

10
具장관의 교통신호관

🌀 국내 교통사고 사상자가 근년 빠른 속도로 줄어들고 있다는 집계가 나왔다. 한동안 국가별 비교에서 사고율이 일본보다 훨씬 높은 것은 물론이고 세계에서 다섯 손가락 안에 꼽히는 불명예를 겪은 것이 그리 오래된 일이 아니다. 신호등을 비롯한 여러 가지 안전시설에 대한 투자가 대폭 늘어난 점, 시민들의 질서의식이 높아진 점 등등 원인분석이 따른다. 다 좋다.

그러나 본격적으로 자동차 시대가 열린 지 30년이 넘도록 교통규칙 미비와 시설의 결함 등 정부실패가 시정되지 않고 있으며 보행자나 운전자 쌍방의 시민의식 향상이 너무 더디다는 갑갑증을 느낄 때가 하루에도 몇 번이나 된다.

먼저 교통안전시설 측면의 대표적 미비점은 형식주의나 권위의식을 바탕에 깐 것들이 많다. 그중에서 눈에 띄는 것이 신호체계의 고식성(姑息性)

인, 좌회전 금지의 남발이다. 한국 교통신호 체계에서 좌회전 금지가 일거에 채택된 것은 70년대 상반 구자춘 내무장관 시절이었다. 비교적 강직한 군사혁명 주체로 막강한 영향력을 오래 행사하던 그가 장관 재직 중 뒤늦게 구미 몇나라를 처음 여행한 뒤 TV에 나와 하는 말이 "선진국에선 우리나라처럼 황색신호를 좌회전으로 삼는 나라가 하나도 없더라"였다.

실세장관 첫 나들이가

아니나 다를까 곧바로 서울시내 도로에서 극히 제한적으로 '화살표 녹색등' 외엔 일체의 좌회전 신호가 철폐되었고 황색등은 그 뒤부터 경고 내지 주의 신호로만 쓰여 오고 있다. 그러나 그 실세 장관은 짧은 초행길에서 껍데기만 보고 혼자 흥분했지, 속에 스민 내용과 밑바닥에 깔린 정신까진 간파하질 못하고 말았던 것이다.

미국의 교통신호 체계상 어떤 교차로에서든 청신호가 나오면 맞은편에서 직진해 오는 차량이 없는 한 원칙상 언제나 좌회전이 가능하다. 관청이 인심 쓴 '허용'이 아니라 운전자의 권리인 것이다. 그 한참 뒤에 국내에서 '비보호 좌회전'을 꽤 많이 설치하긴 했지만 근본적으로 '좌회전' 허용의 출발점이 다름을 간과해선 안된다.

미국의 교통신호는 원칙적으로 모든 차량은 앞으로, 좌로, 우로 어느 방향이든 간에 나아갈(드라이브할) 권리가 있다는 대전제에서 출발한다. 다만 서로가 멋대로 가려다 충돌하는 것을 막기 위해 '불가피한 경우에 한해' 당국이 붉은 정지신호를 발한다는 발상이다. 그와 대조적으로 한국의 경우 교통신호는 법이 '명령'하여 '가라' '서라' '회전하라'는 지시가 떨어져야만 비로소 전진 좌회전 우회전이 가능하다는 철학이 출발점인 것이다. 따라서 도시 안팎의 교통신호를 살피면 운전자나 보행자 편의 생각 아이디어는 아랑곳 하질 않고 시나 경찰 담당자들의 생각대로 신호체계 도로 차선체계를 마음 내키는 대로 계속 주물러대고 있다.

차량증가가 급격했던 이삼십 년간을 볼 때 교통체계의 근본은 그 증가속도에 맞게 개선되질 않고 답보상태라는 느낌이 든다. 차량운행에서 운전자는 모든 규칙을 다 지켜야 하겠지만 한계가 있는 인간이니 만큼 꼭 지켜야할 철칙을 중점으로 지키도록 유도해야 한다. 그중에서 우선적으로 고르라면 두 가지가 있다. 도로별 통행우선권(the right of way)과 차선(lane)의 준수다. 속도도 중요하긴 하지만, 만일 모든 운전자들이 이 두 규칙만 엄중히 준수하는 것만으로도, 비록 속도가 다소 초과한다 해도, 사고도 확 줄려니와 도로 통행 역시 크게 빨라진다고 본다.

yield를 안지키면

차선 지키기는 쉬워 보여도 막상 한국 도로에선 변덕쟁이가 너무 많아 이를 철저히 적발 엄벌해야 한다. 더 중요한 문제는 통행 우선권이다. 모든 전국 도로에는 어느 나라나 등급이 있다. '고속도로' '고속화도로' '국도' '지방도로' 하는 식의 등급으로써 교통상 중요도에 따라 정부가 정한다. 여기서 운전자가 어느 도로를 운전해 나가다가 다른 도로로 우회전해 끼어들려고 할 때 그 진입할 도로가 오던 도로보다 상급도로인 경우는 반드시 일단정지하고 기다리다가, 지나는 차가 없을 때에만 끼어들수 있다. 선진국에선 차가 통행하는 모든 도로들의 교차점에는 '양보 yield' 표지판을 빠짐없이 세워서 이를 위반하면 아주 무거운 과태료를 문다.

이미 어떤 도로 위를 진행하는 차량은 일종의 기득권자로서, 하급도로로부터 누가 옆구리로 끼어들까 눈치볼 필요 없이 계속 전진하고, 반대로 상급도로로 끼어들려는 차는 아무리 급해도 이미 진행하는 차량 틈을 밀치고 들어가서는 안된다. 이 점에서 쌍방 운전자들은 추호의 양보도 미안함도 또는 괘씸함 섭섭함도 갖지를 않는다. 반대로 한국에선 바로 차 머리를 큰길에 밀어 넣고 본다.

차선준수와 통행우선권 두 원칙은 단순한 교통규칙으로만 보기 힘들다. 인간만사를 규정하는 기본규범이고, 사회질서의 근본원리인 셈이다. 시장에서든 직장에서든 가정에서든 또는 학교에서든 "한눈팔지 말고, 제 길 똑바로 걸어가며, 남의 길 끼어들 땐 양해를 받은 다음 하라. 아니면 엄격한 제재가 가차 없이 예비되어 있다"는 것이다.

줄서는 데마다 새치기가 아직도 흔하듯이 서울의 출퇴근 시간 도로에서 운전자건 보행자건 끼어들기는 오히려 상식이다. 무조건 차 머리를 들이밀고 끼어들기 때문에 "내가 우선권 있다"고 외쳐본들 거들떠보기는커녕 "저 돌지 않았어", "생겨먹은 대로 인색하군" 하는 욕설을 듣기 십상이다. 노상에서만 아니라 이 사회 구석구석이 그렇다. 적반하장(賊反荷杖)이 넘친다. 특히 평등주의 민주주의 여론존중 사상이 넘치면서 조금만 형편이 나아보이는 상대에겐 적대감을 감추지 않고 반발적 언행을 한다.

이민동기된 이리저리 뛰기

자기 차 앞에서 머뭇거리는 보행자에게 민망한 생각이 들지 않거나 더욱이 재미를 느껴서 거칠게 운전할 리는 없다. 왜냐면 자신도 하차하는 즉시 바로 그 보행자 위치에 설 것이기 때문이다. 한치 앞도 내다보지 못하는 인간의 아둔함 때문인지, 이제 나쯤 오래 운전을 했으면 자질구레한 규칙은 안지켜도 된다는 오만 나태 또는 굴절된 '고참의식' 때문인지 납득이 가지 않는 운전악습이 넘쳐난다.

보통 사람은 지하철 버스 또는 택시 속에 승객으로 올라 있는 동안은 어떤 순간엔 운전자에 대항해 비판의식을 갖기도 하고 어느 순간엔 반대로 운전자와 같은 편에 서서 차창 밖 보행자나 지나는 차량의 운전자를 비판하는 마음으로 이내 바뀌게 마련이다. 경쟁차를 따돌리면서 시원시원 잘 빠져 나갈 땐 코드가 통한다는 생각이 들 때도 있다. 그러나 지나치게 부당한 규칙위반을 할 때면 '이건 심하다'는 생각이 번뜩 들고, 더 하면 '좀 천천히 가자'는 반의를 토할 때가 있다. 결정적으로 참기 어려운 일은 청신호가 끝나고 적신호가 켜진 지 한참 지났는데도 '에라 모르겠다'고 차를 질주시키는 폭거다. 오죽했으면 외국인 여행자가 한국을 본 인상을 묻는 인터뷰에서 "한번은 청색신호가 꺼진 뒤 꼬리를 물고 건너간 차를 세어보니 여섯 대나 되더라"고 마치 서커스를 본 것처럼 신기해 하던 표정을 못잊는다.

손뼉도 마주 쳐야 소리가 나듯 보행자들의 잘못 또한 운전자에 못지 않다. 그중 으뜸은 버스 정류소에서 벌어진다. 차가 들어올 때 보도 위에서 기다리던 승객들이 우르르 몇발짝씩 앞질러 차도로 뛰어내리는 행동거지다. 버스들도 차를 보도 턱에 붙여 세울 생각을 숫제 하지 않는다. 그러다보니 보도에서 차 승강판에 쉽게 오를 기회는 번번이 무산되고, 애써 형성됐던 줄은 어느새 흩어지고 만다. 일찍이 60년대에 주로 미도파앞 등 번화가에서 대중교통을 이용하던 신흥 중산층 샐러리맨들 중 하나는 이리

뛰고 저리 밀리는 인파 속에 마냥 쌓인 실망감이 이민 동기의 하나였음을 털어놨다. 그 후 30년이 지난 오늘에도 그 고질은 별반 고쳐진 것 같지가 않다. 무질서한 선진국은 없다.

11
역사逆流 늦춘 盧사령관

🌸 정부정책이 신정과세-구정과세를 헤매던 1990년대의 몇년 사이 많은 가정에서 구정-신정-구정-2중과세로 반전에 반전을 거듭하는 혼란이 야기되었었다. 요즘 겉으론 퍽 안정되어, 한창의 소용돌이는 넘은 것으로 보이지만 실은 밑바탕에서 가정에 따라 미확정 상태에 놓인 채로 내심 우왕좌왕하는 경우가 흔하다. 다만 과세(過歲)문제쯤은 정부가 나서질 않고 개별 가정이 알아서 할 문제로 위임된 듯한 착각을 일으키고 있을 뿐이다.

다양성이 요구되는 사회의 변화추세에서 커다란 사회문제의 야기 없이 양력이든 음력이든 각 가정이 선호대로, 차례를 지내고 세배를 하든 말든 시행하면 그만이라는 논리에 분명 일말의 타당성은 있다. 그런 시각에선 거기에 정부가 개입할 필요가 없어 보인다. 그러나 조금 생각을 깊이 하면 한해가 바뀌는 인간생활의 가장 중요한 눈금의 하나를 양력 1월 1일로 삼느냐, 음력 정월 초하루로 삼느냐 하는 기준 원칙을 어정쩡하게 방치하는 일은 정부의 온당한 태도가 아니라는 주장도 타당성이 있음직하다.

각자 소신에 따라 양-음력 또는 어떤 제3의 역년제 중 하나를 택하여 차례 또는 세배를 하는 순수 가정사로만 한정할수 있다면 방임론이 백번 옳다고 본다. 특히 정교(政敎)분리로 국교를 철저히 부정하는 데만은 헌법이나 국민여론도 다른 어떤 일보다도 완전 공감대를 가진 한국에선 더욱 그렇다.

그러나 두부모를 베듯 가정사와 사회-국가사에 완연히 구획을 긋지 못하는 것이 세상사다. 심하게 말하면 정부요인들이 신년하례나 현충원 참배를 신정에 하든 구정에 하든, 국영방송 아나운서들이 때때옷 차려입고 시청자 앞에 큰절을 언제 하느냐, 요 몇년처럼 양쪽날에 모두 하느냐가 뭐 그리 큰 문제냐고 힐난하면 그만일지 모른다.

하지만 우선 '신년-새해' '정초-연초'는 절기의 부름에 그치지 않고 인간이 개별로나 사회로나 나라로나, 일정기간 일할 계획을 세우고 그 마무리를 함에 있어 준거가 될 시계열상의 매듭을 말함이다. 언제 시작해 언제 끝난다는 인간 인식의 결여는 태초의 원시로 소급해서도 상상할수조차 없는 일이다.

만일 어느 사회 국가에서 역년제(曆年制)를 쓰지 않는다거나 두 가지 이상의 역년을 혼용한다고 할 때 사소한 일에서 대사에 이르기까지 만사의 추진과 시행이 얼마큼 가능할 것인지를 잠시 상상함으로써 족하다 할 것이다.

이같이 중대한 역년제의 핵심인 과세문제를 국가-사회 차원이 아니라 자신과 자기 당의 득표에 대한 유-불리를 기준으로 삼은 나라가 다름 아닌 한국임은 희한한 일이다. 결국 몇년째 어정쩡한 우리의 과세문제를 좀

더 상론하기에 앞서 신정연휴 축소로부터 구정의 휴무일 지정-연장과 '설'의 복권까지 오는 대목에서 노태우 당시 보안사령관의 역할을 우연히 목격한 필자의 경험담을 여기 소개한다.

1981년 어느 겨울저녁, 신군부의 확고한 2인자였던 노태우 보안사령관이 당시 서울서 발행되는 10여개 신문-통신의 편집국장단을 한정식 집에 초대했다. 내가 막 들어서자 노 장군과 먼저 도착한 4~5명의 국장들 사이에 열띤 토론이 거의 끝나 "그렇게 합시다"는 결론을 맺는 순간이었다. 그 주제는 3일이던 신정연휴를 2일로 줄이는 대신 구정 하루를 휴일로 지정한다는 내용이었다. 그 시절은 의사결정 기구가 단순해 노 사령관의 발언이 결정적 힘을 발휘했다. 신군부가 국민의 원을 들어주는, 그래서 멀지 않아 있을 선거에서 득표하는 주요 품목임을 주객(主客)이 합의하는 찰나였다.

그때 비중도 연줄도 박약한 필자가 "그건 반대입니다"고 나서 찬물을 끼얹었다.

나도 모르는 용기와, 나름대로 수년간 논리를 다듬은 주제였던 덕에 노 사령관의 "당분간 보류합시다"란 급회전이 유도되었고, 실상 5공의 과세 관련 결정은 다음 선거 전해인 84년경에 가서야 채택 시행되었다. 전두환씨 등 누구와도 다른 노태우씨의 강점이 그의 커다란 귀가 말해주듯, 들을 만한 남의 말을 들을 줄 안다는 생각이 그때 실감됐다. 그날 2~3분 폈던 나의 구정반대론 요지는 간단했다. "양력이 더 합리적이라고 역대정부가 100년을 내리 권장해왔다. 세상엔 국가적 이상 같은 게 있어서 그런 이상을 믿고 따른 국민이 비록 소수라도 있다면 존중돼야 마땅하다"는 요지였다.

'설'을 둘로 쪼갠 정치

설이란 새해의 머릿날이니 놀고 시시덕거림 이상으로 보람찬 한해를 다짐하는 의미가 담겨야 제격이다. 또 당연히 달력 첫장의 첫날이 설날이지, 1월도 되다가 2월도 되다가, 왔다 갔다 해서는 설의 참뜻에서 멀어진다. 이 땅에서 신-구정의 역사는 길고 얄궂다. 100년이 넘은 갑오경장 때 고종칙령으로 태양력 사용이 권장되었다. 다만 신정과세의 생활화를 일찍 정착시킨 일본인들이 들어와 신정을 강권도 했었기 때문에 얼토당토않은 '일본설'이란 낙인이 찍혔을 뿐이다. 해방 이후 역대 정부도 구정의 공휴일 지정만은 용케 피했다. 출근 전 새벽 차례 지내는 불편을 느낀 공무원 직장인 가운데 양력과세로 옮겨가는 사람이 늘어갔다.

정부는 산업화로 직장인구가 증가하자 하루 신정휴무를 이틀, 사흘로 연장하며 단일과세를 장려했다. 도시의 양력과세 비율은 80년대 초 30%를 육박했다. 관상대에 물어서 조상의 기일까지 양력으로 고쳐 지내는 적극파도 있었다. 출생신고를 제대로 하기 시작한 신세대들의 생일이 양력으로 차려진 것은 오래다.

따져 보자. 수십년 일관된 정부시책에 추종한 국민이 소수라고 해서 중도 포기한다면 정부가 하는 말을 누가 믿고 따르겠는가. 더구나 그 소수는 멈추지 않고 다수를 향해 해마다 자라지 않았던가. 그냥 두었더라면 이제쯤 반은 넘었을 텐데 선거 득표라는 정치논리로 그 공든 탑을 허물다니 그 무슨 무철학인가. 3공 때도 끈질긴 구정 휴무론이 있었지만 경제논리로 막았다. 공장 휴무가 길어지면 수출이 준다는 이유였다. 그 앞장을 선 이가 남다른 설득력으로 10년을 고위 요직에 있던 남덕우씨였다. 당시 대통령은 그의 손을 들어줄 만큼 현명했다.

이토록 양력과세 후퇴를 통탄하는 이유는 90년대 초 당시 정권이 선거 승리와 이상을 맞바꿔먹은 그 근시성이 미워서다. 정부란 무엇인가. 군중이 좋아만 하면 덮어놓고 따라가는 것이 민주정부인가. 그건 자기기만이다. 자격 있는 정부라면 비록 인기가 없는 일이라도 나라를 위해 옳다면 포기치 말고 밀어가는 이상 지향이어야 한다. 그래야 국민을 이끄는 정치라 할수 있다. 국민의 7~8할이 구정과세를 하니까 선거에서 표 더 따겠다는 흑심 하나로 1세기에 걸쳐 힘들여 추구해온 국가목표를 알바 없다고 뿌리치고 돌아선 당시 지도부 사람들의 발상이 슬프다.

이상 합리 정의가 반드시 다수 편에 서는 것은 아니다. 민중의 관습적 저항에도 불구하고 나라가 확신을 가지고 큰일을 관철해 낸 사례는 동서에 많다. 안으로도 단발령 종두법 과부개가 등 그 예가 많다. 목숨 건 반대에도 굴치 않고 성공시킨 단발령을 지금 누가 욕할건가. 소를 못 잡아먹게 해 식량난을 가중시키고 쥐를 못잡게 해 질병을 전염시키는 나라가 있다. 그런 종교교리에 손도 못대는 정부가 민의존중이라고 칭찬을 들어야 할까. 원시 수렵문명이 농업문명으로 발전한 데에는 달력을 만들어낸 천문학의 힘이 크다. 365일 5시간 48분 46초라는 지구 공전시간에 근거한 태양력과, 달의 지구 회전을 기준한 태음력은 모두 일리가 있고 인류발전에 위대한 기여를 했다. 양자의 장단을 여기 논할 필요는 느끼지 않는다.

다만 한 가지만 묻자. 이제부터 양력 대신 아주 음력을 써도 괜찮으냐고. 여기에 지지를 보내는 사람은 아마 없을 것이다. 그렇다면 줄곧 쓰는 달력의 첫날을 설로 삼은 역대의 일관된 시책을 인기가 없다고 팽개치는 작태는 잘못이다. 더러는 각자 마음대로 골라 쇠면 된다든가, 공적인 행사는 양력으로 하고 가정 내 과세는 음력으로 하자는 의견도 있을수 있다. 그러나 한 나라에 정월 초하루, 설날이 둘 있어선 길게는 망조다. 공사 간

별개과세가 되거나 이중 문화가 형성되기 때문이다.

정부 단체 기업들이 결산과 계획과 예산 등 모든 업무를 양력 기준으로 한다. 특수 종교국을 빼면 모든 나라가 그런데 우리만 여기서 뛰쳐나올수 있는가. 대통령이 공적 신년사는 1월 1일에 하고 대국민 축하 신년사를 몇 주 뒤 음력 설날에 다시 낼 건가. 직장에서 새해 일 잘하자는 다짐행사는 1월 1일에 하고, 식구끼리 세배하며 "새해 소원 성취해라"는 덕담은 2월 며칠에 따로 할 건가. 아니면 음력에 할테니까 1월 1일은 완전히 평일로만 넘길 건가. 지난 1월 1일엔 옷을 바꿔 입었지만 벌써 몇해 TV에서 남녀 아나운서가 한복을 차려입고 양력설 음력설에 세배를 되풀이하는 것을 보고 고마워하기보다 웃긴다고 하는 사람이 늘고 있다.

세계화할수록 민족 고유의 미풍을 보전해야 한다는 주장도 옳다. 그러나 민속보전을 내세워 음력과세 회귀를 고집함은 과잉방어다. 민속절로 그대로 두다가 세대가 바뀌면서 양력설로 통일됨을 기다렸어야 옳았다. 중국이 음력과세를 하는 줄 알지만 아니다. 음력원단은 말 그대로 봄의 명절이 '춘절'이라 하여 즐길 뿐, 실제 생활에선 양력을 쓴다. 명치 초 짧은 기간 내 태양력 정착을 상기하면 일본인의 의식수준은 주목할만 하다. 구정을 정말 민족이 즐기는 명절로 하여, '조상의 날' '민속절' 등 그 어떤 호칭도 괜찮은데 1세기 후퇴를 만회하려면 근년에 한술 더 뜬 음력의 '설' 호칭만은 철회해야 한다.

12
선거, 그놈의 의리가

110년 전 독립신문의 창간호는 사시(社是)를 게재했는데 그 가운데 머리 구절이 이러했다. "첫째 우리는 편벽되지 아니한 고로 무슨 당에도 상관이 없고 상하 귀천을 달리 대접 아니하고 모두 조선 사람으로만…" 하는, 지금 보면 古文투이면서도 그 속엔 현대감각이 엿보인다. 역대 선거에서 언론의 역할은 제대로였느냐, 민주시민의 자질은 갖췄느냐고 채근하는 서재필의 옹골찬 음성이 들리는 것 같다. 그리도 감격스럽던 48년의 5·10총선이나, 동란 한달 전 조소앙-유석 대결의 5·30선거, 4·19의 불씨가 된 3·15선거, 3공 탄생의 11·23선거 등 역대 모든 선거를 목격하고 투표하고 취재하면서 쌓아 올리던 신념이 한동안 하염없이 무너져 내렸었다.

80년대 말 이후 횟수를 거듭, 근년에 오면서는 긴 안목으로 보아 틀림없이 나아지고 있다는 믿음은 든다. 선거의 결정적인 기능은 평화적 정권

교체의 가능성이다. 세습에 순치되다가 무력에 의한 정권탈취를 겪어오던 한국이 노태우정권에서 김영삼정권으로, 김대중·노무현 정권으로 선거에 의한 정권교체를 이루어냈다. 이것이야말로 선거의 혁명이다. 그러나 근본 바탕에선 완벽과는 거리가 멀다고 느껴진다. 거듭할수록 선거가 나아지리라던 희망이 자주자주 비관 쪽으로 기우는 이유를 몇마디로 설명하기란 벅찬 일이다.

다만 한가지, 밤을 도와 들어앉는 야도(夜盜) 정권이 이 땅에서 사라질 때에 가면 선거 공명은 저절로 오리라던 기대는 누구나 가졌었다. "정당치 못한 정권은 정당한 방법으로 표를 모을수 없다"는 간명한 논리를 믿는 때문이었다.

그 결과 1994년의 통합선거법 통과가 기점이 되어 돈 안쓰는 선거는 괄목할 진전을 이루었다. 받은 금품의 50배 배상으로 유권자 처벌을 대폭 강화한 것이 처음 몇년 톡톡하게 일반 예방 효과를 올림으로써 선거공명은 80년대 초반까지에 비해 장족의 발전이 있었음을 부인하지 못한다.

그럼에도 주변을 눈 크게 뜨고 보자. 이합집산의 구태는 기회만 있으면 되살아나고, 오히려 한술 더 떴다. 민주당을 박차고 나온 국민회의 창당, 자민련 파생과 민자당의 변신, 그 이후 문민시대, 국민의 정부, 참여정부의 정치행태는 몽땅 무단 정치에 죄를 덮어 씌웠던 인습에서 훨훨 털고 일어난 상쾌함과는 어딘가 거리가 멀다.

민주주의는 대의정치고 대의정치는 공명선거 그 자체다. 공명선거란 무언가. 짧게 줄이면 선거란 더이상 정치현장에 쓸모없는 자를 표로써 가차 없이 폐기처분하는 유권자 최고의 권리행사다. 그럼에도 떳떳치 못한 공천, 당수와의 연고, 돈 패대기질 등 선거라는 체(필터)에 뚫린 갖가지 구멍이 메워지지 않은 상태여서 그리로 미꾸라지들이 날쌔게 스며드는가 하면 거꾸로 흉측한 짓이라면 도맡아 하던 뻔뻔스런 일부 구악들까지 더 큰 소리치며 버티니 문민시대, 참여시대란 도대체 무엇이었던가.

공명선거 희망을 어디다 걸 것인가. 아예 희망이 없는 것은 아닌가, 자문하자. 다행히 그렇진 않다. 다만 희망을 걸 곳은 어느 다른 사람이 아니라 유권자 한사람 한사람 자신이고, 통틀어선 이 사회 전체라고 보아야 한다.

첫째, 절반 이상의 잘못은 비뚤게 인식된 '깡패식' 의리에 연유한다. 의리는 입은 은혜를 오래도록 잊지 않고 갚는 보은으로써, 곧 미덕이다. 농경 신분사회를 떠받친 척추였다. 따라서 그 의리의 일탈자에겐 '배신자'란 깊은 낙인이 찍혔다. 그러나 산업사회-계약 사회에 들어와서 지배원리는 바뀌었다. 합리정신이다.

생활의 구도가 이치에 맞는 사고와 행동을 요구한다. 만일 이를 무시하고 계속 구시대의 의리를 금과옥조로 삼는다면 모든 게 뒤틀린다. 더구나 선진화 경쟁력강화 세계화에는 합리정신, 과학정신의 체화(體化), 즉 몸의 일부화가 요체다. 물론 보은은 악덕이 아니다. 신세를 졌으면 갚는 것이 의리일 뿐 아니라 이치에 맞는다. 그러나 동향 동창 친인척이란 인연이 바로 은혜의 조건이 아님을 인식해야 한다. 그런 연고들은 우연의 소산일 뿐이지, 본인이 의식하고 선택해서 맺은 인연은 아니다. 선거에서 문중 동창 거주지 연줄을 의리로 붙들어 매는 억지는 민주주의의 암세포다.

둘째, 표의 매매다. 일면으로 시장경제에 부합하는 합리적 측면이 있어 보인다. 그러나 상품매매의 가격 효용으로 따지면 표 값은 非등가여서 합리가 아니며 더욱 그것은 국가에 유해해 법으로 처벌하는 범법행위이다. 한 표에 혹 몇백만원이라면 모르되 잘해야 몇만-몇십만원에 인격을 판다면 그에 따른 양심가책에 지불되는 값치고는 턱없이 모자라니 합리라 할 도리가 없다. 무엇보다 표를 돈 받고 파는 행위는 나라를 모리배의 사유물로 넘겨주는 결과로 이어진다고 생각할 때 길게 보아 결국 자손을 노예로 파는 자기포기인 셈이다.

셋째, 답답한 것은 지자제 실시에도 불구하고 국회의원을 지역개발의 책임자로 치부하는 도도한 추세다. 국회의원은 유권자들을 대표는 하되, 한정된 지역의 살림이 아니라 나라전체 국사를 논하는 일자리라는 바탕 논리가 어느 정당, 어느 모임에서도 망각돼 가고 있을 뿐더러 정부-여당이 한술 더뜨니 길게는 망조가 아니고 무엇인가.

5·31 공명선거가 있기까지

아주 옛날을 우리네는 '호랑이 담배 먹던 시절'이라고 형용한다. 그만큼 친숙한 담배가 이 땅에 들어온 것은 실은 300년쯤밖엔 안된다. 그만한 기간에 담배가 인간생활에서 자리잡은 큰 공간에 견주면 이 땅의 선거 역사 58년이 짧은 건 결코 아니다.

1948년 첫 5·10선거는 무척이나 낯설었다. 무슨 동네 큰 잔치라도 맞는 듯 들뜨기도 했다. 낫 놓고 기억자 모르는 문맹이 대부분이었기에 제가 찍을 후보의 작대기 숫자 안틀리려고 당국이나 집안마다 열심이었다.

역대 선거를 겪다보니 인간이 만든 제도 가운데 선거만큼 말썽 많은 것도 드물다는 생각이 든다. 부정선거 후유증으로 나라가 망할뻔 했다. 그래서 역대 모든 정권, 비록 총으로 빼앗은 정권마저도 공명선거 다짐은 절대 잊지 않았다. 그러나 단 한차례도 부정시비 없이 넘어간 선거란 없었다.

1980년대 말의 진정한 민주개혁 출발 이후 규모로 보나 질적으로 보나 부정선거는 급격히 자취를 감춘 것이 사실이다. 네티즌 간엔 노무현 대통령이 선출된 2002년 대선 개표에서 컴퓨터 개표에 상당한 부정이 개재했다는 글줄들이 오고 간 적은 있었지만 어떤 증거도 제시된 적이 없으니 신빙성은 희박하다.

그런 시각에서 노무현 여당의 기록적 참패로 끝난 5·31 지방선거는 선거의 공명성에 초점을 맞출 때 괄목할 만한 선거였다는 높은 점수를 받아 마땅하다. 무엇보다 '돈 안 드는 선거' '관권개입 없는 선거'의 기준으로 대단히 평가할만 했다. 물론 일부 공영방송의 편파적 분위기 조성이 간과되느냐는 별개로 치고 말이다. 이는 87년 민주화 시동 이후 약 20년간 에스칼레이트 해온 국민들의 공명선거 열망이 결실을 맺은 것으로, 미래 한국 민주주의 발전에 중요한 전기로 남을 것이라 믿는다.

옥에도 티는 있었다. 야당 중진 의원들, 그 가족들의 공천관련 부정사건은 심히 불쾌한 오점이었다. 이런 고위층의 부정 불감증은 큰 대가를 치러서라도 뿌리를 뽑아야 나라가 산다. 거기에 비하면 금품 받은 개별 유권자의 50배 벌금의 적절성 문제는 얼른 보면 사소해 보인다. 기간 중 한 농촌의 유권자들이 후보자로부터 한사람 2만원 상당의 점심대접을 받고 고발되어 백만원씩의 벌금을 내게 됐다는 보도에 궁색한 촌로들로선 조금 딱하다는 동정심이 감돌았었다. 그러나 잘됐다 싶었던지 그 조문의 개정논의가 제기되었다. '50배'는 과중하다는 주장에도 일리는 있다.

그러나 그것이 사소한 일이라고 후퇴를 한다면 큰 잘못이다. 왜냐면 유권자가 뭔가 값을 받거나 얻어먹어야 찍겠다는 관념구조야말로 민주주의를 죽이는 암 바이러스다. 출마자 측으로 봐도 '유권자는 금품으로 살수 있다'는 인식이 나라 뒤엎을 흑심의 단서인 것이다. 그 조항 강화 당시도 이의는 제기되었으나 보호법익의 중대성 때문에 국민 여망을 업어 큰맘

먹고 만든 법이었다. 시행 2년여 단기간에 금품선거의 검은 그림자를 이만큼 말끔히 가셔놓은 것이 얼마나 상쾌한 일인가.

이만큼 공명선거가 다져지는 데 그만한 내공이 있었다. 과거 14대 국회가 선거법을 대폭 강화할 당시 정계건 언론이건 통과 지지 쪽보다는 부정의 음성화나 지나친 규제의 부작용을 우려하는 반대쪽으로 중심이 기울었다. 그 속에서 주목받은 것은 당시 대통령의 의지였다. 처음엔 공명선거 관철 다짐이 여전한 말잔치냐, 아니면 진심이냐로 엇갈렸다. 야무진 의지가 누차 표명되고 나서야 선거법 혁명이 가능했던 것이다. 그때 만일 규제과잉 운운하며 정치권이 선거법강화의 회피 구실이나 찾았다면 공명선거의 이만한 진전은 바랄수 없었으리라.

도 대항 병정놀이-대선

1인자의 자리가 잠시라도 비면 조직이 제구실하기 힘들다. 병권이 있는 국가의 경우 더 그렇다. 여러 사극을 보면 왕이 승하하는 즉시 상복 차림의 대신들이 밤을 도와 신왕의 즉위식을 서두르는 모습을 흔히 본다. 그 면에서도 반세기를 훨씬 넘긴 북한정권의 존재는 불가사의하다.

세습제가 아닌 대소 조직들의 후계자 인선방식은 크게 두 유형이다. 하나는 후계자를 미리 특정화시키는 가시화 방식, 다른 하나는 승계사유가 눈앞에 발생할 때까지 후계자의 표면 부각을 봉쇄하는 형이다. 여기엔 상반된 장단점이 있다. 가시화 방식은 후계를 둘러싼 과열경쟁의 여지를 없애 시간적 낭비를 막고 조직의 안정성을 높인다. 그러나 동시에 후계 자리를 향한 선의의 경쟁이 배제됨으로써 조직 분위기가 침체되는 단점이 따른다.

반대로 후계자를 미리 정하지 않은 조직에선 평소 자천-타천의 물망자들이 조만간 공석이 될 후계지위를 놓고 경쟁을 벌인다. 그 결과 분위기의 활성화가 기대된다. 그러나 경쟁의 과열을 빚은 끝에 유사시의 권력승계가 변칙으로 흘러 조직의 뿌리를 흔들 위험성이 항상 도사린다. 어떤 방식을 취하건 공사조직을 불문, 후계자 인선에서 생명처럼 중요한 것은 킹 메이커의 공정성이다.

최고 권력자 자신이 자리에 있을 때 후계자를 손수 지정하되 능력 위주로 최적자를 고르며 가시화 과정에서 내정자의 성장 여건도 자연스럽게 마련해 줘야 한다. 가령 되도록이면 자신이 해외출장 등으로 길지 않은 기간씩 직무를 내정자로 하여금 대행하는 기회를 마련하는 식이다. 그런 조직은 탄탄대로에 선다.

그렇지 않고 비적격자를 특별한 인연에 끌려 후계자로 지목할 경우 조직의 전도가 밝지 않음은 말할 나위 없다. 경쟁대상 조직에 뒤쳐져 사세는 미끄럼대를 흘러내린다. 주변에서 그 같은 실례를 흔히 볼수 있다. 그런 측면에서 보면 킹 메이커가 지배주주로 정해져 있는 민간기업이 좋아 보인다. 제대로 된 주주라면 회사발전의 생명인 요직인선에 사(私)를 두어 결국 자신들에 해가 돌아오도록 조직의 장래를 망치려 들지 않을 것이다. 하지만 말처럼 쉽지는 않아서 성공보다 실패가 많다.

왕실처럼 외척 처족 등 혈연의 등쌀에서 헤어나지 못하고, 울며 겨자 먹기로 연고 인사를 저지르고 마는 경우가 허다하다. 그 하나의 이유로 잘 나가던 특정 산업계의 맹주가 하위로 도태되는 판도변화가 얼마든지 전개된다.

군주제도 전제체제도 아닌, 가령 대한민국의 경우는 어떠한가. 의당 유권자 국민의 몫이어야 할 킹 메이커의 기능을 과거 현직 대통령들이 독단으로 전횡하다가 비운들을 맞았다. 1·2·3공은 영구집권욕으로 말미암은 후임인선 실패의 대표적 케이스, 5공은 단임 이행을 만부득이 실행한 대신 후임자를 자신의 추종자로 전횡 지명함으로 해서 국가로나 개인으로나 크고 긴 불운의 그림자를 자초한 사실은 결코 역사에서 지워지지 않을 것이다.

민주국가에서 그런 공식은 성립할수 없고, 성립돼서도 안된다. 현직 대통령은 유권자의 한 사람이며 나아가 집권당의 당수이기에 영향력이 월등 크다는 것은 당연하다. 따라서 그가 선호하는 후보가 유리할수 있다. 그러나 그 선을 넘어서서는 안되며, 당내에서 차기 후보를 지명하는 데 현직 대통령이 중립을 지킬수록 좋다. 과거 공식 비공식 간에 대권의 후계논의 자체를 현직 대통령에 대한 불손, 왕조시대의 '역적모의'쯤으로 보는 한국적 사고가 이제 많이 퇴색한 것은 노무현 시대가 가져다준 긍정적 유산인지 모른다. 올해 대선을 앞둔 이 시점에서 대권 후계에 대한 본격적 논의는 분명 제철이다. 그러나 정계는 물론이고 공직사회, 일반인까지 아예 염불은 제쳐두고 몽땅 '연줄 찾기'라는 잿밥에만 목을 늘인다면 국민이 또 허전해 한다.

차기에 대한 공론은 구체화 해야 하고, 그 과정에서 일어나는 혼란쯤은 국민이 감내하고 극복해 낼수 있어야 민주주의가 뿌리내릴 토양이다. 국민의 입을 막기는 강물을 막기보다 어렵다고 한다. 고성은 발하지 않지만 바람결에 들려오는 온갖 소리의 숨결이 이미 높다. 그쯤 진지한 논의라면 쉬쉬하며 수군대기보다는 멍석을 펴고 공론을 일으키는 쪽이 길게는 이롭다.

역대 대선에선 예외 없이 언제나의 우려처럼 수면 아래서 공론을 형성하는 본 줄기가 따로 있어 왔다. '절대로' 란 단서가 붙은 '지역대립' 이다. 그 '절대로' 는 '결사적' 이랄 만큼 강도가 높다. 웬만하면 이쪽이 집권하길 '바라는 정도' 가 아니라, 만일 저편으로 대권이 넘어가면 이쪽은 '다 죽는다' 는 사생결단의 거친 숨결이 들린다. 영호 양남은 이 각도에서 빙탄(氷炭)에 비유된다. 이런 대결 끝에 차기가 어느 한쪽 차지가 될 경우, 두 지역 갈등에 한정되지 않고 고래싸움에 온 나라가 등이 터질 만큼 정세가 위태로울수 있으니 그게 문제다.

여기서는 지역 정당 인물의 3요소를 이리저리 조합한 몇개의 복수 안이 안출되는 것이 좋다. 그런 다음 그중 최적 안에 공감이 모이도록 만드는 작업이 긴요하다. 그 작업은 단 몇달에 끝내기 힘들어 꽤 긴 시간을 요한다. 그러한 전제 아래 문제 지역들의 유권자, 출신 거물, 중심 정당들이 한 발짝씩 물러서 깊은 호흡으로 제대로 상황판단을 하지 않으면 국운에 입힐 상처가 너무 치명적이다. 그것은 통일의 과정, 통일 후의 운명에도 파장이 미친다.

南-南간의 근시안적 진흙 싸움이 지속되는 한 결국은 되돌릴수 없는 값을 치르고 만다. 세계는 오래 잠자던 대국들의 잘살기 경쟁, 헤게모니를 노리는 편짜기로 꽤나 바삐 돌아간다. 우리는 언제까지 주기적으로 이 한도 끝도 없는, 마치 각도 대항 병정놀이에 정신없이 매달릴 것인가. 소탐대실(小貪大失)하지 말고 양보가 곧 미덕이며 바로 승리로의 통로임을 깊이 터득하고 실행에 옮기자.

13 아이를 안 낳으면

근년 들어 인간의 미래 예측능력은 컴퓨터의 발달과 비례하여 놀랄 만큼 향상되어 온 것이 틀림없다. 그러나 실제 경험에서 보면 그런 막연한 일반의 기대가 충분히 충족되진 않고 있다는 느낌이다. 무엇이든지 단추만 누르면 척척 분석이 되고 정답이 나오는 만능의 존재로 일반의 기대가 높은 컴퓨터의 역할은 갈수록 커진다고 미신처럼 믿고 있음에도 불구하고 오히려 그 분석이나 예측의 정확성이 완전치 못한 현실에 자주 마주쳐 실망에 빠지는 일이 매우 잦다.

아마도 매일 겪는 일상 문제로는 언론에 쉬지 않고 보도되는 일기예보의 부정확성을 꼽는 사람이 적지 않을 것이다. 그러나 일상문제가 아니라 시간을 길게 잡아서 보면 잘 맞지 않고 예측이 어려운 것은 국별 인구나 세계 전체 인구의 변화추세를 예측하는 일이 일기예보 못지않게 부정확하다는 생각을 자주 한다. "아들 딸 가리지 말고 둘만 낳아 잘 기르자"고 귀에 못이 박힐 지경이던 국-공영 방송들의 가족계획(산아제한) 나팔소리가 느닷없이 요 몇년을 사이에 두고 출산장려 나팔소리로 180도 뒤바뀌지 않았는가. 그 원인은 "증가곡선이 이렇게 나가다간 언제쯤 변곡점이 나오고, 이어 하강곡선으로 전환된다"는, 그리 고차 방정식도 아닌 중등수학 수준의 분석이 고도의 정밀을 자랑하는 컴퓨터를 활용했을 터인데 어째 그리 부정확한 답이 나와, 단 몇달 사이에 정책기조가 완전 U턴하는 것인지 알다가도 모를 일이다.

세번째 어려운 예측은 농작물 수요변동이다. 1960년대쯤부터 정부가 나서서 이러이런 특용작물을 많이 심어라, 그러면 좋은 값에 국내 판매도, 수출도 잘 되리라 지도를 해서, 농민들이 그걸 따라하는 족족 다 망하더라, 나중엔 청개구리처럼 정부가 권장하는 작물은 심지 말고 심지 말라는 작물만 골라 심어야 손해를 안 본다고 농민들이 어깃장을 놓던 시절이 있었다.

이런 시행착오도 원론으로 보면, 정부는 그때마다 조사-분석-예측-조장 행정을 과학적 행정이란 명분으로 애써 폈는데, 사람이 틀렸든 계산기가 틀렸든 결과가 예측을 벗어났기에 초래된 실패라고 할수 있다. 왜냐면 국민 세금으로 일하고 먹고사는 공직자들이 고의적으로 그렇게까지 일을 그르쳤다고는 보기 힘들기 때문이다.

산아제한 최우수국

남녀 한쌍이 결합하여 평생동안 출산하는 평균 자녀의 수가 딱 두 사람이면 나라 전체의 인구는 별 증감 없는 '인구증가율 제로'로서 현상유지라고 하는 산술이 바로 '인구 절대 증가율'이라고 명명된, 아주 소박한 지수이다. 근년에는 어떤 나라나 이 지수를 사용해 인구 증감을 계산하고 그 대책을 세우는 데 가장 많이 사용한다. 그러나 여기에도 큰 구멍이 있다. 한쌍의 부부가 두 자녀를 낳으면 증가율에 문제가 없다고 해도 이들이 20대에 출산을 하느냐, 30대 들어 출산을 하느냐에 따라 인구의 증감율은 크게 다르다는 점을 간과하는 과오다.

어쨌든 여러 개발도상국들 틈에서 이 지수가 2를 훨씬 넘어 인구급증 우려국이었던 시대에 한국은 유네스코의 권고를 세계에서 가장 충실하게 받아들인, 그 실효에 있어서도 세계 최우수의 모범생이 되어 찬양을 받아왔다. 까다로운 지수를 빌릴 필요도 없었다. 해방 전, 20세기 전반기까지만 거슬러 올라가, 각자가 겪은 어린 시절을 회상만 해도 너무나 선하게 산아문제를 잘 떠올릴 것이다.

한 여인이 20세 전후 시집와서부터 약 20년 동안 낳는 아이는 어림잡아 보통 열은 됐었다. 그중에 주로 천연두나 홍역으로 인해 일찍이 스러져가는 영아사망률이 엄청 높아, 아마도 흔한 표현으로 '열 낳아 다섯 건지면 괜찮은 편'인 것이 개명 이전 이 나라 출산 동태의 적나라한 모습이었다. '생후 14일 이내 출생신고'란 호적법령 규정도 제대로, 더욱 지방에 갈수록 지켜지지 않아 호적에 오르기도 전에 생을 거둔, 따라서 통계에도 안 잡히는 것이 이 나라의 인구 동향일수 밖에 없었다.

보리고개에 닥치면 초근목피(草根木皮)로 끼니를 때워도 연명조차 어렵던 소작농일 망정 애를 몇만 낳겠다는 가족계획 같은 건 상상도 못했고 초과출산을 막기 위해 스스로 산아를 제한하는 가정은 거의 찾아보기 힘들었다. 으레 삼신할머니 점지를 운명처럼 받아들였지, 박정희 장군 모친처럼 단산하겠다고 모질게 뽕나무 재물 끓여먹고 낙태를 시도하는 당찬 아낙은 꽤 있긴 했어도 참으로 드문 존재였다.

5·16 군사정권이 유엔의 산아제한 권고를 쉽사리 받아들여 새마을 운동 가운데다가 가족계획을 중심에 끼워 넣어 강력히 밀고나간 것은 당시 식량난을 해결하는 기아대책의 우선순위가 그만큼 높았음을 웅변해 준다.

백인 지성들의 內心

이 문제는 마치 포도주가 절반쯤 담긴 유리잔을 놓고 자기들 입장에 따라 얼마큼 상반된 견해차를 갖느냐는 흔한 비유와도 상통한다. 평자가 애주가라면 "벌써 반이 비었다"며 빨리 없어지는 걸 아쉬워할 터이고, 술 싫어하는 사람은 "아직도 반이나 남았네" 하며 지루해 하리라. 마찬가지로 인구론도 크게 두 갈래로 갈린다.

　한쪽은 아사가 속출하고 있는 판에 인구 급증을 조금 더 방치하면 큰 일이 나는 것은 자명하니 서둘러 지구를 인구 압력에서 건져내자고 하는 신맬서스적 비관론이요, 반대쪽은 이미 2세기 전에 맬서스가 그 당시 인구 겨우 9억명을 놓고 벅차다고 법석을 떨더니 결과로 보면 그 얼마나 엄살인가, 그사이 세계인구가 무려 7배 이상으로 늘어난 오늘까지도 이만큼이나 잘 견뎌내지 않느냐는 낙관론이다.

　그러나 몇가지 찜찜한 구석은 있다. 무엇보다 비관론의 이면을 들여다보면 그 밑바탕에는 백인 쇼비니즘이 깔려 있다는 의구심을 어느 정도는 품게 된다. 그도 그럴 것이 최근 1년마다 멕시코 인구만한 9천 수백만명이 증가하는 가운데 증가분의 95%는 아프리카 남아시아 등 개도국(흑 황 갈색의 유색인)이 차지하고, 구미계(백인)의 증가는 이미 멈췄거나 오히려 감소하는 판이니 백인 석학들의 우려도 이유는 있다.

《21세기의 준비》를 쓴 폴 케네디, 《21세기의 승자》를 쓴 자크 아탈리, 그 밖의 토플러, 드러커 같은 서양 학자들의 비관론 깊은 곳에선, 아무런 손도 안쓰고 내버려둬 이대로 가다간 백인이 유색인에게 완전 도태당하리란 비관이 깔려 있다.

그런 움직임을 놓치지 않고 '아시안 월스리트 저널'의 기예 멜로안은 '맬서스론자들의 넉두리 Gabfest of Malthusians'라는 제목으로 날카롭게 파헤쳤다. "증가 인구 중 개도국 해당분이 95%라니까 선진국 분을 0%로 치면 5%는 어디 차지인가." 문제제기를 해놓고 과거 경제 발전론에서 각광을 받던 '일본 선두의 기러기 떼 날기(안행 雁行)'에 비유하면서 멜로안은 "인구 증가분 5%를 다시 동아시아 국가들 몫으로 치부하는 것이 일본인의 시각"이라고 자답했다.

그러나 바로 그 후 불과 10년 사이 코퍼러닉스적 변화가 일어나고야 말았다. 2006년 상반기 한국이 일본보다도 급격하게 인구 감소국으로 돌아섰다는 내외 기관들의 분석이 세상을 갑자기 흔들었다. 사실로 21세기 초입에 들어서자마자 사정은 많이 바뀌어 가고 있다. 만성적이던 다출산 굶주림 영아사망 문맹 등등 한국을 포함한 동아시아 여러 나라들의 고질적 후진성이 경제성장과 함께 급속도로 개선되고 있는 것이다. 이미 저출산을 경험한 선진국들의 후원 하에 유네스코의 산아제한 운동이 30년 이상을 끈질기게 추구되었고 그 모범적 성공을 거둔 것도 다름 아닌 한국이었다.

10년 전의 우려, 현실로

1994년의 인구문제는 지금과는 많이 달랐다. 그때 필자는 "아직은 출생률이 사망률을 앞서지만 이대로 가도 이삼십년 안에는 증가가 정지하고, 얼마 뒤엔 인구가 준다고 난리를 칠 때가 분명 올 것이라고 칼럼에 썼다. 그러나 그 속에서 인구감소 못지않게 큰일이 다름 아닌 남녀 출생비율(성비 性比)의 대파괴 현상이라고 주장했었다. 이 땅이나 중국에선 딸을 몇이나 두고도 끝내 아들을 보려고 계속 출산을 시도하는 남아선호 사상이 오래도 지탱됨을 우려했다. 그런 성비의 파괴 속에서 창조주의 가장 큰 신통력 중의 하나가 아들 없는 딸부자, 딸이 귀한 아들부자 간의 미시적 불균형을 거시적으로 균형화시키는 대단한 조화력이라는 사실에 새삼 감탄해 마지않는다.

다시 말해 인간들의 아들선호 편향이 심하다 해도 길게, 전국적으로 보면 남녀인구가 크게 균형을 깨지는 않는다는 오묘함이 있다. 그럼에도 이 땅에선 인간들이 그 조화에 다시 도전을 한다. 겁도 없이 신의 영역을 침범하는 벌 받을 짓을 저지르고 있다. 70년대부터 양수검사가, 이제는 임신 초부터 간단한 초음파 투시를 통한 태아의 성 감식법이 널리 퍼져 여아낙태가 자행되어 온다. 초등학교에선 남녀의 짝이 기울어 괴로워하는 희-비극이 빚어진 지 오래다.

그들이 혼령기에 들어가자 문제의 심각성이 커져 외국 신부들이 10만을 넘어 시집오는 등 벌써 새로운 양상을 보이고 있다. 물론 한술 더 뜬 나라도 있다. 접시 위에 부은 쌀이 넘치면 상 바닥 위로 흘러 퍼지듯 나라의 인구가 늘어나면 다른 지역으로 흩어져 살게 마련이라던, 유장한 낙관이 모택동의 인구관이었다. 그것이 '1부부 1자녀' 라는 극단적 강제로 급전환한 이후 10여년간 비명에 간 여자영아의 사체가 강물에 자주 떴었다.

워싱턴 포스트는 일찍이 1993년에 중국 인도 파키스탄 방글라데시 아프가니스탄을 모두 합친 여자인구의 부족수를 무려 7천 7백만명으로 예측한 바 있다. 외국신부를 데려와야 며느리를 충족하기 시작한 한국의 처지에서 과연 그들을 비웃을수 있을까. 절대 웃을 일이 아니다. 아무리 통일이 급하고 경제회생이 중하다지만 남녀비율(性比)의 터무니없는 파괴는 이대로 방치할수 없다. 막아야 한다.

여기, 그 10여년 사이 현격히 달라진 상황전개가 눈에 띈다. 바로 한국 일본을 포함한 동아시아계 몇나라의 인구가 이미 하향곡선으로 들어섰다는 보고가 나온 것이다. 이런 분석이 제시됨으로써 백인들만 인구가 줄고 유색인 모두가 인구증가를 보인다는 고립감을 갖던 백인 학자들이, 아니 유색인 가운데 황인의 일부가 이제 벌써 인구감소 대열에 동참하였다는 경고를 듣고 이를 어떻게 받아들일 것인지, 자못 궁금해진다. 이미 65억을 넘은 인구 중 백인은 17% 정도고 나머지 83% 가량이 유색인종이라는 계산이 나오는데, 크게 백 황 흑 세 가지 피부색 가운데 백인과 황인이 감소하면, 다른 말로 흑인만 계속 늘어난다면 그 다음 전개될 상황을 어떻게 내다볼 것인가.

14
인사가 萬事냐, 亡事냐

🌸 인사를 만사로 알고 잘 해야 할 주인공은 역대 대통령들에 국한되지 않는다. 구성원이 몇사람 안되는 작은 조직에서도 인사를 잘 처리하지 못함으로써 조직의 발전도 이루지 못하고 인사에 관여했던 쌍방 당사자들이 평생을 원수처럼 지내는 안타까운 사례가 사회 이구석 저구석에 수두룩하게도 많다. 필자 자신도 그중 하나다.

부원이 10여명인 모회사 한 부서에서 부장직을 맡았던 사람이 사직을 자처하자 후임 추천을 해놓고 나가라는 그 위 상사의 특청을 고민 끝에 수용했다. 떠나긴 하지만 제 깐에는 몸담던 조직을 위해 최선의 인선을 건의해 주었으나, 그것으로 해서 개인적으론 큰 손해를 보고 말았다. 추천에서 제외돼 내심 그것으로 승진길이 막혔다고 한탄한 두 사람의 경합자는 몇년 아니 30년 세월이 지나가도록 전혀 납득을 하질 않아, 그 긴 세월 길에서 마주쳐도 먼발치서 피해가는, 말 그대로 한 하늘을 쓰고 살기 싫어하는 불구대천의 원수처럼 되었다. 거기 객관적으로 공정했다는 평이 있건 없건 전혀 문제가 아니다. 피해 당사자라고 느끼는 그들이 그 추천을 학연에 기운 판단이라고 오늘날까지도 확신하는 데야 어쩔 도리가 없다는 것이다.

더구나 불황바람이 불때마다 감원 태풍은 불게 마련이고 그 통에 만신창이가 되는 것은 비단 몰려난 탈락자들만이 아니라 솎아내기 인선에 참여했던 '가해자들'도 매한가지로 불치의 상처를 입고 만다. 기획부서나 재무-경리부서의 치밀한 계산을 근거로 몇퍼센트의 감원을 하지 않으면 회사도산은 시간문제라는 절박한 선택이, 비록 분위기상으론 공인을 받았다 하더라도 그 '살생부'에 명단이 오른 사람들은 말 그대로 극형을 받는 셈이다. 그들에게 인사 관여자들은 그들 식솔들의 밥줄을 인정사정없이 끊은 악역 중에 악역으로, 평생동안 결코 망각될수 없는 악마 같은 존재인 것이다.

도마에 오른 직원들을 놓고 생과 사를 칼로 자르듯 하는 악역들은 얼마 지나고 보면 제 손으로 제 목을 친 아픔을 씹게 된다. 그래서 정말 평생의 원수로 남아, 볼멘 항의를 받는 것은 보통이고 더러는 분풀이도 당한다. 그러니 눈을 감을 때가 다가와도 그 피해자들의 얼굴이 지워지질 않는다. 말하자면 인간백정이란 자책감에서 벗어나기 힘들고 대가 약한 사람은 그것으로 득병도 한다.

더구나 그 인선의 참여자나 결정자가 어디까지나 자신의 책임으로 결정을 했다면 그래도 덜 억울하다. 그게 아니라 부당한 압력, 특히 권부의 압력이 끼어들어 특정인을 퇴직자 명단에 집어넣어야 하는 경우, 차라리, 아니 당당히 "이건 못 하겠소" 하고 사표를 냈어야 옳으나 목구멍이 포도청이라는 예의 자기합리화로 얼버무리고 마는 보통사람 부류로서 오랜 세월 멍에처럼 진 양심의 가책은 형언하기 힘들다. 게다가 한창 서슬이 퍼렇던 시절 "당신은 위에서 찍혀 내려왔소"를 밝히지 말아야하는 금줄이 쳐져 있으니 눈감을 때까지 혼자 삭이려 속 태우지 않을 도리가 있겠는가.

CEO로서 수십명을 감원할 당시 해고자의 부인이 집으로 걸어온 사정 반, 협박 반의 울부짖는 전화를 대신 받은 집 아이가 얼굴 붉혀 뇌까린 말이 마디마디 선하다. "아버진 사장이라고 남에게 못할일 시키는 건 아니에요!"

'열번 잘 해봐야 한번 잘못하면 말장 헛것' 이란 곁말이 있다. 공사 간, 대소 간에 주로 대인관계에 연관된 경험담, 그중에도 직근 상하관계나 인사권을 행사하던 사람들의 한 섞인 체험담에 틀림없다. 과장 오를 때, 국장 오를때마다 도움을 받아 "결초보은(結草報恩)하겠다"던 후진이 바로 단 한번 직전 인사에서 영전하지 못했다고 아예 담을 쌓고 말더라는 쓴 푸념들이 그런 명언을 만들었으리라.

대통령들의 운명 – 장관의 앞과 뒤

역대 대통령 중 누구 하나도 국민한테서 진심어린 존경이라곤 받지 못하는 것이 상식처럼 된 이 나라 토질의 특성은 과연 무엇이란 말인가. 바로 위에서 제기된 경구가 정답 몫을 대신할 것 같다. 조각 명단에 끼어 입각을 하는 날은 "가문의 영광이로소이다"고 넙죽 큰절을 하는 대통 같은 솔직거사가 있을 만큼 장관 한자리 앉혀주면 하늘에서 별을 딴 듯 기뻐하며 간이라도 빼어줄 듯이 고마워하는 게 적어도 대한민국의 인지상정이다. 하지만 그 기쁨의 강도 못지않게 경악할 만큼의 아픔이 따른다. 개각에서 경질 대상자 명단에 오르는 순간 "왜 하필 나야!" 하고 터지는 분통이 그것이다.

어느 대통령이든, 재직하는 동안에 입각시킨 사람의 숫자만큼을 면직시키는 것이야말로 당연한 산술인데, "오래 더 자리에 있다가 일 당하느니 아쉽다 싶을 때 그만 둠이 상책"이라며 자청해 나가는 경우가 흔치는 않되 없는 건 아니다.

그게 아니고 유임 기대와 달리 중도에 잘려 나가는 대부분의 사람들은 예외 없이 입각 시에 황공해 하던 초심은 온데간데없고 일찍 하차시킨 데 대한 반감 하나만 불끈불끈 품고 산다. 그래서 대통령 지낸 사람 치고 주변에 그를 평생 고마워 기리고 따르는 옛 부하들 무리보다는 섭섭한 오기를 풀지 않고 외면해 지내는 옛 부하가 훨씬 더 많은 것이 현실이다. 측근에게서마저도 자발적 추앙을 받는 전직 대통령이 거의 없는, 인심 사나운 나라가 바로 이 나라다.

미국 같은 데선 대통령과 내각에 같이 들어가 임기 4년을 같이하는 각료가 아주 흔하다. 한국 역대 대통령들도 취임 시에는 예외 없이 "각료를 자주 바꾸지 않겠다"는 공언을 잊지 않아 왔다. 하지만 조금만 지나면 평균수명이 1년을 넘기기 어려울 만큼 자주 갈아대는 것이 이 나라의 토질이다. 틀림없이 수백년 관존민비 고정관념이 골수에 스며 민주화에도 아랑곳없는 장관지상 가치관이 바탕에 깔려 있음이다.

뒤집어보면 대통령들이 당선 후에 자기 지지자들에게 보상하는 최상의 대가는 결국 장관감투 이상 없기 때문에, 적격자라고 해서 몇년씩 오래 장관자리에 앉혀놓는 국사 위주의 인사원칙보다 짧게짧게 잘라서라도 되도록 여러 사람들에게 골고루 장관벼슬 나눠주기를 단념하는 통뼈는 없다. 그래서 아무리 야무진 대통령이라도 일단 청와대에 들어가면 판에 박은 전임자의 전철을 밟고 만다. 결과는 단명 하차에 따르는 불만자의 양산이 꼬리를 무는, 마치 강아지 제 꼬리 물고 맴맴 도는 웃기는 꼬락서니가 되고 만다.

앞서도 지적했듯이 이는 비단 각료 인사나 관가에만 국한된 현상이 아니라 각계각층 사회 구석구석에 보편화된 일종의 민족적 고질 풍토병이다. 여기저기 직장생활을 거치는 사이, 자신을 경쟁자와 비교하면서 감투가 높지 못했음에 대한 불만 하나로 그 당시 인사권자와 평생 등을 지고 지내는 예를 주변에서 얼마든지 본다.

세상에 어떤 일도 사람의 존재가 완전히 빠져서 될만한 일이란 없다. 아무리 컴퓨터와 로봇이 업그레이드된들 사람을 완전 대체하는 기적은 없다. 만일 그런 일이 생긴다면 그게 바로 말세다. 히딩크와 아드보카트 두 사람의 네덜란드인 축구감독을 한국인들이 대통령보다 더 신임한 이유는 무엇일까. 핵심은 선수선발에서 사감을 개재시키지 않고, 시합을 이길수 있는지의 한 잣대만 사용했기 때문임을 누구나 안다.

고위직 중간직을 불문하고 정치 못한다, 일 못한다고 지탄을 받는 사람들은 무엇보다 인사의 공정성이나 합목적성을 외면하는 사람이라고 한마디로 말해도 좋다. 적재적소라는 4자성어를 모르는 지도자는 단 한사람도 없었으면서 한때 기라성 같던 한국인 축구 지도자들을 물리치고 비싼 외국인을 고용해 맡긴 이유는 간단하다. 적재적소 원칙의 실현이다. 조직을 책임진 사람들은 다른 능력 다 던지고 이 교훈 하나만 살려도 정치든 경영이든 성공한다. '인사가 만사' 란 명제는 결코 과장이 아니다.

제2장

왜 이치를 안 따지나

1
동해 호칭대결 유치하다

🌀 한반도와 일본열도 사이에 동해가 그려진 동북아시아 지도는 하루도 건너지 않고 시민들의 눈에 들어온다. 국내 각 텔레비전들과 일본의 NHK, 미국의 CNN 등 규모가 큰 어떤 TV들도 하루에도 몇차례 일기예보 프로를 천기도와 곁들여 내보내지 않는 곳이 드물다.

거기 나오는 위성촬영 기상도에서 동해는 마치 유럽의 내해(內海)인 지중해와 큰 차이 없이 한반도와 일본열도에 빙 둘러싸여 있다. 좀더 주의깊게 들여다보면 동해는 남-북의 길이보다 동-서의 폭이 훨씬 더 길다는 점에서 지중해와 유사하다. 그래서 만일 바다 한가운데 떠 있는 울릉도와 독도의 동쪽 어느 선쯤을 경계삼아 마음속으로 남-북으로 선을 내려 긋고 바라보노라면 동-서로 장방형인 동해바다의 생김새는 구태여 이름을 하나만 지녀야하는 바다라기보다는 각기 다른 이름의 이웃한 두 바다로 이름을 따로 불러도 하등 부자연스러울 것이 없는 모양새란 것을 쉽게 느낄 것이다.

　일단 그렇게 생각을 고쳐먹고 바다 중간선 서쪽으로 약간 치우쳐 있는 울릉도-독도의 동쪽 어느 위치를 지나도록 남-북으로 선을 그어놓고 보면 다음 생각이 분명하게 떠오른다. 그은 선의 서쪽 바다는 누가 보아도 한반도의 연근해라는 데 이의가 없고, 바다 이름 역시도 '동해'라는 데 아무런 거부감도 위화감도 느끼는 사람이 없을 것이다.

　반대의 대칭적 논리 또한 성립한다. 앞서 그어놓은 라인의 동쪽 해역은, 일본열도가 마치 활처럼 휘어 그 호(弧) 안에 품어 안은 공간이어서 '일본해'라는 호칭이 무탈해 보인다. 바꾸어 말하자면 누구라도 지도를 들여다 보면서 울릉-독도 동쪽 라인에서 서쪽으로 강원도 연안에 이르는 해역까지를 가리켜 일 측의 주장대로 '일본해'라고 부르자면 일본인 자신들을 포함한 어느 누구에게도 설득이 어려울 것이다. 그러나 반대로, 니가타(新潟) 부근의 일본 연해까지를 자꾸 '동해'라고 부르자고 하면 구태여 일본인이 아닌 어느 제 삼국인, 심지어 보통의 한국인이라 하더라도 개운한 마음에서 동의하기 힘들 것이라 믿는다.

　'일본해'란 명명은 그 자체가 일본의 국명에서 따온 것이니, 그 이름으로 강원도 연안 바다까지 감싸서 호칭하자는 건 언어도단의 억지이다. 그에 비해 '동해'란 명칭엔 비록 직접으로 국명은 표명되지 않았더라도 '동쪽바다'란 뜻은 말할 나위 없이 '한국'의 동쪽 바다임을 직설한 것이니 니가타 연안 바다까지를 동해라 부르긴 부적절하다는 직감이 든다.

　사람의 마음속에는 양심이란 것이 있다. 한일 양국 국민들, 특히 여론 주도층이 만일 잠시라도 역지사지(易地思之), 아니 역해사지(易海思之)를 한다고 하면, 또는 큰마음 먹고 소애국주의를 잠시나마 진정시킨다거나 내친 김에 아예 발상을 전환한다면, 서로가 비합리적이고 고집스럽고 끝도 없는 대치의 절벽에서 물러나 현명한 답을 찾기란 그리 어려울 게 없으리라 믿는다. 그에 대한 대안은 크게 다음 두 가지를 제시할수 있다.

〈제1안〉 울릉-독도 이동(以東)에 남-북 수직으로 선을 내려 그어, 서쪽은 '동해 The East Sea' 또는 '한국해 The Sea of Korea'로, 동쪽은 '일본해 The Sea of Japan'로 부른다.
〈제2안〉 좀더 적극적인 대안으로, 이해 당사자는 한-일 2국뿐 아니라 중국 러시아도 직간접 관심을 가질만 하므로 이 기회에 동해 전체를 '동아시아해=東亞海 The East Asia Sea' 또는 '동북아시아해 The North East Asia Sea' 중 어느 하나로 단일 호칭한다.

유럽인들이 비록 단일헌법 제정에선 뒷걸음질 쳤지만 유로화의 창설 통용에 성공한 지 오래고, 계속 통합운동을 멈추지 않고 있다. 이런 그들에다 동해 호칭 문제를 견준다면 바다 이름 하나 가지고 수십년을 옥신각신하는 동양인의 비실용적 형식주의, 명분주의를 우리들 자신이 계속 자괴하면서도 지속함이 옳은가, 아니면 수치스러움을 자성하여 시정하는 결단이 값진 것인가. 일본이 자신이 중심에 서 있는 동아시아 3국 간의 영해 분쟁 문제를 놓고 간헐적으로 단숨에 풀려고 달려드는 자세는 19세기적 구태에서 진전이 없어 보인다. 그때그때 위정자들이 내심에 각각 일신의 공명심과 오기를 진정치 못하고 득표를 의식한 무리수에 계속 매달리기보다 국민과 털어놓고 시시비비를 가리는 태도가 정치다운 정치가 아닐까.

독도를 둘러싼 영해권 문제와 이 문제를 혼동해선 안된다. 어디까지나 바다 명칭문제는 영토문제와 분리해서 세계인적 양식을 바탕으로 해결하고, 연후에 영토문제 해결에 착수한다면 난제의 해결이 오히려 수월하리라는 생각이다. 알렉산더대왕이 얽힌 밧줄타래를 단칼로 내려쳐 풀듯 하는 일도양단(一刀兩斷)보다는 여러 난제들을 서로 꼬이게 하여 갈수록 옹이만 키우지 말고 하나하나 쉬운 것 먼저 풀어가는 순차적 방식이 인간사에는 더 맞는 것 같다.

2
IQ 낮은 지하철 표지

🌰 **아무리 청계천이** 어떻다고 한동안 야단들이었지만, 1~8호선 서울 지하철은 뭐니뭐니 해도 오늘을 사는 시민들에게 으뜸가는 자랑거리다. 그로 인한 대외차관 원리금 상환의 압력이 크고 게다가 공짜 표 인구의 지속적 증가 등 적자요인이 가중되는 감점 요인들이 여기저기 있어도 그렇다. 또 눈뜨고 바라보기 민망한 새로운 서울의 풍속도가 열차 안에 둥지를 틀어가고 있고, 여름이면 고막을 찢는 '따악따악' 샌들 소리 등 부수되는 유감지사가 한두가지 아니지만, 길지 않은 30여년 사이에 이 엄청난 자산이 온 서울 땅바닥 속 여기저기에 거미줄처럼 깔려 있다는 사실은 믿기지 않을 정도로 흐뭇한 일이다.

 탈것도 터무니없이 모자랐지만, 그나마 전차비 달랠 엄두가 안나 한두 시간 등하교 길쯤은 군소리 않고 걸어 다녔던 중노년 층이야 서울의 새 자산 지하철망이 얼마나 소중하고 자랑스러운지 모른다. 시설과 차량 기재를 외상으로 짓고 움직이더라도 이제 알뜰히 굴려 갚아 나가면 언젠가는 몽땅 후손들에 물려줄 유산이 아니던가.

화살을 어디로 쏘나

그런 명물 지하철에 서울시민의 체면이 깎일 허점, 오점이 30년이 지나도록 방치, 간과되고 있다. 첫째는 어떤 노선이건 한 역의 승강장 벽 위에, 열차가 향해 갈 다음 역을 가리키는 화살표가 그려져는 있는데 그게 처음부터 오늘까지 틀린 위치에 그려져 있는 점이다.

가령 2호선의 을지로3가역에서 동쪽 방향의 다음 역인 을지로4가역을 가리키는 화살표가 '을지로4가→'로 되어 있다. 마땅히 화살표 방향으로 열차가 가니까 다음 역 글자 앞에, 즉 '→을지로4가'처럼 화살표가 위치해야 마땅함에도 모든 역마다 '다음역→'으로 다음 역 글자의 앞으로 나아가 씌어 있는 것이다.

전철역 내의 안내표지에서 화살표가 뜻하는 바는 "이 방향으로 하나 더 가면 ○○역이 된다"는 의미인데, 화살표를 다음 역 이름의 뒤가 아니라 지금처럼 앞에다 위치시키면 어감이 전혀 다르고 정확한 의사전달이 쉬운 직설법이 아니라 "○○역은 이리로 가라"는 간접어법이다.

게다가 더 큰 글씨로 쓴 당역 이름(앞의 예: 을지로3가)을 가운데 두고 한쪽엔 열차가 바로 지나온 직전 역명(을지로2가)이, 다른 한쪽에는 앞으로 갈 다음 역명(을지로4가) 등 세개의 역 이름이 나란히 배열돼 있다. 그 속에서 화살표는 세 역의 이름 중간 두 군데에 위치, '을지로2가→을지로3가→을지로4가'의 모양으로 되어야 옳다. 어디서나 화살표가 '지난 역과 당역 중간에 위치'한 것은 틀림없는데 다음 역을 가리키는 화살표는 불쑥 다음 역 명을 제치고 그 앞으로 튀어나가 그려져 있으니, 그 화살표 혼자 붕 떠서 어디를 가려는지 혼동을 일으킨다.

어째서 처음에 이런 발상이 나왔고, 1호선 개통 이후 30년이 지나도록 5호선 내지 8호선의 모든 역들에 그대로 답습되고 있는지 도무지 알 수가 없다. 이제 지하철을 오래 탄 고참 승객들은 감각이 무뎌지고 많이 익숙해져서 대수롭지 않게 여기거나 혹은 '○○역은 이 방향으로 가라'는 뜻인가보다 하고 무의식중 받아들이고 있는듯 하다.

그러나 초행객이나 외국인 여행자, 또 승객 대열에 이입하는 새 세대들로선 이치에 맞지 않아 이물감 같은 걸 당연히 느낀다. 하찮아 보이는 사소한 결함이라도 그것이 무제한 방치될 때에 초래되는 왜곡의 심도는 간단치 않다. 아마도 한글을 읽는 외국인들 가운덴 "한국 사람의 IQ가 좀 낮거나, 아니면 너무 높아서 튀는 게 아닌가" 하며 갸우뚱할지 모른다. 또 꽤 많은 사람들이 혼란이나 부조화를 느끼면서도 그냥 '사소한 일' 하고 지나치는 잘못이 있다. 시정하기커녕 신설 노선으로 이어가며 부정확한 표기를 방치하는 나태가 문제다.

종착역은 알려진 地名 써야

못지않게 불편한 점은 종착역 표시방식이다. 각 노선의 종착 지점을 표기함에 있어 서울 태생 노년에게도 생소한 지명을 막무가내로 사용하는 옹고집이 그것이다. 가령 서울의 동북과 서남을 빗겨 지르는 7호선을 예로 들자. 중간의 교차역에서 환승을 할 때 가령 '태능' 쪽으로 가는 승강대를 찾느라 안내표지를 찾아보면 '온수 장암'을 맞닥뜨린다. 저곳이 어디더라, 한참을 망설일 때가 많다. '온수' 건 '장암' 이건 '방화' 건, 그 근처 사는 사람들을 빼면 어디 붙어 있는 지명인지 바로 알아낼 턱이 없다. "몇차례 겪다보면 알게 된다"는 심술을 부리는 담당자들이 있을 법하지만 그야말로 지하철을 관공소로 만들려는 관료기질이다.

"낯선 길이 생소한 것은 당연하지" 하는 행세하지 말고 보완점을 찾아라. 대안은 있다. 가령 7호선 동북 종착점을 '동북방면-장암역' 이라든가 '수락산 방면-장암행' 또는 '태능 방면-장암' 식으로 표기하는 것이다. 3호선 종착점을 그냥 '태화'로 고집만 하지 말고 '일산 방면-태화역' 하는 식으로 도움을 주면 어떨까. 교통관련 용어로서 이 '방면' 이란 단어는 동란 전까지만 해도 전차노선에다 흔히 쓰던 어휘다. 재활용에 주저할 이유가 없다.

내릴 역 안내 잘못, 골탕

다음은 차내 안내방송이다. 영어로 "다음 역은 OO이다" 하고 한국어 안내의 뒤끝에 붙여 알리는데 대개는 그 안내말이 나오는 찰나에 이미 열차는 정차를 끝내고 문이 닫혀 발차한다. 번개처럼 알아듣고 내리려 해도 불가능하다. 이때 우선 '다음 역'을 'next stop' 이라고 하는 대신 'this stop' 이라고 하면 훨씬 혼동이 덜할 것이다. 좀더 여유를 부린다면 우리말 안내에서도 '다음 역' 대신 '이번 역'을 쓰는 동시에 이번 역 알림에 이어 '그 다음 역'도 알리라고 권고하고 싶다. "이번 역은 '을지로3가' 입니다. 다음 역은 '을지로4가' 입니다" 하는 식 말이다. 아마 여기서도 너무 길어서 안된다는 반대부터 할지 모른다. 그러나 시내버스들이 그렇게 시행한 지 여러해 되었고 그 편리성이 여간 아니다. 民-官의 차이인가.

　민 대 관의 문제를 떠나서 한국인의 정치성(精緻性)의 문제가 아닐까. 20세기 말 일본의 대표적 지한파 지식인이던 다케우치 히로시의 우정과 비꼼이 섞인 한국인의 특성에 관한 험담이 떠오른다. 이른바 '괜찮아' 습성이다. 그는 몇차례 쓴 글과 말에서 한국 공업제품의 품질이 일본제를 못 따라가는 근본 이유를 설명했다. 한국 공장에서 물건들을 상당히 잘 만드는 것은 사실이지만 아주 미세한 데 가서는 "그만하면 괜찮다"며 끝내기에 철저하지 못하고 제품에 만족하는 조선인의 기질 같은 걸 느꼈다고 털어놓았다.

　그는 비유를 하나 들었다. 서울 일류요정의 기생들이 아무리 한복을 잘 차려 입고 멋을 부렸어도 대개는 보선바닥에 때가 까맣게 묻어 있기 일쑤인데 손님이 짓궂게 그것을 지적하면 부끄러워하기보다는 태연스레 "괜찮아요" 하는 여성이 많더라며 은근히 일본 게이샤의 철저한 예법에 견주곤 했다.

　덧붙일 것은 전철차 내에 있는 모니터의 방영물들이 어지러운 상품광고들로 가득해서 승객들에게 하차역을 안내하는 중요한 기능은 오히려 외면하고 있는 점이다. 광고수입을 우선적으로 추구하는 공사 경영진의 고충을 이해 못할 바도 아니지만 5~8호선 차내 모니터의 서비스가 무척 좋아진 데 견주면 1~4호선의 형편은 갈수록 엉망이다. 모니터의 광고 밑줄에 실낱같이 깔린 잔 글씨는 노인이 아니라도 정말 알아보기 힘들고, 스피커의 안내방송 역시 차내가 소란할 때는 전혀 알아듣기 힘들다. 공사의 고위간부들이 자주 암행 승차를 하다보면 그런 결함쯤은 이내 발견해 시정하기 쉬운 일이라 본다.

'제연계면벽'은 어느 나라 말인지

지하철 관계 당로자들의 전형적인 무성의, 무신경, 관료주의의 표본이라고 할 괴문자 표지가 등장한 지 몇해가 되었다. 바로 '제연계면벽'이라는, 보통 유식해선 도저히 알아차릴수 없는 수수께끼라고나 할까, 여러 차례 시도 끝에 저것이 한문에서 음만 딴 것이구나, 겨우 답을 궁리해 냈다. '制煙界面壁'을 한글로 표음만 했으니 "화재발생 시 독한 연기흐름을 차단하는 벽"이란 뜻이리라 추정된다. 정 어려운 말을 써야만 품위가 오른다면 한자를 병기하든가, 아예 한글만으로 쓸 바에야 '연기 막는 벽' 또는 '연기 차단벽'으로 썼다고 해서 무슨 체통이 깎이는가.

요즘 도시철 소관 노선에선 퍽 해괴한 새 모습들을 자주 본다. 몇달 전 사장이 시에서 내려와 개혁을 한다고 시도한 파격조치가 발단이었다. 무임 승객들에게 "창구 옆에 있는 우대표를 자율적으로 집어가라"는 아마도 세계에서 드문 인격존중 조치에 따라 발생한 부작용이라 여겨진다. 역무원들은 자신들이 일일이 신분증 제시를 요구하지 못하게 바꾸었으니 그 반발도 있어서 그런지는 몰라도 개찰-집표 질서가 엉망으로 보인다.

가끔 유심히 살펴보면 개중에는 나이가 덜 들어 보임에도 공표를 유유히 집어가 승차를 하기도 하고, 역무원 편리를 위해 자유로이 여닫는 출입문을 별 증표도 안보이며 내 집 드나들 듯 출입하는 강심장들이 적지 않아 보인다. 시간이 걸려도 시민들이 자율적으로 양심껏 실천하는 공중도덕이 이 땅에 확립된다면야 진정한 민주 광명 통일이 오겠지만, 오히려 섣불리 시작했다가 야바위만 살판이 나게 되면 차라리 시도하지 않으니만 못한 몰골로 끝나지 않을까, 슬며시 이쪽에서 겁이 난다. 노인들 가운데는 공차 타기가 진정 미안해 "어딘가 잘못 시작된 제도인데 모씨가 선거 앞두고

'어르신들은 투표 안하고 집에 쉬셔도 괜찮다'고 실언을 해 혼쭐이 난 사실을 잊지 않는다. 거기 주눅 들어 어디서도 노인 무임승차 제도를 시정보완하자고 고양이목에 방울을 달려 나서는 정치인이 없다.

다행히 근일 어디선지 한가지에 브레이크가 걸린 것 같아 다행이라 느껴진다. '연기방지벽'이라는 표지 하나가 보였다. 몇년을 버티던 종래의 '제연계면벽' 보다는 대폭 개선된 것임을 상찬한다. 그러나 더 욕심을 부린다면 '방지벽'도 한문자일 바에야 같은 한자로써 정확히 '독한 연기의 순환을 끊는다'는 의미를 담는 '차단'을 써 '연기 차단벽'이라고 했으면 얼마나 더 좋은가 아쉬움이 따른다. 흐름을 막는다는 표현으로 '방지'는 '차단' 만큼 정곡(正鵠)을 찌르진 못한다.

어린애 발자국

또 지적할 두 가지 티끌만한 결함이 있다. 이명박 시장 취임 2년쯤부터 지하철 승강장 위의 승차 줄서기를 한 줄씩이 아니라 두 줄씩으로 하는 시책이 채택되었다. 문 양쪽에 한 줄씩 늘어서면 꼬리가 길어 통행을 막으니 이제 양편 두 줄씩 네 줄로 서라는 취지로 승차지점마다에 사람 발자국 그림을 여덟개나 나란히 찍어 놓아 눈길을 끌었었다. 지금도 그냥 남아 있는 곳이 있다. 그런데 이 얼마나 주먹구구식 행정이며 확인정신이 결여됐는지, 유심히 들여다 본 많은 시민들은 바로 실망했다.

실제로 그 그림 위에 두 발을 한두번 디뎌봤던 사람이라면 이게 소꿉장난인가, 마음이 착잡했을 게 틀림없다. 첫째는, 그 그림의 양쪽 발 간격을 하도 좁게 그려 놓아 네댓살짜리 어린애가 아니라면 도저히 발을 딛고 서기가 불가능할 정도였고, 게다가 옆에 서 있는 다른 발과의 간격 역시 성인들이 옆 사람과 아무리 바싹 달라붙어 서려 해도 연인 사이가 아니고는 나란히 설 수가 없게끔 촘촘히 그려져 있다. 두번째, 그 아이디어가 채택 시행될 무렵 그림의 크기나 간격의 잘못이 발견되었을 것은 틀림없었을 터인데도 어째서 그 많은 승강장 8~10개 차문마다에 페인트로 그림을 그려놓을때 까지 2년이 넘도록 아직도 일부 방치되어 있는가.

필경 그 아이디어가 처음 신문에 자랑삼아 보도되었던 점을 미루어 생각하면 시장한테 어느 부서가 한건 했다고 뽐내며 보고하여 채택됐을 텐데 어째서 초기에 아무도 그게 잘못 그려졌다는 사실, 폭을 넓히지 않으면 시민들이 따라 하려고 해도 물리적으로 불가능하다는 시정건의도, 어떤 후속조치도 취하지 않았단 말인가. 아마 영문을 모르는 외국 관광객이 본다면 "이 사람들이 요렇게 작은 종자였구나" 하며 놀라진 않을지 걱정도 된다.

또 하나는 몇년 전 한창 지하철역의 바닥이나 돌계단마다 노란색 화살표로 좌측통행을 권장하더니 어느새 흐지부지 된 지 오래다. 왜 그랬을까, 연구를 하여 보완하고 또 보완하는 꾸준한 자세를 당로자들이 가졌다면 지금쯤 상당히 잘 시행되고 있으리라 본다. 유심히 보면 좁은 계단과 낭하엔 좌측통행 화살표가 제대로 붙어 있어 혼동이 일어나지 않지만 조금 가다가 확 넓어진 계단에 가면 역마다 표지 방법이 달라서 시민들은 어느 쪽으로 오르내릴지 오히려 혼란만 더 일어나게 만든다.

3
한문자 구축, 신문의 功過

🌱 한반도에 중국 한자가 들어온 것은 삼국시대, 전진 (前秦)의 승 순도가 불경을 전해준 서기 372년으로 잡으니까 무려 1634년 전의 일이다. 훈민정음이 1446년에 반포되었으나 그 이전의 1,200여년은 물론 한글반포로부터 8.15광복 때까지 우리의 문자생활은 한자의 독무대나 같았다. 광복-정부수립 이후에야 비로소 한글이 국어 문자로서의 확고한 지위를 다져오는 과정에서 자연스럽게 형성된 것이 1960~80년대의 국한문 병용시대라고 할수 있다. 그 길지 않은 사이에 한글이 한자와 대등할 정도, 또는 그 이상의 보폭으로 어문(語文)의 영역을 깊고 넓게 파고든 것은 문자생활 2000년 역사에 괄목할 사실이다.

그러나 국한문 병용의 기운이 활발한 날개를 폈음에도 이미 뿌리가 깊은 이 땅의 한자문화는 아직도 교육은 물론 정치 경제 일반서민의 어문생활과 사고방식, 의식주 양식에 이르기까지 영향을 미치지 않은 공간이 없을 정도이고 상당한 미래에까지도 그럴 것으로 보인다. 그런 만큼 한자와 한자문화가 근 2,000년 가까이 한반도에 끼친 공과를 구명하여 거기서 얼마큼을 다듬어서 계속 활용할 것이냐를 보듬는 작업이 긴요하다. 그 작업은 엄청 방대해 엄두를 내기 힘들 것이지만 우리가 짚어서 보완해야 할 것은 미리미리 보완해야 장차의 어문교육 국어생활에 안정된 바탕을 깔아줄 수 있을 것이다.

하지만 통일이다 성장이다 분배다 하는 보다 시급한 어젠더들이 수두룩이 쌓여 있어 최근 일이십년 사이 한국의 어문생활은 마치 거대한 블랙홀처럼 엄청난 공백이 드러나 있다. 만일 안일하게 대책 없이 우선순위를 뒤로 늦춘 채 내버려두다간 호미로 막을 걸 가래로도 어쩌지 못하는 어문생활의 혼란과 시련이 닥치지 말라는 보장이 없다.

1600년 축적을 단 몇년에

무엇보다 우리들이 생각하고 듣고 말하는 문장의 마디마디에서 한자를 쏙 뺀다거나 그것을 소화하지 못한다고 가정해 보자. 찬찬히 들여다보면 한자를 모르고는 우리가 쓰는 일상 언어 중의 상당 분량, 특히 각 분야의 전문용어나 학술용어들의 대부분이 존립조차 하기 힘든 상황에 빠질 것이다. 말마따나 어불성설(語不成說)이라고 할 정도로, 대체 어휘의 개발도 없는 채로 그 단어의 근원인 한문자를 모르면서 현대 한국어를 정확히 이해하기를 기대함은 무리다.

2천년 뿌리를 내려온 한자문화를 1960년대 경제개발이 착수된 이후 그리 길지 않은 짧은 기간에 이토록 빠른 속도로 공문서에서, 교과서에서,

노상 간판에서, 신문지상에서, 사사로운 계약서에서, 그리고 사고의 체계에서 거의 다 몰아냈거나 아니면 겨우 겉껍질이나 남을 정도로 마구 쓸어버려온 작금의 현실은 한마디로 황량한 폐허뿐, 보이는 것 없는 무인지경이나 다름없다.

간단히, 오늘 이 전자시대에 상형문자인 한자보다 표음문자인 한글 자판의 채택이 간편하다는 점이 현실적으로 한글전용 흐름의 중요한 촉진제가 되어왔음은 물론 충분히 이해한다. 같은 표음문자라 해도 일본의 가나 51자에 대하여는 정면 비교하기가 면구스러울 만큼 합리성이 뛰어난 한글의 자모음 결합방식은 마치 세종임금이 일찍이 전자시대-IT시대의 도래를 5백여년 전에 내다보고 주문생산을 하지 않았나 의심이 들 지경이다. 서양 각국이 쓰는 알파벳도 특히 모음의 모호한 소리 값 등을 살필 때 모든 면에서 한글의 과학성을 당할 문자가 없다는 사실은 이제 가속적으로 세계 공인의 폭을 넓혀가고 있다.

최근 ITU(국제전기통신연합)가 휴대전화와 인터넷의 보급률 및 이용요금을 가미한 '디지털 이용기회지수'를 조사한 자료(아사히신문 2006.7.10 1면 톱)의 국별 랭킹에서 한국이 1위를 차지하고 일본 덴마크 아이슬란드 홍콩 스웨덴 영국이 차례로 7위까지를 마크하고 있다. 한국은 인터넷 접촉세대 비율 72.2%로 일본 55.8%를 훨씬 웃돌아 확고히 세계 1위가 된 것이다. 물론 인터넷 이용의 내용면에서 질적 수준의 문제가 남아 있다지만, 외형상으로라도 이만큼 세계 최첨단에 자리를 잡은 동인 가운데는 한글의 과학성이 알게 모르게 기여한 비중이 클 것은 명백하다.

좀 엉뚱한 꿈 얘기를 해보자. 만일 영국이 세계를 제패할 당시 조선한테서 한글자모를 차용해서 5대양 6대주를 섭렵했다고 가정하면 어찌 될까. 아마도 많은 민족들이 영어와 자국 언어를 알파벳 문자로 표기하기가 쉬운가, 한글자모를 써서 표기하기가 쉬운가를 객관적으로 실험해 봤다면 틀림없이 후자를 택했으리라. 어떤 문자가 편하고 불편하다는 판단은 소비자가 써보고 사실을 판단하기에 달렸지 애국심이나 정부의 강요로 좌우되지 않는다는 전제 아래서다. 만일 그랬더라면 '해가 지지 않는 나라' 영국의 영향 아래 있던 많은 세계인들이 지금쯤은 한글자모를 자기 글자로 쓰며 훨씬 편리한 어문생활을 향유하고 있으리라.

성이 없어진 '한글 종씨'

그러나 아무리 한국의 전자시대를 리드하는 데 한글이 대단한 플러스 요인임을 인정하고라도 천년 넘은 한자문화 흐름을 이렇게도 황급하게 한글전용화로 급회전한 일련의 과정은 문화민족을 자처하는 나라로선 온당한 처사가 못된다고 본다. 한문에 대한 미련이나 향수를 가졌기에 쏟는 불만은 아니다. 급격한 한자의 구축으로 이미 발생하고 있는 대단히 심대한 부작용을 앞에 보면서 오로지 상업주의 대세에 밀려 파죽지세로 후퇴를 거듭해야 하는 현실에 입각해 제기하는 과제인 것이다. 표면에 들어난 부작용도 크지만 그 파장이 속 깊이 미치기 때문에 결정적인 부작용은 상당기간이 지난 뒤에 나타날 성질이라 본다.

  가장 가깝게 피부에 와 닿는 한글전용의 부작용은 한자에 깊은 연원을 가지고 있던 한국인 한자성명의 느닷없는 한글화로 빚어지는 현실에서 빈발한다. 아무리 무학자라도 성명 3자를 한자로 쓰지 못해선 사람취급을 받지 못하던 나라에서 어느새 사람 성명의 한문표기는 거의 폐기되어, 진짜 이름이라 믿던 성명 3자 한문자를 소리 값만을 한글로 표기하는 데서 일어나는 혼선인 것이다.

요즘 정부가 '버들 柳' 자 성씨를 '유' 만이 아니라 '류' 라고 공부(公簿)에 올려도 좋다는 발표가 있었지만 그 이면에는 수십년 "유가라고 다 같은 유가인 줄 아느냐"고 끈질기게 비교우위론을 펴온 류씨 고집의 성과다. 실제로 벌써 사람 열명만 모여도 성씨 글자를 가지고 누가 누군지 구별이 안돼 헷갈리면서 작은 승강이가 자주 벌어진다. 그나마 다행이랄까, 김대중 정권 때 주민등록증 발급사무를 온라인화 하는 기회에 주민증에 쓰는 성명을 한글로만 쓰기로 최종 결정했다가, 시행 직전 최후 순간에 보수층의 거센 반격에 밀려 현재 모양의 '한글 뒤에 한자 병기' 로 낙착되었던 것이다.

어떤 법령에도 '○○ 서류는 한글로만 써라' 고 명기된 사례는 없는 것으로 알고 있다. 그러나 법령 없는 공간엔 관례란 것이 있어서 법을 자주 압도해 왔다. 1970~80년대까지만 해도 관청의 공문서는 거의가 다, 쓸수 있는 데까지 모든 글자를 한자로 써야 관리행세, 유식자행세 유지행세를 했었다. 가령 '복술 강아지' 하면 누가 봐도 한글표기 하나로 족한 것을, 한글로만 쓰다간 법보다 무서운 관례를 깨게 되니까 '卜術江兒之' 식으로 억지춘양으로 만들어 쓰는, 그런 시대를 우리는 오래도 살았다.

한글화를 반대함은 그 또한 고집이다. 타자화-전자화에 한글이 유리함은 물론 획 많은 한자 익히고 영어 뺨치게 어려운 한학공부에 10년이 모자라던 시절을 생각하면 단 몇주 배우면 편지 읽고 쓸 만큼 공부가 수월하니 신생 독립국으로서 문맹퇴치를 하는 데 한글이 얼마나 제격이었나를 누구 하나 의심하지 않는다. 그러나 여기서 중대한 허점과 함정이 있다.

이왕에 한글전용화를 달성하려 든다면 이 물음부터 답해야 한다. "이제부터 한문자라곤 단 한 글자를 모르더라도 한글 독해력만 익히게 되면 사회생활에 필요한 언어를 구사하는 데 아무런 지장이 없는가"란 물음이다.

과연 이에 대답이 可로 나올지 궁금하다. 왜냐하면 현대 한국어 어휘의 7~8할은 어원(語源)이 한자여서 어린이 말이나 속세성 고유어 외에는 본래의 한자를 꼭 알아야만 제대로 된 단어의 뜻을 이해할수 있기 때문이다.

뿌리 없는 語文교육

한문을 제한적으로 사용해 한글의 국문 역할을 키울 요량이면 한자를 쓰지 않고 우리말만 가지고도 의사소통이 되도록 순수 한국어를 연구해 내야 옳다. 최현배 식 '날틀(비행기)'이거나 북한식 '모서리 차기(코너킥)' 등이 그런 착상에서 시도된 좋은 선례임은 말할 것도 없다. 불행히 남한에서 최현배 학파의 너무 조급한 시행착오가 오히려 한글전용을 수십년 지체시킨 결과를 빚은 반면 북한이 상당한 정도로 한글전용에 앞섰음은 대조적이다.

퇴직 후 10여년의 강단 경험에서 철두철미, 한자어의 형해화(形骸化)가 가져온 잘못을 피부로 느낀 적이 한두번 아니다. 초학년생들에게 경영학원론을 강의하면서 요긴한 전문용어를 칠판에 한문과 영어로 함께 써주면 영어는 많이 알아듣는 듯한 반응인데 한자에는 흥미조차 보이지 않는다. 더러는 "저 교수 나이 먹어서 한문깨나 좋아한다"는 눈치다.

따지자면 분명 한문자로 된 학술용어를, 한자는 뺀 채 발음만 한글로 써서 교과서나 강의안으로 사용하는 교육계-학계에 공동책임이 있다. 많은 사회과학 교과서가 거의 비슷하다고 봐야한다. 가장 눈에 띄는 대표적 예로 '기술적' '정성적'이란 두 가지 용어를 들자. '기술'이라면 전혀 다른 두 가지 단어가 있다. 보통 일상용어나 학술용어로나 많이 쓰는 '技術'

은 누구나 다 알아 듣는다. 그러나 '서술한다'는 뜻의 '記述(description)'은 학문용어로 '사물의 특징을 있는 그대로 표시함'이다. 이 두 가지 한자어를 한자도 영문자도 빼고 한글로만 인쇄해 놓은 것이 근년 한국 교과서의 표본이다. 여기서 한자를 죽어도 안 쓰려면 원천적으로는 후자의 기술(記述)은 '서술'이라는, 비슷하고 쉬운 한자말로 바꾸든가, 아니면 연구를 깊이 해서라도 순 우리말 용어를 창안해 써야함은 말할 나위 없다.

더 어렵고 무책임한 학술용어 남용은 '정성적'이란 단어다. 한자로 '定性的'인데, 영어로 'qualitative'를 곁들여 쓰면 오히려 이해가 빠를 것이다. 이는 '정량적 定量的'의 반대어로서 경제학 경영학은 물론 자연과학에서도 널리 쓰이는 단어인데 어쩌자고 대안도 없는 채로, 한자 영어 다 빼고 껍데기만 교과서에 무책임하게 써놓으니 답답할 뿐이다.

사실 기술용어나 전문용어로 영어나 일어를 많이 쓰는 이유는 잘못된 선입관에서도 연유한다. 독일월드컵 중계에서 가관 가운데 실황중계자들이 제3국간 시합에서도 "골 인" 하며 외마디 소리를 지르는 꼴불견이 그 하나요, 패스한 볼 '가로채다'를 예외 없이 '인터셉트하다'로 소리소리 지르는 일부 방송인들의 수십년 돼도 못고치는 문제의식 부족이 한탄스럽다. 그냥 '가로챘다'는 우리말이 어디가 어떤가. '던지기' '모서리 차기'까지 갈 것인지는 더 검토해볼 여지가 있다.

사실 일어 영어로 된 전문용어를 우리말로 창안해 처음 쓰면 쓴 사람이나, 듣거나 보는 사람이나 자랑하기보다 어색해하는 게 우리의 자조적(自嘲的) 근성이다. 그러니 실무진과 전문가들이 노심초사해서 대안을 찾고, 그것이 웬만하면 동료들이 함께 써 세력을 키움으로써 새로운 용어로 자라나고 가지를 치며 뻗어난다. 북한이, 아니 해방 직후 최현배 교수가 너무 앞질러 이화여대를 '배꽃 계집 큰 배움집' 식으로, 앞서 나간 데 대한 반작용도 있었겠지만 남쪽에선 더이상 국어 순화에 아예 손을 놓고 일본 용어 답습과 영어 직도입에 혼을 빼앗겨 왔다. 이제 세계화 영어화 시대에 들어섰으니 더 어렵겠지만 '인터셉트' 류의 철없는 일탈은 오히려 반외세 감정이나 자극하는 역효과를 가져온다.

전문용어 식민지 근성

정치혁명 산업혁명을 수백년 앞서 끌고 가던 영국의 국어, 영어는 여러 분야에서 전문용어를 양산했다. 동양에선 일본의 란가쿠(蘭學; 화란학문)가 효시가 되어 여러가지 서양문물을 처음 도입하면서 많은 용어들을 한자로 번역, 소리로 읽거나(音讀) 그들의 말뜻으로 훈독함으로써 자기들 언어로 만들어냈을 뿐 아니라 오랜 기간에 걸쳐 중국과 한반도에도 파급되었다. 반대 측면에서 보면 한국은 조선조 말기 북학-실학을 통해 청나라가 받아들여 소화해낸 서양문물을 수입해 온 것 외에는 전적으로 일본을 통해 서양문물을 흡수했으니, 오늘날에 와서도 국내 연구진에 의해 필요한 전문용어를 우리말로 창안하는 기회를 사실상 잡아보지 못했다. 게다가 90년대 들어서며 가속화되는 세계화globalization 물결 속에 기왕에 사용해 오던 영어 위주의 전문용어를 이젠 국어로 치환할 필요성조차 제기되지 않고 있는 것이다.

하지만 생각해 보면 가령 '골키퍼'나 '코너킥' 같은 영어 용어도 그들이 그 나라에서 처음 쓸 때엔 마치 우리가 '문지기'나 '구석차기'로 부르면서 느끼는 생소함만큼 어색했을 게 틀림없다. 그러나 관련자나 수요자들이 그렇게 쓰자고 약속을 하고 계속 쓰다보면 여러 사람들의 귀와 입에 익어 그 단어의 상용화가 자연스럽게 진행되었을 터이다.

일어 가운데도 특히 한국의 토목 건축업계에서 해방 반세기, 세대가 두어번 바뀌어가는 현재까지 계속 쓰이는 여러 전문용어들이다. 가령 조수를 뜻하는 '시다', 표면을 잘 고른다는 '나라시', 치수를 뜻하는 '슴보 寸法' 등 수많은 어휘들이 그것을 대체할 국어용어를 개발하자는 뚜렷한 당위성도 찾아보지 않은 채 막무가내로 계속 쓰이고 있다. 게다가 영어용어의 사용은 오히려 권장되면 되었지 금지하는 어떤 움직임도 없었고, 세계화 흐름을 타고는 그럴 필요조차 느끼지 않는 현실에서, 국민감정을 들먹여 일어용어 사용만을 시비하거나 그에 한해서만 국산용어의 개발대체를 때때로 요구하는 선에 머물러 있다.

살금살금 밀려난 漢字들

정부가 한글전용을 명문으로 선포한 어떤 법령도 없었음에도 사회 전반, 각계각층에서 실제로는 이미 한글전용을 실천하고 있으니 '과연 그 배경과 과정은 무엇인가'라는 체험과 관찰을 통한 필자 나름의 분석이 있다. 결론부터 말하자면 한글전용은 탓이라면 탓, 공로라면 공로가 대부분 신문에 돌아가야 한다. 적어도 1600년 이상 이 땅에서 사용되어 온 한자를 단 이삼십년 사이에 신문지면, 온갖 인쇄물, 방송영상에서 끈덕지게 몰아내, 원했든 원치 않았든 거뜬히 실현시킨 사실상의 한글전용 결과야말로, 가치판단은 보류하더라도 단시일 안에 이루어낸 흔치 않은 문화적 변혁이라고 표현해도 과장이 아닐듯 하다.

그것을 추진해 낸 주체가 다름 아닌 언론, 특히 신문이란 사실을 이 기회에 밝히고자 한다. 사실 그들은 어떤 고도의 사명감을 가지고 반대세력과 맞서며 이 일을 추진했다기보다는 거의 무의식중에 앞뒤 통찰 없이 오로지 사업상 필요에 의해 이 일을 추진함으로써 한편에선 반포된 지 4백여년 만에 한글의 전면적, 배타적 사용이란 어찌 보면 숙원사업을 이루어낸 결과처럼 되었다. 쓰고 싶은 마음이 있어도 몰라서 못쓰는 백성들을 불쌍히 여겨 훈민정음을 만들었다는 세종임금의 포고처럼 어려운 한문 배우는 데 시간 노력 빼앗기지 말고 과학을 배워 발전하는 데 큰 플러스가 되리란 점에는 공감이 클 것이다. 물론 다른 각도에서 대안 없는 급격한 한글전용이 깊은 부작용을 초래한 점을 지적하지 않으면 안된다.

　1960년대 이후에도 각급 학교에서 국한문 병용으로 교과과정을 마치고 나온 사회 초년생들은 중요한 어휘 특히 제목을 한자로 표기한 신문지면을 읽고 이해하는 데 큰 불편을 느끼지 않았다. 따라서 신문의 사설 정치 경제기사 등의 하드 기사는 제목은 물론 본문의 중요한 대목에도 한자를 많이 섞어 써서 중장년층 이상의 불편을 덜어줬다. 다만 여성이나 젊은 독자가 많은 체육 연예 문화면과 사회면엔 제목과 기사에 한글을 주로 썼다. 어쩌다 옛날 신문 스크랩을 꺼내보면 마치 구한말 신문으로 착각할 만큼 시커먼 한문투성이 신문의 고리타분한 인상을 헤어나기 힘들다.

　시대가 1970년대로, 80년대로 바뀌면서 새로 사회에 진출한 젊은이들은 가속적으로 한문 섞인 인쇄물을 기피하는 경향이 짙어져왔다. 아마도 대학 입시준비에 쪼들리고 영어바람에 들떠 획수 많은 수천자의 한문자를 배우느라 금쪽같은 시간을 쪼개느니 영어 단어 한개라도 더 외워야 산다는 강렬한 소비자 욕구가 형성되었을 것이다. 이를 신문판매 증진책에 반영한 것이 바로 소리 없이 진행된 신문과 출판물들의 음모, 즉 야금야금 한문 밀어내고 그 자리에 한글 더 쓰기 전술이었다고 볼수 있다.

실제로 논설을 쓰며 신문 인쇄대장 챙기던 때의 경험에서 그같은 조용한 흐름을 분명 인지했다. 경제 정치면 기사, 논설-사설 등을 국한문 병용으로 틀림없이 작성 출고해 놓고 나갔는데 이튿날 새벽 집에 배달돼 온 신문을 펼쳐 들고 놀란 적이 한두번 아니었다. 분명히 써 넣었던 한자 단어들이 여러 군데서 한글로 탈바꿈하여 인쇄돼 나오는 것이다. 처음 무렵엔 "필자도 모르게 그사이 누가 이렇게 바꿔놨나?" 하고 추궁하다 보면 경영측, 특히 판매 사이드의 압력이 문선 교열부 등 제작부서에 먹혀들며 대세에 밀려 흘러간 것이다.

이유는 간단명료했다. "한문이 많아 지면이 조금만 꺼멓게 나갔다 하면 벌써 가판대에서, 보급소에서 항의가 거슬러 올라오니 판매정책상 한자를 확 줄이는수 밖에 별 도리가 있나요" 하는 반문이 계속되었다. 사실 많은 언론사의 권력구조상, 겉으로는 편집 논설부서에 힘이 더 센 것 같아도 실제 사내에서 발언권이 센 쪽은 광고와 판매(마케팅) 사이드라는 사실을 예나 지금이나 알 만한 사람은 다 안다. 실은 일본서도 마케팅에 역점을 두었던 요미우리는 전통을 깨고 판매부서에서 잔뼈가 굵은 간부를 사장으로 추대, 아사히를 제치고 천만부 시대를 열었다. 실제로 여러 신문들이 쭉 늘어선 가판대 앞에 서서 보면 한눈에 비교가 된다. 여러 신문 가운데 한문을 많이 쓴 신문은 검고 칙칙해 특히 젊은 독자층이 외면한다는 공통된 분석이 그때 이미 언론-출판계에선 불문율로 자리잡아 왔다.

신문뿐 아니라 도서출판 쪽은 오히려 더 했다. 학자 중에 원칙에 충실하고 한문용어를 고집하기로 유명한 고 임원택 원로교수는 한자 많은 〈속 제2자본론〉이란 이론서의 때 묻은 자필원고 뭉치를 들고 와, 몇군데 출판사를 다닌 끝에 "어쩌려고 이 사람들이 이 지경으로 한문을 외면하는지 모르겠다"고 하소연 했다. 원고를 첫장 들추고는 머리를 휘저으며 출판을 맡으려는 업자가 나서지 않아 끝내 출판에 정평이 나 있는 한국경제를 찾아왔단다. 출판담당 간부는 사장의 지시에 마지못해 응하긴 하면서 "한자는 중요한 부분에선 살리겠지만 되도록 적게 쓰겠다"는 다짐을 주고야 노학자의 노작이 어렵사리 햇빛을 보았다.

장개석이 장제스로

한글전용의 진행과 더불어 끌탕을 해온 또 한 부분이 중국의 지명표기였다. 이는 중국의 개방, 한-중 교류의 확산과 직결된 문제이기도 하지만 역시 노소간의 대립양상으로 연결되었다. 과거 중국의 지명은 수천년 동안 한자지명을 한자로 쓰고 발음은 우리 소리대로 읽고 말하는 것이 주류였다. 한데 1980년대 들어서자 신문에 급작스레 그런 관례가 뒤집어지기 시작했다.

예를 들어 '北京'이라 쓰고 '북경'이라 읽는 수백년 전통이 어느새 깡그리 깨어지고는 그 자리엔 오로지 '베이징'이란 중국 발음을 한글로 표기한 일색으로 바뀌었다. 급변 잘 하기로는 역시 언론을 당할 자 드물다. 나쁘다고 할수만은 없다. 변화의 선도도 중요한 언론의 사명 중 하나기 때문이다. 일찍이 1960년대에 한국일보가 그 이전에 모든 신문들이 똑같이 쓰던 남미의 '아르젠틴'이란 영어식 발음을 하루아침에 '아르헨'이란 현지음으로 고쳐 쓴 것을 신호로 몇달 사이 도하 각 신문들에 '아르헨' 일색이 되고 말았다.

중국지명이나 중남미지명 변경의 공통 논리는 고유명사 발음은 그 현지 발음의 존중이라는 간명한 논리다. 그러나 거기엔 두어 가지 궤변이 숨어 있다. 첫째 미국 영국 독일 중국 인도 태국 등은 백년 이상 바꾸지 않고 언제나 그대로 불렀지, '아메리카' '유나이티드 스테이츠'라든가 '브리튼' 또는 '도이칠란트'로 표기한 적이 있었는가. 그렇다면 원칙은 무언가. 처음엔 신문들 간의 경쟁에서 누가 '리더' 역을 자처하고 나서느냐에 따라, 앞서거니 뒤서거니 외국의 지명-인명을 불쑥 고쳐 부르기 일쑤였다. 그 점에선 대졸을 요건으로 하지 않아 대학 재학 시 입도선매로 입사한 패기 찬 기자들로 넘치던 '한국일보'가 단연 독보적이었다.

그뿐 아니라 한국인의 민감성이랄까, 의타심이랄까, 또는 지조가 엷은 탓이랄까, 시세에 빨리 좌우되는 경향이 한몫을 한다고도 본다. 가령 동남아의 '캄보디아'나 '버마'는 '크메르'와 '미얀마'로, '세일론'은 일찍이 '스리랑카'로, 그리고 유럽의 '아일랜드'도 '에이레'로, 어떤 때는 그 지역에서보다도 더 빨리 새로운 표기를 해왔다. 이유는 있다. 그 나라들이 스스로 국호를 그렇게 바꾸었으므로 우리도 바로 바꿔 씀이 옳다는 논리다. 그러나 미 영 일 등의 태도는 그와 대조적이다. 그것이 강대국의 오만이라는 비난도 있을 수는 있지만, 자국 내에서 신문지상이니 공적으로 오랜 기간 사용해 오던 고유명사를 정변 등의 현지사정 변화가 있다고 해서 사태추이도 아랑곳없이 무조건 즉각적으로 뒤바꾸어 쓴다면 진지성 없이 칠랑 팔랑, 자기 독자나 시청자들에게 혼선과 불편을 준다는 비판은 면키 어렵다.

중국의 고유명사 표기엔 앞으로도 보완책이 많이 필요하다. 한자를 모르는 세대가 확대되고 그래서 역사상 유명하거나 국내의 기성층이 평생동안 한자로 쓰거나 한국식 발음을 해오던 고유명사, 가령 '모택동 毛澤東'을 이젠 꼼짝없이 '마오쩌둥'으로 고쳐 말하고 쓰려니 여간 고충이요 혼란이 아닌 것이다. 그렇다고 벌써 10여년 방치하다가 시방 거꾸로 옛날식으로 돌아가다간 그로 인한 혼란이 더 클 테니 당분간은 중국 인명–지명 옆에 작은 문자로라도 한자를 병기하는 수고를 아끼지 말았으면 한다. 그 많은 인명 지명을 중국발음으로 쓰려면 이젠 중국어를 또 하나의 '제1 외국어'로 모셔야 할 판이다.

오자 투성이 TV자막

어떤 채널 가릴 것 없이 TV화면에서 틀린 철자법이 가장 많이 눈에 띄는 곳은 화면 하단에 깔리는 자막 부분이다. 외국어를 번역한 문장이건, 알아듣기 힘든 화자들의 말을 글자로 옮긴 것이건 간에 도대체 교정을 보는 건지 안보는 건지, 특히 새벽이나 늦은 밤엔 인원 배치가 어려워서 전문직 교정을 아예 포기하고 있는 것 아닌가, 의심스러울 정도다. 토크쇼에 나온 출연자들의 어법이 너무 거칠고 비문법적인 경우의 귀책은 별개로 치더라도 아나운서 기자 리포터 등 전문 인력의 너무 잦은 실수는 그냥 요즘 추세가 그렇다고 마냥 덮어둘 일은 아닌성 싶다.

우선 잘 틀리는 철자법을 살펴보자. 가령 "일이 잘 되어야 할 텐데"의 '되어야'를 줄여서 쓸려면 '돼야'로 써야 함에도 너무 많은 경우 '되야'로 쓴다. 지방에 따라서는 '되'와 '돼' 간의 엄연한 상위점을 대수롭지 않게 지나치거나 더러는 "그게 그건데 뭘 그런 걸 따지느냐"는 반발도 있다. 그러나 '되어야'를 줄이면 반드시 '돼야'가 되지, 절대 '되'로는 될 수가 없다. 입 속으로 되뇌어보면 누구라도 그 판별이 쉽다.

그 다음 흔한 오용이 '하든 말든'과 '하던 시절'의 '든'과 '던'의 혼동이다. '하든지 말든지'는 '던'이 될 수 없고 꼭 '든'으로 써야 옳다. 영 판별이 안되면 '하건 말건'의 '건'으로 몰아 쓰면 혼란을 우회할수 있다. 누구나 무의식중 저지르는 잘못이 '작다 小'와 '적다 少'의 혼동이다. '키가 작다'의 '작다'와 '나이가 적다'의 '적다'는 말로는 판별하기가 쉬운데 막상 바삐 대화를 하다보면 엔간히 조심을 해도 바꾸어 쓰기 십상이다.

또 방송보도에서 갈수록 늘어가는 단어의 오용은 한자를 모르기 때문에 어원이 한자어인 낱말들을 의미를 모르는 채 마구 쓰는 때문이라 본다. 흔히 이산가족 상봉을 현장 중계하면서 툭하면 '상봉단들은…' 하는 리포트를 자주 대한다. 상봉단이란 것은 여러 명으로 구성된 하나의 집단이다. 따라서 상봉단의 어떤 구성원이 개별로 하는 언행을 보도하려면 '상봉단원'이라고 '원 員'을 붙여서 지칭해야 옳다.

진부하리만큼 오래된 잘못이 '이상' '이하'의 부정확한 사용으로써 아무리 가도 시정되지 않는다. 한자 '써 以'자는 '자체를 포함한다'는 뜻으로, 가령 "만원 이상 낼 사람 손들어"라고 했다면 만원 낼 사람까지 포함해 손을 들어야 옳음에도 흔히는 만원 낼 사람은 제외하여 '만원을 초과해'의 뜻으로 잘못 알아듣고 만원을 내면서도 손을 안 드는 예가 흔하다. 그 연장선상에서 사상자가 "백여명이나 된다"거나 "백명 이상이나 된다"고 해야 될 일을 "백여명 이상이나 된다"로 잘못 쓰는 사례가 이제 많이 시정돼 가지만 아직도 흔하다. 한자어 가운데 요즘 갈수록 많이 애용되는 관용구가 '진위여부를 가리다' 이다. 한자어 진위(眞僞)는 이미 '진짜인지 가짜인지'의 뜻이니 '진위' 뒤에다 꼭 '여부與否'를 붙여씀은 군더더기 말고 아무것도 아니다.

'할 수밖에' 보다 '할수 밖에' 가 타당

한글학회나 권위기관이 자주 손을 대어 온 한글맞춤법 가운데 가장 불합리하다는 느낌에 그치지 않고 불쾌감까지 주는 것은 띄어쓰기다. 한두 가지가 아닌데 되도록 심한 오류를 예거한다. 그 가운데 여러 사람들에 불편을 주는 띄어쓰기가 '○○할^ 수 있다' 로, '할' 자와 '수' 자를 반드시 떼도록 강요하는 것이다.

여기서 '수' 자는 무슨 특별대우라도 받듯이 단상에 모셔놓고 앞뒤로 다른 글자들의 범접을 막는 형상인 바, 그 근거가 박약해 보인다. 그 논리대로 쓰면 첫째 '수' 자의 앞뒤는 빈틈이 생겨 마치 치열에서 이 두개가 빠진 듯, 글줄의 가지런함, 즉 제합성이 떨어질 뿐만 아니라 무엇보다 글 뜻의 왜곡을 가져올 위험도 따른다.

예문을 들어 보자. "개인 사정상 기뻐할 수 없는 사람들은 울먹거렸다"는 글에서 본래 말하려는 내용은 "속사정이 있어서 남들처럼 기뻐하기 어려운 사람들은 속으로 울먹거렸다"는 것이다. 그러나 이렇게 '수' 자를 앞의 '기뻐할' 과 떼고, 뒤의 '없는' 과 떼어 써놓으면, 더욱이 많은 사용 실례처럼 앞은 띄고 뒤는 붙여놓는 경우 "마땅히 기뻐해야 할, 수많은 사람들이 울먹였다"는 뜻으로 받아 들여도 별수 없는 혼선이 생긴다. 게다가 '수' 의 앞은 반드시 떼어 쓰는 것이라는 일종의 강박관념에 눌려 살다보니 뒤쪽에다 대부분 붙여쓰는 관행이 보편화되다시피 되어 있어서, 앞의 예문에서 '――수많은 사람들――' 로의 착각이 늘어 모호성만 더 넓히는 꼴이 된다. 특히 '――할^ 수^ 밖에 없다' 는 말이 보통 '――할^ 수밖에' 로 오도해서 마치 '수밖에' 석자는 반드시 붙여쓰는 관용구와 같은 착각현상을 만들어 내고 있다.

요컨대 이치도 맞지 않는 띄어쓰기 고집으로 실제로 글을 자주 쓰는 사람들이 쓸때 마다 불합리함을 절감, 속으로 불평이 솟음에도 도리 없이 억지 띄어쓰기를 울며 겨자 먹기로 하는 사람들이 흔하다. 따라서 현행 '할^수^ 있다' 는 '할수^ 있다' 로, '수' 를 반드시 앞 글자에 붙이고 뒤는 떼는 것이 보기에도 가지런하고, 말뜻의 모호성도 배제하는 대안이 된다. 다만 '--생각할^ 수가 없다' 처럼 '수' 뒤에 '가' 나 '는' 같은 주격조사가 따라오는 경우에 한해서 '수' 의 앞을 떼고 뒤는 붙이도록 예외를 터놓으면 모순의 여지가 없어지지 않을까.

'죽을 뻔했다' '해볼 만하다'
'본 듯하다' '본 것처럼' '올 때까지'

　한국인의 일상 언어 습관에서 당연히 '죽을뻔^ 했다' '해볼만^ 하다' '본듯^ 하다' '본것^ 처럼' '올때^ 마다' 로 띄어서 발음을 하지, 어디 현행 맞춤법처럼 '죽을^ 뻔했다' 식으로 앞칸을 띄어서 말을 하는가? 그러려면 얼마나 부자연스러운지 스스로 시도를 해보면 바로 알 일이 아닌가. 그 가운데도 "00하는 것^ 같다"를 말할 때 많은 사람들이 이제는 '것같다' 로, 수째 '것' 은 앞을 띄고 뒤로만 붙여쓰는 것으로 지레짐작하고 부화뇌동하는 경향이 있다. 앞으로 이 철자법 고집을 계속 밀고 나간다면 대원칙인 "소리나는대로 적는다"는 한글의 합리적 특성을 스스로 내팽개치는 결과가 될 것이다.

　당로자들이 이렇게 무리수를 쓰는 이유는 '하다' 동사(서술어)는 '앞 글자와 띄어 써선 안되고 꼭 붙여써야 된다' 는, 스스로 만든 문법에 자승자

박할 뿐이지, 실제 어문생활에서 합리적 근거는 찾기 힘들다. 더구나 극렬한 고집은 숫자와 다음 글자 간의 떼기 법칙이다. 가령 '한두살'을 '한ˬ두ˬ살'로 쓰지 않으면 난리가 난다. 그게 무슨 소아병적 발상인가. 혹시 문장에서의 띄어쓰기와 대화 속의 띄어쓰기는 다를수 있다는 논거를 내세울지 모른다. 그러나 문장이건 대화건 띄어쓰기 역시 언어생활을 바탕으로 해야 함은 두말할 필요도 없다. 엄연한 언어관습과 등을 지는 것 자체가 큰 잘못이고, 잘못된 줄 알고도 막무가내 버티는 것은 일종의 교조주의라고 본다.

'일 둘 삼 넷'

중국에서 한자를 도입하던 천년여 전에 생긴 오류도 많아서 그 후유증이 지금도 골칫거리인 것이 적지 않다. 그중 하나가 셈을 세는 숫자 '일'과 '이' 그리고 '삼'과 '사' 간의 발음상의 혼선이다. 실제로 잘 안들리는 전화 특히 휴대폰이 나온 뒤 전화번호나 돈의 액수를 말하면서 1과 2 그리고 3과 4의 변별은 이만저만 어려운 것이 아니다. 가령 '212국에 3412번'이라는 전화번호 중 '2 1'의 발음인 '이'와 '일' 그리고 '3 4'의 '삼'과 '사'는 듣는 사람에게 비슷하게 뒤섞여 들리기 때문이다. 오죽하면 영어를 빌려 '투원투' 하거나 심지어 일본어 '니 찌 니'까지를 동원해서야 모호성을 비켜갈 때가 많다.

중국인들이 '이 얼 산 스'로 발음하는 '一 二 三 四'란 한자를 일본인은 오음(吳音)을 땄든지 간에 '이찌 니 산 시'로 2는 좀 불명확하나 4는 '시'로 써 3과 혼동치 않게 만들었다. 한국인 조상들은 '일 이 삼 사'로 옮겨

들여다가 오늘까지 혼란을 겪고 있다. 전화번호도 중요하고 돈 액수 세는 것도 중하지만 사람의 생명을 생살하는 포병의 포술은 더 예민한 문제라 장약을 세는 숫자 1, 2, 3, 4만은 '일이삼사' 라 발음하지 않고 '일 둘 삼 넷' 으로 바꿔 써오고 있다. 장약을 잘못 장전하다간 적 대신 아군을 살상할 우려가 큰 때문이다. 일본인들은 한자를 옴빙(音便)이라 하여 실제 언어생활에 편하게 융통성 있게 발음하지만 우리가 그랬다간 큰일 난것 처럼 여기는 한국식 교조주의 소아병이 여기서도 예외는 아니다. 그래도 중국의 경제개발 전초기지였던 광주성 '심천' 의 천(圳)자는 한국 옥편에 분명히 있었다. 하지만 거의 모든 사람이 '수' 가 아니라 '천' 으로 읽기 때문에 당국이 나서 예외를 인정, 그 도시를 '심수' 에서 '심천' 으로 발음하도록 했다. 교조주의가 다소 연화하는 조짐인가.

'선취득점'

전번 월드컵 때에도 귀가 아프게 들었다. 축구팬들이 경기의 실황중계를 보는데 자기 팀이 득점을 먼저 할 경우 아나운서는 "선취득점 했다"고 목청을 높인다. 얼떨결에 같이 흥분하다가도 '선취득점' 이란 표현이 풍기는 뒷맛이 개운치 않다. 주요 시합에서 먼저 골을 넣었으니 아나운서가 설령 재주껏 여러 어휘를 구사하며 호들갑을 떤들 거기에다 시비를 거는 경망은 자제해야 옳다.

그래도 그런 일이 비일비재하게 끝없이 되풀이되기에 따져보면 '선취득점' 이란 단어는 민법 중에서도 까다로운 채권법상의 '선취특권' 이라는 법률용어의 영향을 받았다. 채무자가 파산했을 때 파산재산을 놓고 여러 채권자 중에 최우선적으로 채무변제를 받을수 있는 권리가 선취특권이다. 그 얼토당토않은 법률용어가 60년대 초, 한두 신문의 스포츠난에서 재치 있는 기자들에 의해 선을 보였다. 데스크에서 몇차례 찬반이 엇갈렸다. 그것이 일반인의 귀에 익기 시작한 것은 TV의 실황중계가 흔해진 70년대 들어서부터였다.

30년 넘게 세월이 흐른 오늘에 와서 이 적절치 않은 언어구사는 또 그치질 않고 있다. 이 말 대신 쓰기 적합한 어휘는 있다. '선득점(先得點) 했다' 든가 '선취점(先取點)을 올렸다' 가 백번 합당하다.

새로운 실언이 추가된다. 지난 11월 첫 일요일 중앙 마라톤 경기의 생중계에서 퍽 낯이 익은 중견 아나운서는 선두권 선수들이 반환점을 돌 무렵 "앞으론 반환점이란 말 대신 유턴지점이란 말을 사용해야겠어요. 이 지점이 42km 전코스의 정확한 절반이 아니니까 반환점이란 말은 부정확하지요. 그러니까 되돌아 '유턴' 하는 것이 틀림없으니 앞으론 '유턴지점 통과' 라고 합시다"고 했고, 해설자도 '그러자' 고 맞장구를 쳤다. 참 해괴하다. 그 '반환점' 이란 단어는 한문으로 '返還點' 이라고 써서 '되돌아가는 곳' 이란 뜻이지 아나운서가 생각한 절반이란 뜻의 '半' 자가 아닌 것이다.

'○○다 라고 하더라'

주로 방송 토론회나 토크쇼 등 여러 사람들 앞에서 의견을 진술하면서 많이 쓰는 어투가 근년 크게 유행하고 있다. 가령 "모 연구소 김 박사는 '내년엔 내수경기가 침체를 벗어날 것' 이라고 전망했다"고 하면 듣기 좋은 걸 가지고 "침체를 벗어날 '것이다 라고' 전망했다"는, 꽤나 정확한 체하는 말투가 독감처럼 여러해 번지고 있다. 무의식중의 말투라면 얘기 거리도 안될 텐데, 주로 공부 많은 척, 약방에 감초처럼 잘 끼어드는 일정한 부류의 지식인들이 전매특허처럼 사용하는 경우가 대부분이어서 공해의 한 티끌 아닌가 걱정이다.

이 '…라고 하는' 어투의 오리지널은 1950년대 후반 모 법대에서 민법 강의를 오래 한 K교수의 독점 트레이드마크였다. 그는 110분 강의를 시계로 재어서 단 1분도 에누리 없이 지키는 옹고집이었다. 110분 강의시간을 단 30분으로 깎아먹고는 "명강의란 이런 거야" 하며 종강마저 앞당기던 동료 H교수의 높은 인기에 견주면 K교수의 '정각주의'는 인기가 없었다. 그런 성격 때문에 그는 강의 중에 타 학설을 인용할 때 분명하게 따옴표를 썼다. 가령 "X 논문에서 Y 교수는 이 문제에 대하여 'Z 하다' '라고' 썼다"는 식으로, 어디부터 어디까지가 어느 학자의 말인지를 분명히 밝히려고 쓰게 된 말투였던 것이다.

대충 80년대 들어서 TV 역할이 커진 이후 출연자 중 딱히 누구 말씀을 인용할 필요도 없는 경우까지도 예의 '라고 하였다'가 대 유행해 온 것이다. 남이야 말하든 말든 못 들은세 하면 그만이지만 그런 어투를 남발하는 사람들이 TV 토론에 끼어 혼자 아는 체를 하게 되면 청중은 들어야 할 알맹이 부분을 경청하는 데 장애가 된다. 대체로 가방끈을 길게 보이려는 행태 중의 하나다.

'양해말씀 드립니다'

보통사람의 일상생활에서도 남이 하는 말을 잘못 알아듣거나, 상대방에게 하고자 하는 의사전달을 정확하게 하지 못하는 경우가 많다. 전문가라고 공인받는 직업인들도 마찬가지다. 일전 녹화중계된 국회 국정감사장에서 상임위원장이 동료위원들에게 증인석 배치관계로 잠시 휴회할 테니 잠시 퇴실했다가 다시 들어와 달라는 취지의 알림을 마이크로 말하면서 "양해 말씀 드리겠습니다"를 몇차례 반복했다. "들락날락 불편하시겠지만 회의장 정리상 불가피하니 그 점을 양해해 달라"는 뜻이었다. 그러면 당연히 "…을 양해해 주시기 바랍니다"든가 "양해를 구합니다"로 말이 나와야 옳지, "양해말씀 드립니다"라면 양해행위의 주객이 전도되는 셈이다.

집회장 곳곳에서 이 말투는 갈수록 자주 쓰인다. 장내가 번잡한 경우에 주최측 사회자가 주로 쓴다. 대단한 실수도 아니니 넘어가자고 한다면 우리말의 숨결은 거칠어지고 질적 향상은 바라기 힘들다. 더구나 방송연예프로의 사회자들에게서 거리낌 없이 튀어 나온다. 게다가 가장 빈도 높던 존대어 '여쭙다'는 말은 대화의 주객을 거꾸로 쓰는 경우가 너무 흔하다. 손아래 사람이 손위 사람에게 무엇을 '문의하다'는 말의 존대어를 많은 사람들이 뒤집어 사용함을 늘상 본다.

어쩌다 한 사람의 한두번 실수를 문제 삼는 게 아니라 실수를 하지 않을 위치에 있는 직업인들이 반복적으로 이런 실수를 범하는 근본원인은 한자어의 어원을 풀어 가르치지 않고 음만을 한글로 따서 가르치는 어문교육의 본원적 결함으로 거슬러 올라갈수 밖엔 없다.

대표적 왜곡 발음

방송국 아나운서 실장까지 지낸 후 모 대학의 국문학 교수로, 평생을 국어

생활 일선에 섰던 한 최고 권위자의 정확한 국어 발음에도 '옥에 티'가 있었다. 한사코 '대'를 '데'로, 그래서 '대한민국'을 '데한민국'으로 수없이 되풀이했다. 물론 '대'자뿐 아니라 '개 내 매 채 태 해' 등 거의 모든 'ㅐ' 모음을 'ㅔ'로 수년 동안 읽어 대면서 조금도 시정하려는 흔적이 없었다. 독일 월드컵 응원에서 마르고 닳도록 애용된 국호 '대~한민국'의 발음도 일부 사람들은 '데~한민국'이라 외쳤다.

하긴 각 개인의 개성과 습관이란 것이 있으니 글자 읽기가 기계로 잰 듯 정확하길 기대할순 없다. 그러나 가장 자주 쓰는 단어를, 그것도 방송 종사자들이 마냥 오용하는 것은 예삿일이라 보기 힘들다. '6월'을 '육월'이 아니라 '유월'로 읽는 표준어는 어느새 그림자도 없이 사라져 허전하다.

복합어의 띄어쓰기

짧은 두 단어가 이어져서 한 복합단어로 넓게 쓰이면 맞춤법도 그것을 구태여 띄어쓰지 않고 붙여쓰도록 허용하는 것이 언어의 진화라 본다. 그러나 이제는 학자 전문직, 더 나아가 컴퓨터의 워드프로세서 안에서, 그저 떨어질 수만 있는 단어라면 빼놓지 않고 모두를 갈기갈기 떼어 써야지, 그렇지 않으면 난리가 난다. 화면에 '붉은 밑줄'을 자동으로 긋고, 어떤 시스템은 맹견이 컹컹 짖으며 뛰쳐나오는 그림으로 주의를 환기, 무리한 띄어쓰기를 강요하는 인상이다. 바로 앞 몇문장에서도 '붙여쓰기' '다름아닌' '백여명' 등등은 복합어로 붙여쓰는 편이 자연스럽고 편리함에도 안된다고 야단이다. 이 '안^된다'도 '안'과 '된다'를 붙여쓰면 뭐 그리 잘못인가.

TV들의 '시청자 우리말 실력 겨루기' 여러 프로들에서 대단히 우수한 출연자들이 어려운 고개들을 모두 통과하고도 마지막 관문인 띄어쓰기에서 대부분 탈락을 하는 경우를 여러차례 지켜봤다. 출제 내용을 보면 숫자를 씀에서 '일 천 오 백 원' 식으로 한자 한자를 모두 띄도록 요구하거나 '몇백년' 하고 붙여써야 이해가 빠른걸 '몇 백 년' 으로 띄어 써야 맞다고 강경하다. 바로 위의 '여러 차례' 라는 말도 붙여쓰기를 금지, '여러^차례' 로 꼭 띄어 쓰라니, 무슨 두살배기 걸음마 가르치긴가. 이 '두살배기' 도 '두 살 배기' 로 두와 살까지 띄라니, 이 무슨 학자들 독장인가.

이 비슷한 무리수로, 1980년대쯤 개선이 아니라 갑자기 '개악' 을 저지른 예가 바로 '했읍니다' 를 '했습니다' 로, 즉 '읍' 을 '습' 으로 바꾼 것이다. 이것은 실용성을 무시하고 'ㅅ' 을 삼중으로 쓰도록 강요하는, 야릇한 공론이나 명분에 집착하는 대표적 예로밖엔 볼 수가 없다. 그 주장의 근거를 따질 필요조차 없이 그래선 안될 이유는 너무 간단하다. 예를 들어 "성공했다는 것을 보고한다"고 쓰려 할때 이를 줄여서는 '했음' 을 보고한다고 써야지 '했슴' 을 보고한다고 쓰라면 이것은 고집을 위한 생고집이 아니고 무엇인가. '했다' 는 과거형 동사를 동명사로 바꾸는 데 '음' 이란 음절을 쓰는 것은 너무도 당연하다. 이제라도 더 늦기 전에 '했음' 으로 복귀함이 합당하다. 이미 '했습니다' 를 원칙으로 바꿨으니 동명사도 '했음' 아닌 '했슴' 을 쓰라면 억지다. '했음니다' 로 환원하면 '했슴' 을 울며 겨자먹기로 꼭 쓸 필요도 없어지니 순리라 본다.

잘못 인이 박힌 외래어

이런 여유가 있는지 모른다. 우리말도 제대로 못쓰는 부담이 태산같은데 어느 사치로 외래어 운운하느냐 핀잔 들을지 모른다. 그러나 몇가지 단어는 우리말이 다 되다시피 오랫동안 쓰였으면서도 근본부터 잘못 쓴 것이어서 지적해 둔다.

첫째, 프래카드(placard)를 '프랑카드'로 쓰는 큰 세력이다. 한글사전에도 그 세력 때문에 영어 아닌 한국어로 오를만 하다고 본다. 주로 현수막이란 뜻으로 쓰이는데 프랑스어의 영향을 받았다고도 하나 옳지 못한 변명이다.

둘째, 렌트카(rentcar)나 렌털카(rental car)로 써야 옳은 것을 매체들이 70년대쯤부터 오도해서 아주 꼼짝없이 '렌터카'로 만들어 놨다. 이것이 왜 오도냐 하면 1960년대 미국에서 차를 세놓는 렌털카 특정업체가 "차를 빌리세요"라는 광고형 문구를 자기 상호로 슬쩍 고쳐놓고는 엄청나게 광고를 많이 했다. 그 광고문을 'Lent a car!'로 내세워 자연스럽게 '렌터카' 발음을 유도했다. 그 점을 미국의 소비자들은 알고나 쓰는데 외국인 중 설쳐 유식한 사람들은 그 업체작전에 모르고 말려들어 '렌터카'를 정착시킨 꼴이 됐다. 따라서 보통명사, 즉 세낸 차는 '렌트카(rentcar)'로 써야 옳은 표현이다.

셋째, 프리랜스(free lance)를 거의 대부분 '프리랜서'로 lance(창)에다 r자를 붙여서만 창기병(槍騎兵)이 되는 줄로 잘못 알고 유식을 과시해 쓰지만, 원래는 'r' 자가 붙지 않는 'free lance' 만으로 중세의 '소속없는 창기병'을 가리켰다. 그러나 그 어원이 된 역사 자체가 복잡했으므로 프리랜'서'라는 조어로 '소속을 정하지 않은 전문직'을 칭하게 되었으니 시비거리는 되지 않는다.

그러나 4백개 전후의 크고 작은 대소국들이 난립한 유럽땅에서, 제대로 잘못 먹여 축 늘어진 말등에 달랑 창 하나를 안장에 꽂고 올라앉아 이리

저리 의지할 丰君을 찾아 유랑하는 모습을 상상하면 실업자 많은 이 시대에, 능력과 수입이 괜찮은 진짜 프리랜스는 정규직보다도 오히려 부러움의 대상이 되리라.

긴급動議! 한글 子音 추가

한글을 평생 자기 글로 써온 사람이라면 그 과학성에 굉장한 자부심을 느낄 것이다. 자연의 바람소리, 벌레소리 등등 무슨 소리라도 완벽에 가깝게 표음이 가능한 것이 한글의 가장 큰 강점이라 확인하고 또 확인한다. 그러나 영어 등 외국어 사용이 늘고 더구나 우리말과 글 사이에 외래어를 원음 그대로 써야하는 경우가 부쩍 늘면서부터 고민거리가 생겼다.

알파벳에는 모음의 소리값에 변화가 많아 외국인인 우리로선 괴롭다. 반대로 한글자모에서 모음에서는 아무런 불편이 없는데 자음표기가 적절치 않아 자주 어려움에 부닥친다. 주로 알파벳의 F V Z Th 네 가지 자음의 한글표기가 애매하고 허전하다. 아주 공부가 많은 사람들 가운데도 많이 오용하는 것 중의 하나가 'pool' 이란 단어. '수영장' 이란 명사로는 완전한 국어처럼 자주 쓰이고, '합한다' 는 뜻의 동사로도 많이 쓴다. 이때 여러 사람들이 그 단어를 'full' 에 가깝게 '풀' 이라 말하는 사람이 많다. 그래도 "박지성선수의 fan이다"고 할 때는 한글자음을 '팬' 이라고 발음해도 '풀' 의 경우처럼 혼동은 일어나질 않아 다행이다.

이럴 때 한글 14개 자음에 ㅍ도 아니고 ㅎ도 아닌 중간 음의 자음 글자를 추가하면 좋지 않을까 하고 혼자 생각에 빠질 때가 많다. 같은 논리로 텔레비전 수상기를 '티브이' 라고 상용하는데 이것이 ㅂ보다 연한 알파벳

V에 해당하는 자음을 추가하고 아울러 영어의 th 소리와 Z에 해당하는 자음도 추가한다면 편리하겠다는 생각이 든다. 그렇게만 된다면 어떤 인종의 언어라도 한글자모로 충분히 표기할 수가 있으니 좋은 일 아닌가. 그런 연후에 혹시 진정한 '코스모폴리스'가 실현되면 이웃 일본이나 다른 나라들이 한글자모를 차용해 쓸 용의가 더욱 생길지 누가 아는가. 어느 분야보다도 고집 세기로 정평이 있는 한글학계인지라 "별 망나니 같은 소리 다 듣겠군" 하는 콧방귀가 분명히 나올 것이란 육감이 들면서도 그런 폐쇄성을 극복하지 않는 한 우물 안 개구리신세를 면치 못하리라 경고하고 싶다.

4
한류를 따지다 보면

🌸 배용준의 '겨울 연가'에서 불기 시작, 아시아 지역뿐 아니라 미국과 일부 유럽에까지 미치고 있는 이른바 한류(韓流) 열풍을 어떻게 볼 것인가. 중국 등 일부 현지국의 반응은 경계의 빛이 뚜렷한 반면 국내에선 매우 긍정적으로 뿌듯하게 바라보는 흐름이 짙다. 나아가 그것이 지속성을 갖지 않고 거품처럼 짧은 기간 안에 슬며시 꺼지지 않아야 할텐데 하는 노파심에다, 그렇지 않으려면 일차 당사자라 할수 있는 예술계 종사자들의 노력은 물론 민간과 정부에 걸친 깊은 관심과 폭넓은 지원이 모여야 한다는 쪽으로 가닥이 잡히고는 있다.

그러나 그런 희구가 현실로 다가오기 위해선 흐뭇한 눈결을 주는 일 못지않게 원초적으로 왜 일본 중국 대만 같은 나라에서 한국의 드라마 노래와 춤 그리고 음식에서 전자제품 자동차에 이르는 한국선호 현상이 단 몇해 사이 발생해서 생명력을 갖추면서 파급되고 있는 것인지 이유부터 따져볼 필요가 있다. 우선 떠오르는 것부터 열거를 해보자.

첫째, 한류현상을 분석함에 있어 가장 유의해야 할 금기사항부터 진단해야 엉뚱한 방향으로 논리가 흐르는 오류를 막을수 있다고 자계해 본다. 흔히 자기도취 끝에 한국문화가 그들 나라의 것들보다 훨씬 우수해서 그 나라 사람들이 자신들의 고유문화나 제3국의 문화보다도 한국의 문화유형을 선호한다고 믿는 단순사고에 빠지는 일이 무엇보다 두렵다. 우선 고유성 독창성 측면에서 우리 한민족이 어느 민족에도 뒤지지 않는다는 것은 널리 인정받아 온 바이다. 이 점에 의구심을 갖는다면 한류현상 자체를 거론할 필요조차 없다.

그러나 독창성이란 점에선 여러 민족문화 간의 우열이 쉽게 가려지지 않는다. 비근하게 아주 미개한 종족이라고 얕잡아보는, 괴상한 의상이나 종교의식 생활양식을 간직하고 있는 지구 곳곳의 소수민족들을 관광차 마주할 기회가 흔해진 마당에, 솔직히 말하면 그들이야말로 오히려 어떤 우등한 민족보다도 더 대단한 독창성을 간직하고 있다는 사실을 자주 느끼게 된다. 그런 여러 민족 나름의 독자성을 비교해서 우리들 한민족의 문화가 단연 탁월한 유파(流派)를 이루었다고 자신 있게 자평할수 있을 것인가.

둘째, 아주 대단한 긍지를 가질 정도로 자타가 공인하는 대표적 이유가 있다. 최근 삼사십년간, 세계무대 위 한국이란 한 주체(identity)의 급격한 변천과정, 발전사가 세계인에 일대 경이를 던져주었다는 점에 엄청나게 높은 점수를 주어도 괜찮다고 필자는 굳게 믿는다. 무엇보다 불과 20세기 중반까지 1인소득 50달러대의 세계 최빈국이던 나라가 2만달러를 바라보는 나라로 변신한 이 드라마를 "그저 그런 거"라고 우리 자신들이 시큰둥하게 비하한다면 그런 오만도 없다. 그런 경제성장 측면에만 국한시킨다면 視界가 제한된다.

실은 80년대 후반을 반환점으로 하여 뒤따라 펼쳐진 정치적 민주화가 겹쌓임으로 해서 한국은 결정적인 가산점을 입체적으로 받게 된 것이다. 이 점에서 누가 어떤 폄하를 한다 하더라도 박정희 정권의 경제발전 기여는 유구한 한반도 역사에서 지워질수 없는 인상적인 사실(史實)이고, 시간이 갈수록 그 인식범위가 확대되어 가고 있는 것이다.

불쑥 나타난 덩샤오핑의 使者

이와 관련해 필자가 실감했던 두 가지 실례를 든다. 오늘날 세계인에 충격을 안겨준 중국의 경제개혁과 성장신화의 교주요 총사령격인 덩샤오핑, 그리고 공산 이상사회의 모델이라던 소련을 지구 역사에서 순식간에 지워버린 고르바쵸프 이야기다. 이 두 사람에게 만일 한국 경제부흥의 선례가 영향을 주지 않았더라면 세계사의 진로가 과연 이만큼 대전환을 경험할수 있었을까. 변화의 심도나 시기에 있어 훨씬 못미치는 작은 결과가 나왔으리라고 본다.

첫째는 중국의 경우다. 1981년경 李라는 중국 조선족 학자가 한국경제신문 편집국장실을 예고도 없이 노크했다. 자신을 포함한 5인은 한국경제발전사를 집중 연구해 오라는 덩주석의 특별지시로 일본 아지겡(아시아경제연구소)에서 1년 머물다가 먼저 귀국하는 중에, '한국'의 제호가 붙은 경제신문을 일부러 찾게 되었다고 털어놓았다. 당시만 해도 한-중 국교가 안터져서 비공식 방문을 결행했으니, 필자가 보고 느낀대로 한국의 경제개발 경험을 들려달라는 요청이었다. 그러면서 덩주석 지시로 베이징에서 〈경제일보〉란 유일 경제신문이 곧 창간된다고 알려 주었다(그 10여년 뒤 〈한국경제신문〉과 중국의 〈경제일보〉는 자매결연을 맺어 오늘에 이른다).

1979년 집권한 덩은 80년대 초부터 경제개발의 모델로 한국을 염두에 두었다. 수천년 변두리 저 못살고 초라하던 조공국 조선에 대하여 어떻게 해서 불같이 일어난다고 사방에서들 법석을 떠는지 미심쩍던 그는 그 성공기록을 알아내고 싶었다. 하지만 북한과의 관계도 있고해서 연구원을 한국에 직접 보내지 못하는 대신, 한국 발전상을 객관적으로 잘 분석 정리해 놓은 일본 연구기관에 연구원 5명을 파견한 것이었다. 최초로 착수한 농업증산과 해안지대의 수출기지화 전략부터가 한국을 본뜬 것임은 말할 것도 없다. 집권 전후에 덩은 한국의 발전상을 간접으로 들어 어렴풋이나마 알고 있던 무렵 공교로운 기회가 생겼다. 82년경 강원도 오지에 중국 민항기가 불시착, 승무원과 기체송환 교섭차 정부대표로 온 길에 서울주변 발전상을 목격하고 놀란 심 도(沈 圖)항공국장과 촬영기사 등의 생생한 보고가 덩의 발전모델 선정에 영감을 주었으니 역사엔 우연이 없다는 말이 정말인가.

고르비의 파격적 혜안

둘째, 고르바쵸프는 88서울올림픽 참가 초청을 받고, 저 가난하고 조그마한 나라가 과연 올림픽을 주최할 능력을 갖춘 것인지, 반신반의 하면서 이를 직접적으로 확인하는 치밀성을 보였다. 200명 전후의 KGB 요원들을 군함에 태워 인천항에 정박시키면서 1주일 동안 서울 수원 인천 일원의 반도체공장을 포함, 산업시설에다 기타 나라형편을 샅샅이 조사시켜 보고를 받았다. 그 결과는 한마디로 올림픽 개최는 물론 경제 산업 도로 항만 등 사회 간접자본 전반에 걸쳐 놀라운 정도의 발전상을 그는 확인했던 것이다. 그는 소련을 필두, 전 공산권 위성국들에 녹색신호를 발함으로써 세계인 모두가 참가한 사상 최대 올림픽 잔치가 서울 하늘 아래서 열리게 되었던 것이다.

　동서 양진영의 대립으로 1980년 모스크바, 84년 LA 두 올림픽은 반쪽 올림픽으로 세계정치 경제 정세를 침체시켰었다. 그런 역사 역류의 주인공 고르비는 뒤에 제주도에 와서 노태우 당시 대통령과 하루를 정답게 지내고 돌아갔고, 한말 노일전쟁 발발 시 끊겼던 국교를 재개하는 데 앞장서 협력했다. 20세기 말 세계사를 마무리 정리하여 21세기 새 역사의 막을 올리는 데 큰 역할을 담당한 세계적 인물을 셋만 꼽으라면 남아공의 만델라, 러시아의 고르비, 중국의 덩 샤오핑을 고르는 데 필자는 주저하지 않을 것이다.

　셋째, 각국에서 그 나라 안의 한류 현상을 처음 인지하고 이를 포용한 현지 각국 국민들의 겉은 어떻든 간에 내심에는 자본주의 종주국 미국에 대한 일종의 동경과 경계가 동시에 뒤섞여, 적어도 이라크전 전까지는 사회 저류를 이루고 있었다고 본다. 그래서 미국의 문화를 직접 수입하거나 그대로 모방하는 데는 상당한 부담감을 가지고 있었다. 그런 상황에서 미국을 벤치마킹하여 정치 경제 군사 문화의 최우등생으로 성장 변신한 한국에 대하여도 각국은 일종의 동경과 경원 내지 멸시와 대리만족까지 흠뻑 뒤섞인 심리상태라고 본다.

점프를 京劇에 견준다면

한국 예능인들의 현란한 무대매너는 솔직히 브로드웨이 웨스트사이드 할

리우드로 대표되는, 마이클 잭슨과 마돈나의 3S(sex sports speedy) 표징적 미국문화를 선망하고 모방하는 데서 비롯되었다고 볼수 밖엔 없다. 그 시초는 한국전쟁 중 미8군에 용역군납 형식으로 밤무대에서 가무를 베풀고 GI머니를 버는 데서 비롯되었다. 이는 아시아에서 가장 미국적인 것으로서, 한국의 미국문화 흡수가 세계적 명성을 일찍이 얻은 필리핀의 미국화를, 특히 미군의 캄란만 반환을 계기로 해서 능가하기에 이른 것이다.

실상 그들 나라 국민들의 내심에는 분명 미국적인 문화예술을 더 바싹 모방하려는 충동이 일렁이고 있다. 하지만 그러기에는 각자 문화민족이라는 그들의 자존심, 미국 추종에 대한 정치 사회적인 비판의식 등이 껄끄럽게 그들 자신이 미국화하는 데 있어 저지작용을 하여 왔다. 특히 미국과 오랜 적대관계에 있던 중국의 지도부는 그렇지 않아도 시장경제의 급격한 팽창 속에 불가피하게 동반되는 물질만능 풍조와 향락지향 상업주의 엄습이 내심 부담스러운데 예술문화면의 무분별한 미국화를 그대로 방치 또는 외면하기 힘이 들어 되도록이면 진정시키는 자제심을 갖지 않을수 없었다.

결국 경제의 세계화를 추진하면서도 미국문화의 엄청난 쓰나미 현상만은 최소화해야 하는 진퇴유곡에서 거의 자연발생적으로 나오는 해답의 하나가 '한류의 적절한 수용' 이었다고 본다. 강력한 미국문화 흐름 위에 자신의 동양적 고유미를 가미하고 있는 한국풍, 바로 한류야말로 현지민에겐 양수겸장, 안성맞춤이었던 것이 아닌가. 비록 젊은층이 그것을 찬미하고 흉내내는 것을 모르는 척 한다고 해도 그들 자존심에 손상을 주지 않는 정도의 준(准) 선진국, 미국 축쇄판 한국의 노래 춤 드라마가 더 극성을 부리지 않는 한은 더 크게 경계의 대상이 되지는 않을 것 같았다. 하지만 이미 우려되던 경계의 빛은 보이기 시작했다.

그러나 여기 퍽 예외스런 사실이 있다. 바로 '점프' 의 성공적인 한류 합류다. 그에 앞서 '난타'가 그 당시 한류라는 간판까지는 내걸기 전의 일이었지만 그런대로 한국인의 특성을 보여 주었음에 틀림없다. 그런 가운데 하나, 최근 '점프'의 영국 에딘버러 프린지 공연의 성공과 뉴욕 상설무대는 아주 인상적이다.

'점프'에 대한 현지인들의 열렬한 반응의 초점이 특히 아크로바틱한 동양무술의 신비성에 집중되었다는 점에서, 한국인의 무대예술이 전 세기 말까지 마이클 잭슨이나 마돈나로 대표되던 미국 공연예술의 유파를 연상시킨다는, 한류에 대한 비뚜름한 시각과는 거리를 상당히 떨어뜨릴수 있어 분명히 신선감을 주었다.

물론 출연자 10여명의 놀라운 제합성 일률성 통일성들이 오랫동안 세계인들에 각인된 한국인의 이미지, 다시 말해 과거 20년 전후의 남쪽의 군부통치에다가 북한의 군사퍼레이드와 카드섹션, 미사일-핵실험이 풍겨준 남북한의 상징들에 심지어 태권도마저 한꺼번에 오버랩 됨으로써 다른 무엇보다도 살벌하리만큼 정확한 일체성을 감지했을 것이다. 다시 말해 서구 관람객들 뇌리에 저장된 코리아 이미지와 '점프' 무대 위의 일사불란한 연기와의 고도 일치 확인은 섬득한 느낌에 불구, 박수를 자아내기 충분했다.

만일 그 관람객들이 연기의 숙련도가 높고도 정치한 중국의 경극(京劇)을 관람한 경험이 있는 사람들이었다면 그들이 '점프'와 경극 간의 공통성과 이질성을 어떻게 대비 분석할지 자못 궁금해진다.

5
'국민중심 방송'이라면서

●KBS는 스스로를 '한국인의 중심 방송'이라고 꼭두새벽부터 불어댄다. 역대 어느 사장 시절에도 KBS가 정면으로 그렇게 까놓고 내걸진 않아 왔지만, 그 당시도 구성원들의 내심에는 그런 중심의식을 갖는 사람이 많았을 터이다. 구성원들만이 아니라 초등학생이라도 그 방송이 정부의 출자로 세워지고 세금과 똑같이 국민이 의무적으로 내는 시청료로 운용되는 방송이란 사실을 잘 알고 있다. 따라서 때때로 시청료 납부 거부운동을 펴는 적극적 반대자들을 제외하면 누구나 KBS가 국립-공영 방송임을 받아들이고 산다.

후진국이 아니라 민주주의와 언론자유를 존중하는 나라들에도 영국 BBC, 일본 NHK, 미국 PBS 등 국-공영 방송은 존재한다. 시민의 교양을 높이는 면에서나 무분별한 광고 사태로부터 시청자를 보호하는 취지에서도 민영방송으로는 감내하기 힘든 국공영 방송의 존재가치가 광범하게 인정되고 있음을 입증하는 것이다.

그러나 그렇게 충분한 배려를 하고 나서도 이건 해도 너무하지 않은가, 무슨 대안은 없을까, 한낱 시청자로서 주제넘은 궁리를 해보지 않을수 없는 문제가 있으니 캠페인 주제와 논리기조의 일관성이 그것이다. 쉽게 말해 KBS가 끊임없이 몇가지 소재를 가지고 국익 차원의 범국민적 캠페인을 펴면서, 긴 기간을 두고 보면 국민들한테 어떻게 생각하고 행동하라는 것인지 분간하기 어려워 헷갈리게 만드는, 앞과 뒤가 모순되는 방향제시를 하는 경우가 적지 않다는 것이다. 그 가운데 가장 대표적인 주제로 세 가지를 꼽을수 있다.

첫째, 소비를 억제하자고 몇년을 두고 국민운동을 벌이다가 어느날 돌연히 소비촉진을 호소하는 오락가락 캠페인이 바로 쌀 소비를 주제로 한 것이고 둘째, 거기 못지않게 오랜 기간 "아들 딸 가리지 말고 둘만 낳아 잘 기르자"고 귀에 못이 박히게 밀고 오던 산아제한-가족계획 캠페인을 불과 몇년 사이 "아들 딸 많이 낳자"로 180도 전환한 일이다.

두 가지 모두 사정이 바뀌었으므로 캠페인의 방향전환 역시 불가피하게 된 정부당국이나 방송 당로자의 사정을 모르는 바는 아니다. 그러나 조금 가까이 안팎사정을 들여다 보면 그렇게까지 시간여유 없이 날벼락 떨어지듯, 예견 못할 정도로 화급한 사정변경은 아니었다고 여겨지는 내용들이 많다.

우선 쌀 소비문제를 보자. 주곡인 쌀이 만성적으로 수요초과-공급부족 상태로 기울어져 있던 1970년대 후반까지의 사정이 통일벼 보급, 비료증산, 관개개선 등 꾸준한 증산정책, 보리 밀가루 라면의 대체 효과 등등이 시너지효과를 일으켜 대풍이던 1977년 한해에 쌀 공급초과 현상이 일시에 발생했고, 그것이 정치적 계산에 의한 쌀막걸리 허용과 해외비축 효과를 노린, 소량이나마 역사적인 쌀 첫 수출로까지 연쇄반응을 일으켰던 것이다. 이런 경제외적 원인까지 가세한 결과 정부는 오랜 쌀소비 억제정책을 단시일내 접고 말았다.

압맥(누른보리) 밀쌀 8분도미 등 분식-혼식 장려에 대통령이 수범하면서 홍보효과를 극대화한 것까지는 그렇다고 치자. 그러나 넘어선 안될 홍보 과잉은 영향학자들을 동원한 쌀 유해-밀가루 유익이론의 끈질긴 캠페인 방송이었다. 수급 원리상 공급이 모자라고 비싼 주곡보다는 잡곡소비를 권장하는 것은 합리적이라고 충분히 이해되지만, "쌀은 몸에 나쁘고 분식이 이롭다"는 과학성을 너무 쉽게 들먹인 것은 고의와 기만이 개재된다. 그런 식의 정부홍보는 여러 부문에서 다급할 때 잘 쓰던 수법이지만 그것으로 인한 정부에 대한 국민신뢰의 잠식효과는 집권자로 봐도 배보다 배꼽이 큰, 밑지는 장사임에 틀림없다.

또 1977년 과잉쌀 막걸리 허용이란 반짝인기 정책은 다음해 일기불순에 의한 흉작과 쌀부족 현상으로 역전됐다. 그렇다고 차마 쌀 소비 억제로의 정책 유턴은 엄두가 안나 그뒤 몇해 동안은 정부미 보관을 포함한 미곡정책이 널을 뛰는수 밖에 없었다.

처음 유네스코의 '가족계획 사업'이란 낯선 이름의 산아제한 권고를 받아들여 세계적으로 모범 선례가 될만큼 강도 높이 추진된 이면에도 문제는 많았다. 그러나 깊이 있는 통찰로 노령화가 이다지도 가속적으로 촉진되리라는 과학적 예측이 결여된 것은 무슨 변명으로도 메꾸기 힘든 허점이었고, 엎친데 덮쳐 취업난이 극심한 20대 결혼 적령기의 결혼 기피 내지 출산 기피현상까지 연쇄반응을 일으키니 불과 10년 전까지 보편화 되다시피 했던 인구격증에 대한 공포심이 어느새 인구과소에 의한 국가피폐를 우려하는 소리로 급격히 대체될 줄은 미처 예측하지 못했던 것 아닌가.

KBS나 다른 매체들한테 왜 그런 예측능력이 없었느냐, 그러면서도 왜 트럼펫은 그리도 요란히 불었느냐고 전적으로 몰아세울 일이 아님은 물론 안다. 그러나 최소한 그런 국가시책의 홍보에 있어서 논리적 타당성에 대하여는 무지막지한 권력자가 잘들 하는 일종의 횡포는 부리지 말고 합리적 홍보에 긴요한 최소한의 준비책무는 포기하지 말라는 것이다.

또 하나 덧붙여, 굵은 국가적 과제를 놓고 장기에 걸쳐 어떤 캠페인을 할 때엔 전략입안 역시도 장기적 관점에서 세워야 한다는, 너무나 당연한 충고를 하고 싶다. 가령 가족계획–산아제한–산아장려 캠페인을 하면서 '무조건 적게 낳자'든가 '무조건 많이 낳자' 식으로 또 몰아치지 말고, 단기–장기 추세를 분석해 내놓고 세계 전체를 연결해서 조망해야 캠페인 대상인 국민 각자가, 전체 속의 일부인 자신과 가족에 알맞는 계획을 자발적으로 세워서 밀고 나갈수 있게끔 도움을 주는 것이 국민중심 방송의 주 임무라 본다.

6
귀신같은 휴대폰

🌸20세기 전반서 21세기 초반까지 2세기를 걸쳐 살아오는 연배로서 누구나가 몸소 겪어온 생활의 질적 양적 변화를 유심히 회고해 본다면 그 변화의 폭이나, 깊이나, 속도에 대하여 경탄을 금치 못할 때가 자주 있을 것이다. 손에 잡히는 가까운 변화는 휴대폰이나 인터넷을 들수 있고 그 가운데도 항상 품에 지니게 된 휴대폰이 첫째로 꼽힐 것이다. 남녀노소에 폭넓게, 자는 시간 빼고 끼고 살지 않고는 불편해서 견딜수 없을 정도의 이기가 된 때문이다. 우리들의 소년기, 라디오는 아주 작은 사람이 그 속에 들어앉아 말하는 줄로 믿을 만큼 신기의 대상이었고, 그 뒤의 긴 세월에 비추면 휴대폰 역사 10년쯤은 짧디 짧은데 요 작은 물건이 그새 인간생활의 총아로 이만큼 자리차고 앉은 걸 보면 새삼 신기롭다.

일반 수요자에 충분히 보급된 시점부터 따지면 10년도 안되게 짧은데 아침에 집을 나서 저만큼 걸어가다가 "아차 잊었구나" 싶어도 처음결엔 짐짓 그냥 나서 그럭저럭 버텼다. 하지만 이젠 냉큼 되돌아가 애지중지 품고 나오지 않으면 배기기 힘든 지경이 되었으니 요지경이다. 어쩌다 모질게 마음먹고 없이 버티다보면 하루 종일 어딘가 허전하기도 하려니와 전화하기로 한 약속, 무슨 모임 연락에 빠지지 않나 하는 걱정까지 겹쳐서 그걸 외면하고는 지내기 힘들게 된 21세기, 새 이기(利器)가 휴대폰이라는 이구동성 합창에 누가 귀를 막겠는가. 팔뚝시계가 좀 그랬지만, 단기간에 이만큼 요긴해진 존재는 더 없었다고 생각된다.

 6공 말~문민정부 초, 대형 재벌들이 천문학적 자금을 들여 '이동통신사업' 입찰에 죽기 살기로 달려들던 이유를 형광등처럼 이제야 알만 하다. 그때는 무선전화를 누가 그리 많이 쓴다고 저 야단인가, 정신이 제대로 박혔나, 퍽 의아했었다. 과연 재벌이 된다는 건 선견지명 없이 아무나 하는 게 아니구나 깨닫는다.

 컴퓨터 퍼스컴 노트북의 체계가 휴대폰 자체를 포용하는 과학적 산업적 중요도에서 훨씬 능가하는 시스템으로써 전문성 난이도 기술연관도 등 여러 측면에서 탁월함은 물론이지만 남녀노소 수요층을 광폭화한 용도의 보편화 면에서는 이 휴대폰을 따라가기란 어렵다. 처음 셀룰라 폰 cellular-phone으로, 한국에서 휴대폰 핸드폰으로 통칭되는 이 물건은 상식적으로 인지되는, 유선전화에서 격상된 '휴대용 무선전화' 정도가 아니라 바야흐로 진행중인 DMB 등 온갖 다기능을 포괄하는 '휴대폰 시스템'을 논한다면 범용성과 전문성이 에스컬레이트하여 하나로 응집되는 일종의 환상 과학적 존재가 바로 이 휴대폰의 본질이 아닌가.

 인간생활에 혁신을 가져오는 새로운 발명품들이 세상에 나와 일반 수요자에까지 널리 보급되는 데에는 오랜 세월이 소요되었다. 1876년에 알렉산더 벨에 의해 발명된 전화가 멀리 아시아의 오지 한국의 구석구석, 포화상태로 보급된 것은 대충 1980년대 초의 일이다. 예산계통의 후원을 받을 만한 배경에다가 수완가이던 재무-기획 관료출신 이재설과 군출신 과학기술인 오명 두 사람이 장차관으로 체신정책팀을 이끌던 시기가 오늘날 한국 IT시대의 중요한 태동기였다. 그때 국산 'TDX-10' 교환기의 집중개발은 한국 통신산업 도약의 가장 유의돼야 할 도약대였다.

　으레 전화국 하면 3-4층짜리 독립건물에 교환기를 꽉 채우고 수십명 교환수를 고용하는 당당한 서기관(技正)급 관청으로서, 그런 관청 하나가 어렵사리 태어나야 겨우 전화 1만회선이 증설되던 판국이었다. TDX-10은 서류 캐비넷 한개만한 크기에 1만회선짜리 전화국을 압축해 놓은, 일대 이노베이션이요 패러다임 쉬프트였다고 할수 있다. 그 교환기는 국내용에 머물지 않고 수출품으로 각광을 받았고 특히 후발 개도국들의 전화보급에 결정적 기여를 해오고 있다. 집에 전화 하나 놓으려면 전화국장이 무시못할 배경을 동원하거나, 1년 월급이 넘는 150만원을 주고 백색전화를 사지 않으면 꿈도 꾸지 못했었다. 그 시절 저녁 모임이 있어 귀가가 늦겠다는 등의 일상 연락이나, 시골 모친이 위독하다는 급보까지도 전화를 가진 이웃집 안주인이 호인이어야만 소식전달이 가능했다. 그 시대엔 체신관련 요직과 그 주변, 대학입학에 힘을 쓰던 사학 측근 인사들, 병역관련 유력자 등등이 쏠쏠히 재미를 보았던 호랑이 담배 먹던 시절이다. 그들과 짜고 엄지-인지를 구부려 '동그라미'를 그리면 안되는 일이 없던 '춘삼월 호시절' 이었다고 동경할 사람들도 적지 않을 것이다.

7
한-일도 짝꿍인가

🌸 학급이나 마을이나 직장에나 흔히 2인 1조의 짝꿍이 있다. 남들은 그중 한 사람만 봐도 그 즉시 그의 짝을 떠올린다. 서로가 원해서 짝을 짓기도 하지만 본인의 의지와는 상관없이 우연히 좌석이나 주거가 이웃이어서, 또는 많이 닮은 외모나 비슷한 모양새, 차림새로 해서 짝꿍 취급을 받는 수도 있다.

지구촌 속의 나라들도 같다. 이베리아 반도의 스페인과 포르투갈, 스칸디나비아 반도의 스웨덴과 노르웨이, 남미의 아르헨티나와 브라질, 대양주의 호주와 뉴질랜드, 인디아 대륙의 인도와 파키스탄, 조금 성질이 다르지만 도버해협 건너의 영국과 아일랜드 등을 꼽을수 있다. 동남아시아에선 월남과 캄보디아, 태국과 미얀마 또는 말레이시아와 싱가포르, 인도네시아와 필립핀 등등 2,3개가 겹쳐, 똑 떨어지는 한짝은 아니더라도 대충 그럴듯한 짝꿍들이 존재한다.

극동에선 어떨까. 중국을 별개로 치면 한국과 일본이 싫든 좋든 동아시아의 짝꿍이라고 봐줄 수도 있다. 한·일 국민들은 지구 어느 곳의 제3국을 여행하면서도 현지 사람들로부터 으레껏 "당신 한국인이냐, 일본인이냐"는 힐문을 당한 경험이 있을 것이다. 중국의 개방 후로는 중국인들의 해외 출입이 늘어 한·중·일 3국인이 헷갈리는 경우가 숫자적으로도 더 늘고 있지만, 자세히 볼 때 중국은 국토 주변에 인접국들이 많아 여기서 말하려는 협의의 짝꿍과는 거리가 있다.

한국인과 일본인이 제3국인으로부터 혼동을 당할 때 각기 떠올리는 느낌은 어떨까를 생각하면 필시 양국인의 느낌은 똑같지 않을 공산이 크다. 양국인 누구든 간에 "우리가 저쪽(한국인 또는 일본인)보다 우수하지!" 하는 비교우위 의식을 갖는 쪽에선 자신이 제3국인으로부터 옆의 나라(한국 또는 일본) 사람과 동등한 취급을 받는 기분이 불쾌하다고 여기는 경우가 많으리라 짐작이 간다.

허나 그러면서도 심중에는 불쾌감과는 전혀 다른, 상호간에 일말의 연대의식을 느끼는 측면이 있으리란 어림도 든다. 그것은 일찍이 세계를 주름잡던 주로 구미 각국의 백인들끼리 어느 유색인종에 대비하면서 공통으로 느끼는 우월감, 특히 9·11 테러 이후 백인들이 아랍인들에 대하여 공통으로 느끼리라 짐작되는 경계의식 비슷한 것을, 한·일 양국인이나 한·중 양국인들이 제3국인에 대하여 공감할수 있지 않을까. 최소한 제3국인들로부터 자신들이 동아시아 인접국 사람들과 같은 취급을 받아 도매금으로 값이 떨어지는 일을 함께 막기 위해서라도 서로가 배척하고 비하하기보다는 상호 협조적 연대감을 갖는 것이 이롭다는 판단쯤은 각기 자발적으로 내려야, 그래도 21세기, 새천년을 계속 이웃해 살아갈 주인들이 아닐까 하는 생각을 가다듬을 때가 많다.

한국 주재 일본인들이 많이 살던 때 용산구 이촌동에서의 삶의 경험은 독특한 것이었다. 한창은 한 출입구 안의 26가구 중 절반 이상이 주로 상사 주재원들로, 문을 마주한 바로 앞집에 모 대회사 주재원이 살았었다. 그러는 몇해 동안 조촐하게 다과상이라도 차려 인사를 하고 지내리라 꽤나 별렀었는데 한번도 이루질 못하고 두세번 갈려가고 말았다. 한참 지나 일인들이 한집도 안남고 새 아파트촌으로 옮겨간 뒤에야 혼자서 잘못했구나 뉘우치곤 했다.

　그때 3·1절 8·15 등 항일성 TV특집을 며칠 방영한 다음날 아침에 마주치면 그들 눈빛에 서먹함이 서리던 표정을 잊지 못한다. 그 시절 동네주점 카운터에 앉아 잔을 기울일 때 처음엔 몰랐다가 대화하는 소리를 듣고서야 옆 자리가 일인들이구나 말을 조심하던 몇차례 경험이 있다. 주방장에게 "일본사람들 많이 오는 모양이죠?" 했더니 "웬걸요. 한국인들이 무심코 하는 얘기 중 '일본놈' '쪽바리' 단어가 후딱하면 튀어나와 어쩌다 한번 온 일인들은 다시 오질 않더라"고 털어놨다. 진짜 일본우동으로 소문난 식당에 일본 손님이 없기로 영문을 물으니 그들은 식사를 와서 하질 않고 집에서 배달시켜 먹는다"는 대답이었다.

　근년 들면서 우리 주변에는 우리 자신들 몸에 깊이 배었던 반일감정을 애써 비우려고 마음먹는 사람들이 하나하나 늘고 있다는 감이 들었다. 특히 과거 양국간의 적대관계를 직접 체험해 보지 못한 젊은층일수록 더 그렇다는 짐작이 여러 면에서 감지되곤 했다. 독도문제 신사참배 교과서 왜곡 미사일발사 북핵 등 양국간에 판에 박힌 마찰들이 불거질 때가 아니면 근년 '한류'로 대표되던 양 국민간의 부드러운 감정교류는 이미 많은 가능성을 열어놓지 않았던가.

　노 정권 중 양국 정치권의 태도나, 특히 북핵실험이 있은 뒤의 요즘처럼 낙관을 하기엔 이른 역류가 때때로 거세게 솟구치긴 하지만 새로운 한·일 관계 정립을 촉구하는 기본적 공감은 장기적 시각에서 볼 때 분명히 진전되어 가는 경향이라 느낀다. 그러려면 탄탄한 기조를 깔고 양국의 집권층이나 민중들이 역사를 크게 봐야한다.

첫째, 과거의 은수(恩讐) 시비에 끝없이 말려들어 본들 피차 득될 게 없고 미래 지향적으로 협력해 나가는 것이 최상이라는 폭넓은 공감의 확산이 중요하다. 문제는 양국의 정치 지도자들이 일신의 국내 정치적 득실계산에서 상대국에 대해 잠재해 있는 자국민들의 낡은 감정을 자극하여 이용하려는 데에 가장 큰 화근이 있다고 생각한다. 여러 말이 필요 없다. 지금 살고 있는 땅덩이를 떼메고 멀리 남극쯤으로 이사를 갈수 없을 바엔 상호협력하며 엇비슷한 수준에서 잘 지내야지, 이웃이 서로 나만 잘 살겠다고 으르렁거려도, 그래서 실제로 양국간의 빈부 차가 너무 벌어져도 서로가 불안하고 거북해서 결국 둘 다가 불행한 법 아닌가.

둘째, 나라건 사람이건, 가까운 사이일수록 사랑과 미움은 섞이게 마련이라 점을 인식해야 하다. 거리가 가까우니 평소 마주치고, 마주치면 아웅거릴 마찰이 늘게 되며 그러다가도 외부의 이질 집단과 공동으로 맞설 땐 연대감이 생기는 게 인간세상이다. 불행히 근 2천년 한-일 관계는 가해-피해의 위치가 일방적이었다는 아쉬움도 들지만, 새 시대에선 이웃끼리 아웅다웅할 틈도 없다. 개편돼가는 지구촌 세력관계에서 이웃간에 협동하여 공동이익을 챙기는 일도 바쁜 계절이 오고 있다.

셋째, 양국민이 서로 이해하려면 역사를 바로 배워야 하는데 오히려 양국의 지배층은 상호멸시와 의구심을 조장하는 방향으로 국민들을 비뚤게 가르치고 선동해 오고 있다. 이점에선 누가 낫고 누가 못하고가 아니라 양쪽이 비슷하게 잘못해 오고 있다. 일본에선 구 지배층인 막부나 군부가 그

랬고, 근래엔 오로지 정권을 놓지 않으려는 일본 유족회 선두의 극우파도, 권력욕에 불타는 정객들도 과거 잘못을 정당화하여 일본우월-한국열등관을 주입하는 데 열심이다.

후손에겐 가르쳐야

고대사, 왜구 약탈, 임진란까진 제쳐두고라도 근대 1세기에 벌어진 식민 착취의 가해-피해 진상만을 제대로 가르쳐도 "식민 지배가 피식민지의 발전에 큰 도움을 주었다"는 일방통행적 강변을 일본 안에서도 수용할 리 없고, 정객들도 그런 공언을 해서 아무 득볼 게 없을 것이다. 설령 결과론으로 물자와 군대 실어 나를 철도가 식민지 발전에 일면 도움이 되었다 해도 그걸 시혜라고 자찬함은 마치 "내가 지난 겨울 네 옷을 벗겨간 덕에 너 올여름 얼마나 시원하게 지내냐"고 을러대는 무뢰한과 다를 바가 없지 않은가. '시혜'의 자찬은 우월감에서가 아니라 열등감에서 나온다.

집안팎을 들쑤셔 훑어가던 강제 공출, 썩은 콩깨묵 대체배급, 놋그릇에서 관솔 피마자 이화명충에 이르기까지 온갖 전쟁물자의 무상탈취, 툭하면 뺨 때리며 농민 을러대던 긴 칼 찬 순사를 목격한 사람, 징병 징용 정신대의 피해 당사자들 상당수가 아직도 눈뜨고 살아 있는데 "한-일 합방은 평화적이었고 식민지화 한다고는 언급도 없었다"는 정객들의 궤변을 계속 해대는 나라가 과연 일등국인가.

서로가 양보는 하지 않고 상대만 원망하면 가까이 1,2차 대전에서 유혈극을 벌인 과거사 위에 스스로 EU를 만들어낸 서양인들에 비해 동양인들은 지지리도 못난 종족이라는, 드러누워 침 뱉는 꼴이 되고 만다. 한류 기류가 흘러 멀지 않아 화평이 오려니 조금 기대를 걸만하면 아뿔사 신사참배 독도시비에, 북핵까지 뒤죽박죽이 된 한반도-일본열도의 암운이 아시아란 배를 어디로 저어갈지 짐작하기 어렵게 만든다.

정치의 아집들이 풀무질한 양국 분규의 재발-다발의 후유증이 어떤 것인지도 숙고를 해야 한다. 피차의 내향적 시각이 일본 극우파, 한반도 급진 통일파를 상승(相乘)시키는 자극제가 되고 세계화 역류의 기폭제가 되지 않는다는 보장은 없다. 지도층이라면 민중의 저항이 있어도 달래가며 길게 미래관을 제시하고 설득해야 한다.

무의식중 내뱉는 한-일 서로간의 비하 험구는 프랑스인이 영국인을 개구리라 얕보듯, 인접국 간엔 어디든 있는 배냇병이라지만 갈수록 나아지기는커녕 오히려 도저만 간다는 것은 요새 세상엔 시대착오다. 유색 혼혈의 프랑스 축구영웅 지단에게 쏠렸던 인종차별 시비가 세계 관심사로 떠오른 사실로도 향후 세계 진로가 개방지향임을 알게 한다.

그런 연장선상에서 최근 한반도-일본, 그 외곽 미 중 러의 복잡한 이해 충돌은 여러겹 동심원의 소용돌이처럼 한반도 명운에 일말의 불안한 빛을 감지케 한다. 일본이 경제 기술면에서 칼자루를 쥐었다 해도 최소 국제무대에서 한국의 훼방을 받고 이로울 수는 없을진대, 마치 북한의 벼랑외교가 생사 걸고 달려들다가 실속을 챙기는 요행을 바라는것처럼 한 일 양쪽이 철로 위의 열차처럼 마주 달리는 건 무모하다.

일본이 개화하며 사표를 삼은 프러시아-독일은 나폴레옹에 짓밟힌 후에 보-불전쟁 1차대전 2차대전 등 세번이나 프랑스를 유린했다. 일본이 반도침략과 세계대전 도전이란 점에서 독일과 유사하나 전후처리 관점에선 독일과 천양지판이다. 진정 사죄하고 배상할 줄 아는 독일인의 사고와, 과거는 사과할 필요가 없다고 잡아떼는 일본과의 본질적 차이는 솔직히 말하면 알듯 하다가도 모르겠다.

　분명한 것이 있다면 아무리 일본이 탈아입구(脫亞入毆) 야망을 거의 다 이루었다고 해도, 빅뱅 같은 천재지변이 지구표면을 완전 뒤바꿔놓기 전에는 이웃 땅덩어리에서 멀리 떨어져 나가진 못하는 건 피차가 다 아는 숙명이다. 그렇다면 중-러-일 사이에 끼인 한반도를 19세기처럼 누구라도 무력으로 편입, 깔고 앉아도 괜찮다고 꿈을 꾸는 몽상가가 있다면 큰 불행이다. 합심해서 양국이 공조를 해야 이로운지 아닌지, 자명한 이치를 터득해야 한다. 그 점엔 일본 남북한 모두가 같다.

　고이즈미의 꾀많은 무사 스타일이 우직하고 참신해 보이는 아베로 바뀌었다. 최연소 수상이면서도 그가 예상처럼 망동은 하지 않으리란 것이 은근히 거는 기대다. 그에게 약점인 나이나 경륜에 보완이 될 위광은 저세상에 있지만 그의 부친이나 외조부일지도 모른다. 그들은 생전에 못 다한 포부를 후손에게 일러서라도 적어도 아시아에 보탬이 되도록 정치를 펼쳐주기 바랄 것이다. 아직 나이가 있으니 당장 유권자에게 아부하려 눈치만 보지 말고 진정 아시아를 EU의 발뒤꿈치만큼이라도 따라가도록 만들 책무의 큰 분량을 자기 것으로 알고 큰 정치를 펴리라 기대한다.

8
방앗간경제 체질

　　🌸 해방 후가 되어서도 한참 동안은 시골서 부자라 하면 태반이 정미소 아니면 양조장집을 쳐주었다. 그들에게 금시계줄 늘이고 초등학교 졸업식에 초청되는 지방유지 행세가 플러스 알파였다. 30여년 고생 끝에 아시아의 부자 소리를 듣게된 한국. 어느새 동양유지로는 성이 안차 구미 사교클럽(OECD)에 애써 가입해 놓고는 주저가 많아졌다. 그 30여 회원 가운데 좋은 지표들은 올라가지 않고 제자리 걸음 하거나 오히려 후퇴하는 항목이 있어 부끄러움을 자초한다. 부패지수 같은 탐탁치 않은 과목에선 높은 순번에 올라 있어 또한 챙피를 못벗어난다. 하긴 옛날에도 부자라고 다 존경받는 게 아니라 부자 나름이었다.

　　농가에서 겸영하는 정미소는 대농이 방앗간을 겸업하면 알짜 부자로 되, 농사일 싫어 꾀부리던 끝에 논밭뙈기 팔아 장만한 정미소나 방앗간은 가산 날리고 쪽박 차기 안성맞춤이었다. 한두 마력짜리 발동기를 외상으로 들여다 통통 돌리며 거들먹거리던 동네 방앗간은 거덜나기 십상이었다.

　방앗간집들이 빠지는 함정은 간단하다. 한마디로 자기집이 이젠 빈농이 아니라 부자가 되었다는 식구들 모두의 착각이 바로 그 함정이다. 왜냐. 뭣보다 큼직하게 꾸려놓은 곳간이 가을걷이 한두 달만은 볏가마로 가득 차게 마련인데 그 순간 따라 나오는 착각이 문제다. 쌓인 벼는 방아 찧어 쌀이 되면 즉시 주인들에게 실려가게 마련이니 방앗간집 곳간에 남는 건 삯으로 받는 알량한 몇말, 몇가마가 고작이다. 삯받이 자기 주제를 항시 잊고, 두어 달만 제 곳간에 쌓이는 남의 곡식을 무의식중 제것으로 혼동한다. 어른 아이, 안과 밖이 이 점에서 크게 다르지 않다.

　다만 착각의 모양새는 식구마다 조금씩 다르나 온 식구들에 주전부리벽이 생기는 게 보통이다. 그중에도 패가망조는 남정네의 노름벽이었다. 추수부터 봄까지 겨우내 담배연기 찌든 방앗간집 사랑방은 주인이 중심에 앉아 골패 마작으로 밤을 팬다. 그렇잖아도 알량하던 재산은 불어나기는커녕 봄볕에 고드름 녹듯 숭숭 줄다가 결국 어느날 별안간, 방앗간의 주인과 식구들이 몽땅 새얼굴로 바뀐다.

　박정희 장군이 5·16을 치르고 눌러 앉으며 내건 깃발이 수출입국이었다. 영국을 모방했건, 창안을 했건, 꼬집어 이 대목만은 역사에 기록될 대담한 선택이었다는 데 반론이 없다고 본다. 천연자원도 자본축적도 없는 최빈국이 원료를 들여다 가공 수출해 그 가득액으로 먹고 살며 개발 밑천도 삼자는 것이 국책이었다. 원리로 따지자면 영락없는 방앗간 살림살이다. 양도를 댈 만큼의 농토는 모자라고 그렇다고 모아놓은 장사밑천도 없는 속빈 빈농에게 차례 올 생업이 있다면 품팔이밖에 더 있는가. 그러니 방앗간 하는 집은 그중 윗길이다.

'수출입국'이란 착상이 바로 농가의 방앗간으로의 전업(轉業)을 문자를 써서 표현했을 따름 아닌가. IT 강국을 구가하는 이제에 와서도 원리상 크게 달라진 것은 없다고 봐야 한다. 최소한 그러한 조신한 생각을 떨쳐버리지 말아야 곳간에 들어찬 벼 가마니가 잠시 방아 찌어 달라 맡겨온 남의 물건이라는 사실을 한시도 망각치 않는다. 그래야 주전부리와 노름으로 가산을 들어먹는 폐가의 비운을 피할수 있다. 방앗간에 쌓인 동네집 벼가마를 수출이 본업인 나라처지에 빗대면 무엇인가.

한마디로 이 나라가 20여년 빠졌던 만성적자의 늪에서 헤어나 몽매간 자랑하게 된 무역흑자이고 그것을 지탱케 해주는 것이 무역 대국으로서의 엄청난 수출입 규모. 한해 무역고가 2천억을 넘어 3천억달러에 달하는 규모라면 물량으론 부두가 메어지도록 선적되어 드나드는 백두산 더미 같은 크기이다. 그러나 방앗간집 재산이 곳간에 쌓인 볏가마가 몽땅이 아니라 그것 중 극히 일부인 방아삯뿐이듯이, 그 큰 무역액이나 실물의 전체가 나라의 재산이 아니고 단지 '수출액 마이너스 수입액'이 우리의 가용자원이란 사실을 누구라도 망각해선 안된다.

하나하나 사리를 따져보면 이 평범한 원리를 알아듣지 못할 천치는 없다. 그러나 사람이란 마치 머리만 숲에 처박고 제 몸이 다 숨은 줄 믿는 까투리와 진배없이 아둔해서 문제가 심각치 않은 평소엔 까맣게 잊어버려 착각하고 산다. 방앗간 식구들의 낭비벽과 너무 흡사한 사고방식-생활방식에 흠뻑 빠져 사는 주체들이 다름 아닌 오늘 한국의 국민이고, 특히 해외출입으로 한해 골프료만 1조원을 넘기는 형편 좋은 상류층과 권력자, 그 주변이다. 그래도 몇년 전까지는 무역적자를 보고 겁이라도 내면서 다시 흑자 전환을 이루기만 하면 된다는 희망을 가졌었다.

그러나 요즘 와선 별별 논리를 동원해 웬만한 적자쯤은 문제가 아니라고 간이 커졌으니 여기에 허점이 뚫려 있다. 낙관론자들은 개방시대 들어서선 여러 목적의 외자의 유입이 넘쳐 자본수지가 흑자면 된다는 가설을 세워 한껏 여유를 부린다. 또 정부는 수출 지탱책으로 원화평가를 계속 낮추기 위해선 대외 부동산 투자 등 외화의 해외유출 촉진을 하나의 방책으로 내놓고 있다. 간도 크다. 아무리 외인 투자가 몰려 들어도 그 돈은 결국 언제건 빠져 나가거나 과실로 송금되고 또 최소한은 언제건 갚아야 할 부채임에 틀림없다.

일자리 마련에 늦게나마 최우선을 둔 나머지 힘겨운 자유화 조치를 울며 겨자먹기로라도 시도하는 형세다. 요컨대 어디로 변통을 하건 간에 수출입국의 기치를 걷어 내리고는 국세를 지탱하기 힘든 체질에서 오로지 왕도가 있다면 무역수지 흑자와 경상수지 흑자를 상향 유지하는 일이다. 일본이 15년간의 장기침체를 고통을 당하면서도 끄떡없이 버텨낸 힘은 끈질긴 수출을 바탕으로 반세기 쌓아 온 국제수지 흑자요 외화자산이다. 우리는 어떤가. 몇년째 큰소리친 것과는 달리 무역외수지는 가물가물한 상태에서 멀리 벗어나지를 못한다.

그래도 아랑곳없이 정치는 겉멋에 죽고 겉멋에 산다. 사방을 둘러봐도 안팎으로 표 따는 것이 지상과제이고, 하루라도 자기존재를 뽐내지 않고는 직성이 안풀리며, 그러면서도 통일한국 청사(靑史)에 김춘추 김유신처럼 남으려는 한국 정치인들의 망상에 책임의 태반이 돌아간다고밖엔 말하기 힘들다. 멀리 남미 ABC 3국 중 일부처럼 옛 영화를 역사 속에 묻은 지 오랜 나라들이 많다. 외국인들이 경악했던 한국경제의 성장신화도 역사의 뒤안길로 사라지려는가. 자원빈국에서 벗어날수 없는 이상 바지런하고 야무진 기술선도, 노사공조를 뼈대로 하는 방앗간 경제의 본분과 틀을 일탈해선 살길이 우리에겐 없다.

9
황우석의 그림자

    🍃 2005년 하반기에서 2006년 초까지의 몇달은 황우석 교수의 욱일승천 같은 급부상과 그 뒤에 느닷없이 카미카제 특공대에 당한 전함의 침몰 같은 초장-종장의 일대 파노라마가 온통 세상을 뒤덮고 있었다. 낭만적 흥분과 속 쓰린 희비극이 교차한 대 드라마였다. 그러나 그 드라마 줄거리의 본질이야말로 이 사회 구성원들 각자가 한몫씩 끼어들어 처덕처덕 오랫동안 쌓아올린 얄팍하고 추한 사회상을 그대로 들어낸, 말하자면 한국 내면사(內面史)의 진수라고 해도 과언이 아니다. 황우석 드라마의 특징은 무엇인가.

    첫째, 거짓과 부정직이 사회 전반을 풍미해, 거짓이야말로 이 세상에서 가장 틀림없는 성공의 수단이요 오래 작동해 온 기제(機制)인데 어쩌다가 표면으로 흉측한 형해가 노출되었을 뿐이다. 한국사회에서 '요령 있는 거짓말'은 경쟁에서 승리하는 필요조건으로 높이 인정받으며 누구나 닮고자

하는 덕목처럼 떠받들여져 왔다. 보통은 융통성이란 미명으로 분칠해진 임기응변, 구렁이 담 넘어가는 식의 얼렁뚱땅하는 처세술은 결코 허물이 아니어서 오히려 곧이곧대로 만사에 바른 말만 해대는 사람은 무용지물 또는 귀찮은 존재로 괄시받기에 이르렀다. 그래서 융통 자재한 기질은 공사조직 어디서나 능력의 다른 표현이며 바로 출세의 보증서처럼 통해 오고 있다.

가령 여러 부하 직원이나 자녀들이 길에서 불량배나 탈세를 적발하는 세무원을 만났다고 가정할 때 한 부하, 한 자녀는 그들의 힐난을 그럴듯한 거짓말로 모면해 손실을 피했고, 다른 하나는 있는 그대로 토변을 해 조직이나 가정에 손해를 끼쳤다고 하자. 이때 거짓말로 둘러댄 쪽은 가책사유로 잘못을 추궁받기보다 능력을 인정받는 것이 당연하고 정직하게 말했다가 손해를 당한 또래는 핀잔을 면키 어렵고 조직이나 가정에 부담스런 존재로 치부되는 것이 상례가 아닌가. 어느 곳에 "비록 나라가 잘되는 한이 있어도 거짓말을 해서는 안된다"는 도산(島山)의 가르침을 들먹이며 거짓말로 얼버무려 손실을 막은 구성원을 나무라는 부모나 상사를 구경하기가 어려워진 세상 아닌가.

시험 커닝 근절 안되고는

특히 우리 사회에서 거짓말의 원초적 배양은 초등학교에서 대학까지 각급 학교 각종 시험에서 없어지지 않는 소위 커닝(시험부정행위)의 끈덕진 존속에서 너무 분명히 확인할수 있다고 본다. 이 나라의 전 교육과정에서 아마도 커닝행위는 심한 말로 세상에 종말이 오는 날까지 뿌리 뽑히지 않을 고질 중의 고질병으로 보인다. 필자는 언론사 퇴직 후 10여년 강단 경험에서 중간-기말 고사방식을 노트나 교과서를 펴놓고 답안을 쓰는 '오픈북'으로 일관했다. 오픈북 시험은 우열 변별에 다소 문제가 있고 채점에 시간이 더 소요되지만 그보다는 시험몰수를 마다 않고 커닝을 일소할 자신이 없을 바에야 출제-채점상 고충을 감수하고라도 도둑질로 학점을 따도록 방치하는 이 나라 상아탑 안의 부끄러운 전통을 깨는 데 일조하는 일이 더 중요하다는 확신 때문이었다.

시험장에서의 커닝행위를 별 양심가책 없이 체험하고 성장한 연령층이 사회를 채울 만큼 한국 교육역사는 벌써 60년을 넘어섰으니 이 사회에선 거짓과 부정도 필요에 따라선 용납될 수도 있다는 일종의 대중합의가 이루어져 있다고 보아야 하지 않을까. 일본 패전 후 상당기간 헝그리정신으로 피해 복구를 하는 시기에 어떤 중학에서 커닝하다 적발된 동급생을 집단구타해 절명에 이르게 한 사례가 전해져 한국사회에도 충격을 주던 일이 떠오른다. "너 같은 자들이 있었기에 일본이 미국에 패망했다"는 규탄이 처벌의 취지였다고 전해진다.

둘째, 체면치레 허례허식의 가치관이다. 황 교수 자신이 비인기 학문분야에 오래 종사하다가 갑자기 열광적으로 몰아치는 세계 뉴스의 각광을 받게 되면서 처음 맛본 희열이야말로 스스로 놀랍고도 놓치기 아까운, 어느새부터는 무리를 해서라도 이 꿈을 깨어선 안된다는 절체절명의 강박관념에 몰리게 된 것이라 본다. 그런 심리상태에선 뒤에 지불할 대가가 엄청 클수 있다는 미래의 두려움보다, 당장 눈앞에 닥칠 체면 추락의 충격을 모면해 보자는 조삼모사(朝三暮四) 쪽으로 심리가 몰입되고 말았을 것이다.

그 바탕에 깔린 의식은 어떤 것인가. 교수직에 종사하며 챙겨야 했던 본래의 체면에다가 갑자기 닥쳐온 세계적 명성, 국민적 영웅으로 급상승한 허구적 환상이 상승작용을 해, 이제는 이 거품을 스스로는 도저히 터뜨릴수 없을 정도로, 그래서 에라, 망할 때 망하더라도 하루라도 뒤로뒤로 파국을 물려나가 보자는 강박심리에 포로가 되었다고 할수 있다.

셋째, 정치권의 허영심과 국민의 부푼 기대가 황우석 현상에 편승하려는 심리였다. 대통령이 됐건, 정당이 됐건 과학기술 분야의 세계적 금자탑이라고 하는 자천타천 분위기는 나라의 명예상승 자체로나, 위정자에게 부수되는 위광효과로 보나 결코 포기하기 아까운 꿈이었다. 통일 성취자로 청사에 이름 남기기를 지상과제로 삼는 역대 대통령들은 물론이려니와, 월드컵 16강 진출에 모든 영욕을 걸어도 좋다고 흥분하는 국민열망이 치열한 나머지, 지더라도 패어 플레이를 존중하는 스포츠정신보다는 더티 플레이, 야료라고 나중에 비난을 들을지언정 승리가 최상이라는 왜곡된 '필승정신'을 일종의 국민적 신앙으로 떠받드는 직전까지 근년 나라의 분위기가 공중에 떴던 것은 아닌가.

그러나 독일 월드컵 때 국민들은 결국 현명했다. 여러 차례 평가전에서 이미 체력과 개인기 등 대표팀의 역량이 일정수준에 못미친다는 분석을 내심으로 하고나서 응원에 나섰던 것이다. 가나와의 평가전을 앞둔 여론조사에서 80%가 '못이긴다'는 냉혹한 분석을 했던 것이다. 황우석 시리즈에서도 민중은 흥분을 가라앉히고, "팀의 연구 일부가 허위인 것을 알았다"고 실토한 그 대목에서 황박사가 '수건 던지기 give in'로 물러섰어야 옳았다.

자제 어려운 特種욕심

넷째, 스스로 고삐를 풀은 언론의 과장벽이다. 이것을 놓고 도덕적 학문적

당위를 운위할 성질도 못된다. 언론의 생래적 본능이라고 할수 있는 특종(特種)욕구는 때로는 독자와 사회의 이익이나, 갈수록 자주 남용되는 '국민의 알 권리'와도 사실 직접 상관이 없다고 할 만큼 특종경쟁 과잉현상을 보였다. 근원은 무엇인가. 한을 모르는 언론 고유의 이기주의이다.

타 경쟁매체에 실리지 않은 기사를 먼저 보도함을 지칭하는 특종(scoop)이야말로 인쇄매체 방송매체 할 것 없이 매체의 사활을 건 세일즈 포인트다. 수십개 인쇄매체가 가판대에 나란히 진열돼 있는데 어느 한 신문에만 일반의 관심을 끄는 제목의 기사가, 더욱이 눈에 띄는 표제가 뽑아 실리고, 다른 신문엔 있으나 마나한 밋밋한 기사만 채워져 있다고 가정하자. 독자가 과연 어느 것을 고를지는 물을 필요도 없다.

특종은 그 당일만의 승부로 그치는 게 아니기에 언론사 취재기자는 물론 데스크도 죽을둥 살둥 달려든다. "○○ 신문엔 특종이 잦다"는 평가나 기대가 발 없이 시장에 확산되게 마련이다. 만일 한번 특종한 매체가 며칠 건너 한번 더 특종을 하는 경우 다른 매체가 입게 되는 타격은 파국적이다. 그렇게 흰두헤만 믿고 나간다면 매체간 시장 점유율은 확 뒤바뀌게 된다.

한국 신문은 1960년대 초 군사정부가 신문에 얻어맞는 비판의 빈도를 하루 두번에서 하루 한번으로 줄여보려는 의도에서 그전까지의 조-석 복간제(複刊制)를 조간 석간 중 택일하는 단간제(單刊制)로 바꾸었다. 여러 신문이 제각기 아침 저녁으로 두드려 패면 너무 귀찮으니 매를 하루 한번만 맞자는 단순한 계산에서였다.

조간신문의 매일 초쇄시간은 경부선 호남선의 야간 열차에 신문 뭉치를 적재 발송하는 시간을 놓치지 않도록 상차시간-인쇄시간-편집마감-기사마감시간을 역산해서 정했다. 그에 따라 취재기자가 데스크에 기사를 최종 송고하는, 협의의 '마감시간'은 통상 오후 다섯시 반 전후로 잡혀 있었다. 몇년간은 퇴근시간 무렵 나오는 이 지방 배달용 초판 일부를 가판으로 내놔 행정기관 대기업체들이 이 초판 신문을 사서 보고 언론대책을 세웠으며 각 언론사는 이 기준으로 기사의 특종여부를 심사하는 기준을 삼았다.

그러나 경쟁이 치열해지면서 타지들이 자사 가판의 특종기사를 임의로 베껴 싣지 못하도록 중요한 특종기사는 초판에다 게재치 않거나, 한때는 서울 시내 조간신문 가판제를 아예 없애고 남행열차에 봉함 발송하거나 아주 중요한 특종은 초쇄판에는 싣지 않고 수도권 배달판에만 판갈이해 싣는 고난도의 특종 장려책을 시도했었다. 방송에선 신문처럼 하루 한두번만 특종경쟁을 하는 것이 아니라 매 시간대의 뉴스시간이 모두 특종기회가 됨은 물론이다. 그러나 메인뉴스가 있다. 서양서는 가장 시청률이 높은 오후 6시를 '빅뉴스'로 하고 있고, 퇴근-귀가시간이 훨씬 늦은 한국에선 저녁 9시뉴스가 중요하다는 점에서 다르다.

야전침대 벤치마킹

특종을 두고 피나는 경쟁의 뒷 얘기는 많다. C일보의 경우 신문경력이 추후 정-관계 진출-출세의 기초가 되었던 Y C 두 편집국장은 특종을 독려하기 위해 몇달 또는 2년을 집에 가지 않으며 집무실에 목침대를 놓고 숙식하는 억척을 마다하지 않아 전설처럼 유명해 졌다. 그들은 사회부장 또는 편집국장으로서, 큰 사건이 많이 터지는 야간에 불침번을 자처, 취재를 진두지휘, 경쟁지들을 누른 것이 일등 신문의 기초를 닦는 계기가 되었다.

그들은 그 열의를 외부에서도 인정받아 입각을 하고 정당 수뇌에 오르는 관록을 과시하고야 말았다. 그것도 실은 한국일보가 낙양의 지가를 올리던 장기영 사주의 독특한 기법을 경쟁지 야전사령들이 일찍이 요새말로 '벤치마킹'을 했던 셈이다.

특종기사의 이러한 마력 때문에 그 속엔 위험요소가 언제나 도사리고 있다. 가장 우려스런 부분은 담당 기자나 데스크가 경험에 입각한 직업적 후각과 상상력을 최대 동원한 나머지 지나친 확신에 빠지거나 때로는 실패에 대한 미필적 고의가 있으면서도 덜 익은 기사를 마감시간에 쫓겨 출고하는 경우이다. 언론계 관용어로 소위 '작문'이다. 분침 초침이 똑딱 거리며 마감시간을 재촉하는데 현장에서 추가보고는 안들어오지, 역순으로 공장 판매국 편집 데스크에서 독촉은 빗발치지, 이런 경우 "이봐, 작문 좀 해" 하는 명시적 묵시적 데스크 지시가 팀장에게 떨어지기 십상이다. 아뿔사 그 작문의 정도가 너무 과한 경우라면 사고는 예정된 셈이어서 드물지만 그 결과는 사회 국가 세계적으로, 무엇보다 당사자들의 양심상으로 크나큰 물의를 증폭시킨다.

언론의 오보 내지 과장보도는 국내에서뿐 아니라 외국에서도 비일비재하게 일어난다. 그래도 제도나 관행상 이런 불상사는 없어지기 어렵다. 특종이 기자 한사람뿐 아니라 그 매체의 생명선이나 같다는 점에서 매체 경영자들은 여러 등급의 시상과 홍보를 마다 않으면서 특종을 마치 전쟁의 최고 무공 못지않게 장려한다. 그러면서 묘한 것은 문제의 기사가 사후에 오보나 과장으로 밝혀지는 경우 매체가 입을 신인도 저하라는 데미지의 두려움 때문에 특종이 오보로 전락했다는 비밀의 대외 누출이 자동 보안되는 특성이다. 취재보도에 관련된 층층 당사자들이 일종의 공범심리로 뭉쳐져서 쉬쉬하며 넘어가는 것이 관행이다. 때문에 보호법익이 큰 오보일수록 은폐 가능성 역시 크다는 역기능을 직시해야 한다.

황 교수 사건은 역설적으로 너무 급변한 나머지 구성원들의 인식이나 제도가 그 현실을 따라가지 못하는 우리 사회 지저분한 구석구석을 일순간 환하게 비춘 서치라이트의 순(順)기능을 했다는 측면도 무시할 수는 없다. 물론 그것은 사회 구성원들이 그 경고를 심각하게 경청하고, 드러난 오물들을 그 불빛이 다시 꺼지면 암흑 속으로 다시 묻지 않도록 고된 작업을 강행해야만 교훈으로써의 값이 있다고 본다. 거꾸로 수치에 눈을 감거나 더러움을 숨기고 억지 미화해서 라이트 불빛만을 원망하여 모면하려고만 할 경우 또 다른 춘사가 속출, 용이 되지 못한 이무기처럼, 선진권에서 멀리 뒤쳐진 수모를 면하기 힘들 것이다.

10
혼혈의 힘, 앵글로 어메리칸

🌀 70년대 초, 필자가 신생 신아일보의 특파원으로 워싱턴에 주재할 때 셋집주인 마크 J 마이크는 마케도니아 이민의 2세인데도 미국에 대한 애국심에선 양보가 없었다. 그 징표 중 하나가 세계 역사상 중요한 각종 발명의 거의 전부는 미국인들이 해낸 것이라는 자부였고, 거기다 후렴처럼 잊지 않는 질문이 "혹시 너희 나라도 뭔가 발명한 게 있느냐"는 것이었다. 순전한 호기심에서만 아니라 대답에 궁해하는 이쪽 표정을 내심 즐기는 눈치도 역력했다.

구텐베르크보다 앞선 금속활자, 한글 자모, 거북선까지를 끌어 모아 나름대로 역공을 시도했지만 역부족이었다. 마이크처럼 에디슨의 '백열등과 축음기' 벨의 '전화' 라이트형제의 '비행기' 등등 발명의 형체가 눈앞에 뚜렷이 떠오르고, 그 기능이나 성능에 대해 누구나 공감하는 발명품들을 우리 한국사람들의 발명품이라고 주워섬기기란 여간 힘에 벅찬 일이 아니었다. 문제를 제기한 그를 원망하기보다 인간들이 발명해낸 문명의 이기(利器)들을 열거해 발명자를 국적별로 분류하는 일에는 흥미가 갈것 같다.

손에 닿는 방법으로 네이버에서 '세계 100대 발명품'을 검색해 놓고 국적분류를 꺼내보았다. 이 가운데는 협의의 발명뿐 아니라 원리의 발견-발표도 당연히 포함되어 있다. 그러나 많은 항목에서 그 발명가 개인에 대한 언급이 너무 간단하거나, 얼마큼 큰 역할을 한 인물이라도 그 사람의 국적에 대해선 되도록 얼버무린 경우가 적지 않아 세계 발명가들의 국적분류는 예상보다는 어려운 일이었다.

그런 가운데 유의할 만한 특징이 나타났다. 대체로 19세기 중반을 경계로 삼아, 그 이전엔 영 불 네덜란드 이태리 등 서유럽 국가들에서 발명 발견한 것이 많았다. 그러다가 그 19세기 후반으로 넘어오면서 미국인의 숫자가 현저히 늘어나 20세기까지도 이 경향이 지속되었다. 이런 현상의 배경에는 널리 공감할 만한 요소가 물론 있다.

19세기 중반에 일어난 미국의 남북전쟁(1861~65)은 세계사에서, 특히 자본주의 발달사에서 어떤 전기를 마련한 일정한 분수령이었다고 볼수 있다. 이 전쟁은 한 나라의 내전(內戰)이면서, 그에 그치지 않고 유럽이나 아시아, 길게 세계 구석구석에 커다란 전환기적 동인(動因)을 제공했다는 의미부여가 가능하다. 그전까지 르네상스 계몽시대 산업혁명 등으로 이어지며 발명이나 발견을 북돋아준 인류역사의 역동적 수레바퀴는 주로 서구를 중심으로 굴러 왔었다. 특히 19세기는 영국이 앞서 달린 세기였다.

그러나 20세기 들어 미국은 세계1차대전을 치르면서 영국을 급속히 압도했다. 첫 4반세기에 그것을 뒷받침하는 지수로서 미국의 연구·개발 투자지출은 영국의 무려 12배에 달했다. 그에 따라 대학생 수는 8배, 일반기

술자는 3배로 많고 중요한 공장설비 투자액도 영국을 70%나 앞질렀다. 그 결과 미국의 생산성 증가는 영국보다 4배나 높았으니 영국이 잡고 있던 세계경제 리더십이 미국으로 넘어간 것은 당연했다.

미국 내에 있어 남북전쟁이 농업중심의 보수 정통 지향적 남부가 아니라 공업중심의 반 봉건 지향적인 북부에다 승리를 안겨줌으로써 미국의 산업발전을 가속화시키는 데 결정적 기여를 했던 것이다. 더구나 1차대전에 이어 2차대전을 경과하면서, 군사력 면에서의 소련과의 제한적 경합을 제외하면 미국의 국제적 위세는 무경쟁 상태, 그것이었다. 경제력을 바탕으로 군사 정치 과학 문화의 모든 부문에서 영국을 포함한 전 유럽을 압도하는 팍스 아메리카나(Pax Americana)가 확고하게 굳혀져 오늘에 이르고 있는 것이다.

그런 와중에는 유럽 각국에서 기근이나 정변 종교박해 등 여러 요인들이 수없이 겹쳐 작용함으로써 신대륙은 유럽 각국 인종들이 대규모로 유입돼 가히 이민의 신천지로 양적 질적 변화를 일으켜 나갔다. 그 가운데도 특기할 현상은 이민 속에 진행된 유럽의 두뇌이입이며 이 현상이 미국의 발전-유럽의 상대적 정체(停滯)를 항구화시키는 결정적 기능을 했음은 특기할만 하다.

중세 암흑시대를 끝장낼 르네상스가 이태리를 중심한 서구에서 싹텄으며 그로부터 계몽시대, 산업혁명, 각종 발명-발견이 서구를 온상으로 봇물이 터지듯 계속 양산되었다는 사실을 우리는 과연 역사적 필연이라고 말할 것인가, 아니면 보카치오가 데카메론이란 환상의 나래를 편 장소가 우연히 이태리였음이 계기가 되어 그러그러하게 연쇄작용을 일으켰을 뿐이라고 봐야 옳은가 하는 자문에 부닥친다. 다른 말로, 과연 중동 아랍세계를 포함한 동양권에는 아무런 과학과 발견 발명 창의적 지식들이 싹튼

일도 없었고 따라서 축적도 별로 없었다고 할 만큼 무인지경이었느냐 하는 의문이 제기된다.

한마디로 그에 대한 답은 '노' 다. 미국의 미래학자 중 하나인 레스터 더로는 〈자본주의의 미래〉에서 중국의 역사적 발명품 10가지를 열거하며 15세기 르네상스가 서구에서 일어나지 않았더라면 물질문명의 개화는 동양에서 있었을 것이란 취지의 분석을 내놓은 바 있다.

동서의 優位 교체

그러나 이 대목에서 쉽게 품을수 있는 의문점은 수천년 동안 많은 지식과 부를 축적한 동양이 어찌하여 15세기 전후에 급작스럽게 서양에 열세를 보이며 사실상 그들 앞에 무릎을 꿇어 많은 동양 나라들이 식민지로 전락해야 했는가 하는 것이며 그 원인을 구명하는 일은 우리들에게 중요과제가 되고도 남는다 할 것이다.

이 문제에 접근함에 있어 인간의 어떤 개체나 집단의 진화 발전과정을 필연의 궤적으로 봐야할 것이냐 아니면 우연한 단속적(斷續的) 연결로 볼 것이냐 하는 근본적 시각이 중요한 출발점이 될 것이다. 유럽사의 주류를 아주 굵게, 이집트문화를 발원지로 보고 메소포타미아 에게-페니키아 희랍 로마(프랑스 독일) 이베리아-화란 영국을 거쳐 현재의 미국으로 이어진다고 볼 때 이 줄기는 나일강 티그리스 유프라데스 에게해 지중해 다뉴브 도나우 라인강 발틱 대서양 태평양이라는 물줄기를 따라 전이되어 왔다고 할수 있다.

프리드리히 헤겔은 그의 《역사철학 서설》에서 역사발전의 지리조건으로 1)유목에 적합한 척박한 초원지대(몽골, 카스피해~북해 초원지대) 2)농업에 적합한 계곡의 평원지대(황하, 인더스-갠지스, 티그리스-유프라테스, 나일강 유역) 3)바다와 하천의 연안지대를 꼽았다. 그는 육지가 인간이 땅에 의존한 나머지 그들을 속박시키는 데 비해 연안지대는 바다와 연결됨으로써 인간에게 경계가 없고 무한정한 아이디어를 유발시키며 호기심과 용기를 불어넣어 생각과 행동을 좁은 틀에서 벗어나게 만든다고 규명했다. 그래서 서양은 지중해를 중심으로 해양문화를 쌓아 나가면서 대서양과 인도양 넘어 신-구대륙에 끊임없는 연결을 유지해 왔다고 헤겔은 쓰고 있다.

그의 말이 아니더라도 서양의 역사는 강변에서 연근해로, 거기서 대양으로 옮겨가며 피안(彼岸)의 세계, 미지의 세계에 대한 동경을 중도포기하지 않고 끊임없이 좇아갔다. 물론 그것을 추구한 수단은 항해술과 각종 화기였고, 일시 중단하더라도 다시 이어서 목적물을 손에 넣고야 마는 도전정신 승부욕 능동-적극성의 결과로 세계를 장악했다고 지적돼 왔다.

동양의 역사는 어떤가. 13세기 아시아 대초원에서 질풍 같이 병마를 일으켜 유라시아를 횡단한 대제국을 2세기 가까이 경영했던 몽골제국이 작거나 크거나 물이라면 어느 하나도 건너지 못하고 내부지향에 골몰하다가 결국은 중원까지 서양제국에 조각조각 조차(租借) 분양해야 했던 수동성 소극성을 벗어나지 못했다. 그것을 예의 유교유죄론으로 간단히 합리화하여 면책할수 있는 것인가. 물론 유교에는 역기능 외에 순기능이 인정된다. 특히 일본을 선두로 한 동아시아의 '기러기 줄서 날기(안행; 雁行)' 경제발전론이 부각된 이후 근면성 질서정신 등 유교 긍정론이 대두되어 오고 있다. 더구나 고도성장으로 세계를 놀라게 하고 있는 중국이 유교문화의 발원지라는 점에서 '노동을 소명(召命)으로 아는 근면한 기독교만이 자본주의 발전의 원동력'이라는 막스 웨버 류의 논리에 반론이 분분하다.

여기서 새삼 확인하듯, 동서로 길다란 유라시아 대륙을 반분, 동-서양인이 할거하면서 서쪽의 서양인들이 해양지향적 도전성으로 15세기 이후의 세계사 형성에서 능동적 적극적 역할을 했다는 점만은 부인할수 없다. 그 과정에서 스페인 포르투갈 네덜란드가 앞서서 동쪽으로 아시아의 해안과 도서에, 서쪽으로는 대서양을 넘어 미주 신대륙에 대양주까지 그들 손에 들어가는 영구적 불균형을 지구 위에 심어놓고 말았다. 결국 영국의 스페인 무적함대 격파를 전환점으로 길고 긴 '팍스브리태니카'와 그에 이어 '팍스아메리카나'로의 바통 터치가 20세기를 관통하며 오늘에서 내일을 향해 진행 중이다.

영국은 16세기 엘리자베스-19세기 빅토리아 두 여왕의 재위를 잇는 300여년에 걸쳐 세계 도처에 자리를 깔고 그것들을 엮어서 '해지지 않는 대영제국'을 세웠던 것이다. 20세기 중반 이후 그 활력이 쇠잔해 가는 것은 사실이나 21세기에 들어선 지금에 와서도 비록 양상은 다소 바뀌었지만 여전히 영국을 정신적 정점으로, 미국 캐나다 오스트레일리아 뉴질랜드를 어우르는 이른바 '앵글로-아메리카'의 지배체제, 그의 심벌로서 부족함이 없는 '영어 문화권'의 확장이 갈수록 가속화되어 가고 있다. 수요자들의 자의든, 공급자들의 모의든 간에 영어와 IT와의 연결-보완성을 이젠 준 영어권 인도까지 가세해 앞으로 나아가고 있는 눈앞의 현실을 우리는 부인하지 못한다. 인구 3억을 2006년 막 돌파한 미국이 노예무역으로 떠안은 아프리카-아메리칸에 이어 중남미 라틴계 혼혈인, 아시아계 여러 인종까지 광대한 이민물결을 아울러 수용하면서 영국 중심에서 폭은 넓혀 가고 있지만, 수세기에 걸친 앵글로-색슨 주도의 세계질서를 보강 구축하기 위해 상당기간은 더 열을 올릴 것이 분명하다.

공식 국호로 '브리텐 및 북아일랜드 대연합왕국 The United Kingdom

of Great Britain and Northern Ireland', 존칭 '대영제국', 약칭으로 '영국'인 이 나라는 과거 '신사의 나라'로 불리길 무척이나 즐겼다. 이미 백년 이상 세계 여러 나라의 영어교재 'King's English'의 단원마다 가히 최고 문명국의 이미지를 깊고 높게 쌓아 올렸다.

'영국민족'은 따로 없다

하지만 조금만 다가서서 그 역사를 한꺼풀 벗겨보면 어떤 특정 단일민족의 국가가 아니라 아주 전형적인 '다민족국가'이다. 게다가 안팎에서 몇 년째 폭력으로 이름을 떨쳐오고 있는 그 나라 극성 축구팬 '훌리건 hooligan'이 말해주듯, 아주 호전적인 여러 종족들 간 혼혈인들의 후예라는 사실을 확인하고는 놀라지 않을수 없다. 보통 영국인이 어떤 민족이냐고 묻거나, 또는 묻지 않거나, 한마디로 '앵글로-색슨족'이라고 해서 거기 하등 이상할 데가 없다고 할만큼 귀에 젖은 고유명사이다. 하지만 역사를 조금만 들춰 거슬러 올라가면 '영국인 British'이란 범주는 어느 한 종족을 특정한다고 할수 없을 만큼 수천년간 혼혈에 혼혈을 거듭한, 아주 유례 드문 다민족 인종집단임을 알게 된다.

근년에 오면서 여러 유색인종들까지 뒤섞여 인종폭동이 일어났을 지경이지만 2차대전 한참 후 1960년대, 70년대까지만 해도 '흰 피부, 노란 머리'로, 동양인의 눈에는 앵글로-색슨이라는 이름의 백인 단일혈통 민족국가로 깊이 인식되어 왔다. 조금 더 영국에 관심이 있는 사람이라야 '잉글랜드엔 앵글로색슨이 사는 외에, 주로 스코틀랜드 웨일스 아이랜드에 켈트족이 살고 있는 백인들의 혼혈국' 정도로 안다.

그러나 태고적 스톤헨지 시대의 선주민이 누구였느냐까지 소급하지 않더라도, 그보다 늦게 신석기 시대에 이주해온 아리안계 아닌 이베리아인들, 그에 뒤이어 2,400년 전부터 처들어와 용맹성을 발휘한 대륙계 켈트족, 2,000년 전 원정군으로 들어와 전후 4세기를 지배한 로마군단, 중세에 침공해 와 7개 왕국을 건설하고 계속 뿌리내린 바로 게르만계의 '앵글족'과 '색슨족', 그 위에다 덴마크인의 침입, 그에 이어 유명한 1066년 노르망디 오랜지공 윌리엄의 바이킹족이 첨가되어 있다.

윌리엄 정복왕이 정확히 5,000명의 기병을 거느리고 들어와 그 뒤 1,000년 영국을 지배하는 동안 가장 높은 지배계층을 형성하며 영국을 좌지우지한 이 바이킹들은 본래 노르웨이 스웨덴 덴마크의 원주민으로 수천년간에 걸쳐 마치 한반도의 왜구처럼 영국땅을 끈질기게도 침입했었다. 그러나 바이킹은 한반도를 괴롭히던 왜구와는 달리 물러가지 않고 영국땅에 계속 주저앉은 사람들, 그들의 후예들이 많기 때문에 어떤 학자는 현대 영국인 혈통에 섞인 바이킹의 피가 약 22% 정도라고 계산하고 있다.

하긴 바이킹은 대륙에서 마자르족이 그랬듯이 1,000년 이상 거의 전 유럽에 골고루 영향을 미쳐, 지중해상의 시실리왕국을 세운 것도 그들이다. 그런 해적의 역사를 가졌지만 오늘날 노벨상을 관리하며 중동평화 중재를 포함, 세계평화에 선도적 기여를 앞장서는 최우등 민주 복지국가들이 덴마크 포함 스칸디나비아 4국(핀란드는 동족은 아니나 광의로 포함)이란 것은 역사의 아이러니가 아닐수 없다.

위의 여러 민족과 종족들 모두가 영국땅 안에서 일정 분량씩 뒤엉키며 민족국가nation-state를 이루어 민주정치 산업혁명 시장경제에서 언어 예술 스포츠 등 광범한 영국문화를 빚어내 세계에 반출하며 16~7세기부터 20세기에 걸쳐 세계를 석권한 대영제국을 만들어 냈다. 1620년 영국의 청교도 20여명이 메이플라워호를 타고 신천지를 찾아가 미국 건설의 상징적 역할을 했다는 사실은 인류 사상 특기할 사건임에 틀림없다. 영국이 다름 아닌 해양세력의 종주국 지위에 오랫동안 군림해 왔고 현재에 와서도, 최소한 정신적으로라도 미국 캐나다 오스트레일리아 뉴질랜드에, 동양의 일본을 망라하는 해양세력 클럽에서 명예회장 자리에 아직도 앉아 있게 된 근본 바탕은 어디에 있으며 어떤 의미를 갖는가.

오묘한 도버해협

우선 영국의 지정학적인 가치다. 좁은 해협 하나를 사이에 두고 유라시아 대륙 서쪽 끝에 자리를 잡았다는 것은 오늘의 시점에서 볼 때 무엇보다 크나큰 행운이라 하지 않을수 없다. 만일 5만년 전에 그랬었다는 지리학의 연구처럼 도버해협이 없이 브리텐 섬과 유럽대륙이 연륙되어 있었다고 가정하면 영국 역사가 과연 오늘과 같이 전개되어 왔을까, 상상을 하는 것만으로도 흥미롭다.

우선 가까이, 19세기 초 나폴레옹, 20세기 중반 히틀러로부터의 공격을 견디기 힘들었을 것은 확실하고, 그 이전 수천년간에도 고립에서 오는 이익을 향유하기란 힘들었을 것이다. 이는 동아시아의 사정과도 유사하다. 수천년 동안 대한해협~대마도해협을 끼고 대륙과 떨어져 있음으로 해서 일본이 향유해 온 이득은 얼마나 큰가.

물론 그 반대도 상상할 수는 있다. 도버해협이 100리도 안되는 35.4km의 좁은 폭이 아니라 만일 훨씬 더 넓은 바다였다고 가정하면, 먼저 단순하게는 작은 배를 타고 지나가던 대륙 침략꾼들의 눈에 잘 띄지 않아 잦은 피침을 걱정할 필요가 적었으리라고 바꿔서 생각하면 그것도 그럴듯 하다. 그러나 그 이전 켈트 앵글 색슨 데인 바이킹 등등 유럽대륙에 살던 여러 종족들이 영국에 이주할 기회마저도 없었기 쉽다. 그랬다면 그들이 번갈아 몇차례씩 들어와 덮치고 포개면서 강성 영국인, 강성 대영제국을 빚어 내지도 못했을 터이다.

이젠 이미 2,000년 이상 긴 역사 가운데서 혼혈에 혼혈을 거듭, 지구 위에서 의회민주주의, 산업혁명에 선도된 자본주의, 여러 언어를 통합해 초서 셰익스피어를 거치며 닦아온 영어의 세계어화 등, 현대문명에 기여한 일등국민으로서의 정체성(正體性)을 공인받아 온 것이 다름 아닌 영국인이다. 그들이 그동안 공개적으로 새삼스럽게 그 조상들이 과거 각 지역에서 창 칼 들고 모여든 내침자들이었다는 점, 오늘 그들의 몸 속에 그 여러 조상들의 피와 DNA가 각기 흐른다는 사실을 높은 목소리로 뒤떠들 사람도 드물었고, 또 오늘의 보통 영국인들도 이제 새삼스레 너와 나, 제3자들의 혈통을 분명하게 가려 따져가며 반목할 필요는 없다고 보는 것이 아닐까.

분명한 것은 그 여러 민족, 그중에도 항해술 호전성 강골성 적극성으로 뭉쳐진 바이킹과 게르만의 DNA가 근대 영국 정통의 기본요소를 이루었을 개연성이다. 영국사에서 독자들에게 감동을 주는 장면은 많다. 트라팔가해전을 승리로 이끈 넬슨제독은 영국인들에겐 한국의 이순신 이상 가는 사표지만, 앞서 스페인이 차지하던 해상왕국의 옥좌를 노획하는 데 중심역을 담당한 해적 출신 애국용장 드레이크를 표면에 들어내 뽐내는 일은 삼가는 것 같다.

미터법 사용에 콧방귀

앵글로-아메리칸들의 콧대 높은 외고집으로 해서 세계가 은근히 골치를 썩여오는 문제 중의 하나가 미터법 통일사용 문제다. 동양에도 고유의 도량형 제도가 없을 리 없다. 2,000년 넘은 엄연한 척관법을 억누르며 세계 도량형에 관한 1875년의 '만국협약'을 존중, 미터법으로 대체하는 데 국내외의 반발도 만만치 않았었다. 영-미와 달리 프랑스 독일 등 유럽대륙 국가들도 공식적으로 야드-파운드 법을 버리고 이젠 거의 모든 나라가 미터법을 통일적으로 사용하기에 이르렀다. 그러나 영미계통, 그것도 미국의 조야가 굳세게 미터법 사용을 사실상 외면하고 있다.

광의의 미터법에는 길이 넓이 높이 부피 무게 등의 협의적 도량형이 기본이지만 생활과의 밀접성에선 온도측정 단위 역시 화씨(F-Fahrenheit)에서 섭씨(C-Celsius)로 대체하는 문제를 포함한다. 물론 여기서도 호주 캐나다 뉴질랜드까지도 특히 공공적인 분야에서 미터법 계량단위를 널리 범용하고 있음에도 가장 수용이 늦은 것이 미국이다. 최근에 미국 행정부가 적극 권장의 언질을 주었다고 하지만 좀더 강력한 시행이 뒷받침되지 않는 한 마냥 늑장을 부릴 것이 틀림없다.

근년에야 언론매체, 그중 신문들이 미터법과 야드 파운드법을 병행하고 있는 정도다. 가령 기사에 '100마일'란 거리를 쓸 때 주된 도량형 단위로는 야드법인 '마일'을 우선 쓰고 나서 그 뒤에다 미터환산 '약 170km'를 붙여주는 식이다. 그러나 온도 단위에선 더 막무가내다. 하루에도 몇차례의 일기예보 시간에 범세계 매체임을 자랑하는 CNN은 물론 주한미군도 죽어라 하고 화씨에 주로 매달린다. 환산공식 '화씨 온도에서 32도를 빼고, 그걸 5/9로 곱하기'를 일일이 셈하기 힘드니 한국인이 그 방송을 보고 섭씨온도를 직감할 도리가 없다. 저들도 마찬가지로 유년 시부터 쓰던 화씨를 실제로 버리겠다고 양보할 리가 없으니 결국 버티는 힘은 여기서도 경제력 군사력이 최후의 배경이다.

셀시우스가 1714년 고안한 미터법은 물이 어는 빙점을 0도로, 끓는 비등점을 100도로 한 100분률이다. 화씨가 세운 엉뚱한 기준(빙점 32도, 비등점 212도)은 알기 쉬운 이치로 따져도 섭씨의 합리성을 이기지 못한다. 그래서 1875년 만국협약으로 섭씨를 채택한 것이다. 인류가 발견하여 동의해 낸 몇 안되는 세계 공통법칙을 자국민의 습관을 빌미로 200년이 다 되도록 혼자 버텨온 것은 한마디로 유아독존이다. 근년 부시의 대기오염 예방 교토협약 비준거부와 일맥상통하는 강국논리라 할수 있다. 그래도 영국이 버텨오던 EU가입을 단행했으니 야드-파운드법 양보에 접근하리라 보지만 영-미의 적극 동조가 아쉽다.

사실상 해 지지 않는 나라

1969년 첫 방문 후 30년만에 다시 본 호주는 백호주의 색깔을 벗은 세련미로 갈수록 아시아에서 영향력을 키우며 활기를 더해가고 있었다. 그 동남쪽 뉴질랜드 역시 북섬 전토가 목장이다시피 한 무공해의 부러운 자연은 특히 좁은 국토에서 사는 외국인들에겐 한없는 선망의 대상이다. 부러움을 지나치면 아시아에서 가까운 그런 복지(福地)가 왜 멀리서 흘러온 서양인의 차지가 되었는가, 이유를 캐고 싶은 충동에 자주 빠진다.

그런 신천지 개척에 스페인을 추월해 24시간 해가 지지 않던 영국이 20세기 후반 단 50년 안에 그 많던 식민지를 다 내주고 7,8등권을 오르내리는 판이니 그것은 분명히 20세기 기적 중에 하나라고 본다. 그런 뜻에서 영국은 좋은 반면교사다.

영국의 상대적 쇠퇴의 원인을 경제적 관점에서 분석한 《잃어버린 승리 The Lost Victory》와 《5대 복지국 The Five Giants; A Biography of the Welfare State》 두권의 책은 영국이 전후 미국의 마셜 원조를 적절히 사용치 못한 데 있다고 보았다. 서독은 마셜 원조를 파괴된 산업시설의 현대화에 집중 사용함으로써 폐허를 딛고 대국으로 발돋움한 데 비해 영국은 산업시설이나 사회 간접자본도 아닌 식량의 공급증대와 대미 부채상환에 신경과 돈을 아울러 썼기에 확대 재생산이 제약됐다는 견해인 것이다.

역사에 가정이란 무의미하다지만 안할 말로 승-패전이 뒤바뀌었다고 하면 과연 영-독의 오늘 상황도 달라졌을까 궁금하다. 여하간 노동당 정권뿐 아니라 처칠도 역설한 '요람에서 무덤까지' 라는 복지지향열, 그리고 그 결과 득병한 영국병을 새삼 들춰낸것 같다. 다른 시각에선 양국의 상반된 진로는 당시의 지도층과 관료집단의 역사관 사고력 미래관에 의해 선택되었다고 볼수 밖엔 없다.

그 당시 영국 관리들의 애국심을 의심할 여지는 없다. 문제는 그 컨텐즈와 균형감각이다. W G 섬너는 외부 집단에 대해선 공포와 적대감을 갖고, 자기가 속하는 내부집단에 대해선 이상화 내지 절대화를 하는 근대 이전의 애국심을 자민족 중심주의(ethnocentrism)로 평가절하했다. 봉건제의 몰락 후 시민계층이 형성되고 국민의식이 싹트면서 비로소 질적으로 다른 근대적 개념의 애국심이 자리 잡았다고 보는 것이다. 그러나 애국심은 절대권력에 조작 당하거나 자본주의 내부의 알력 속에서 잘못 이용되면 침략주의의 암영을 드리운다. 명치 이후의 군국주의 일본이 바로 그 적례다.

미국과 캐나다는 길고 긴 국경을 마주하며 외형상 구분이 어려울 정도로 세계인들이 부러워할 만큼 천연자원도 풍부하고 생활수준, 문화수준도 높은 나라들이다. 그러나 양측면의 진리 법칙은 여기서도 예외가 될 수는 없다. 두 나라 사람들에게 세계 200개 가까운 나라들 가운데 당신들과 가장 가까운 나라가 어디냐고 묻는다면 아마도 미국인은 영국 아니면 캐나다라고 답하고, 또 캐나다인에게 묻는다면 영국 아니면 미국이라고 답할 만큼 미국 캐나다 두 나라는 가까운 나라임에 틀림없다. 반면 똑같이 두 나라 사람들에게 누가 가장 미우냐고 물으면 어느 특정한 경험들을 머리 속에 떠올리면서 캐나다 사람들은 미국을 가장 미운 나라로 꼽는 경우가 많다.

두 나라 사람들 간의 이런 애증(愛憎)갈등은 흔히 동네 이웃집에 사는 사람들, 더 나아가 부부간 형제간의 애증갈등과도 흡사한, 인접국 국민들 간의 보편화된 갈등과 별로 다를 것이 없다. 오히려 (퀘벡주를 제외한) 캐나다와 미국이 같은 영국 혈통과 영어를 공유하는 점에서 혐오보다는 이해 쪽으로 기울어질 공산이 더 크다 할 것이다.

그럼에도 불구하고 캐나다는 광대한 국토면적과 천연자원을 제외하면 인구 경제력 군사력 등 여러 가시적인 국력 지표면에서 훨씬 우위에 있는 미국에 대하여 일종의 피해의식이랄까, 열등의식을 가지고 심리적 압박 같은 걸 느끼고 있다는 감을 제삼자 입장에서 감지할 때가 많다. 특히 세계정치 무대에서 두 나라는 그때그때 집권당의 정치노선이 비록 엇갈리는 경우에라도, 영 불 독 호주에 일본을 포함하는 서방국들과 대체로 동일노선에 서서 미국을 지지하는 가장 가까운 우방이지만 그럼에도 양국은 일반적으로 인접국 상호간에 겪는 일상적 마찰을 여느 다른 인접국들과 큰 차이 없이 겪고 있다고 할수 있다.

제3장

한국인의 의식구조

1
한국병, 불치병인가

　　　　●'한송이 국화꽃을 피우기 위해 봄부터 소쩍새는 그렇게도 울었나보다.'

널리 애송되는 미당의 〈국화 옆에서〉란 시구다. 요즘 입 가진 사람, 글깨나 쓴다는 사람이면 거르지 않고 내놓는 한국병의 진단과 처방을 접할 때 마다 필자에겐 이 시귀가 떠오르곤 한다. 대자연이 무심한 꽃 한송이를 피우는 데 그리 깊은 진통을 겪어야 한다면 한 사회, 한 나라가 이만큼 발전하는 도상에서 이만한 울부짖음쯤이야 없겠는가, '소쩍새야, 목이 메도록 더 울어라!' 하고픈 카타르시스를 맛본다.

바야흐로 세계 판도는 엄청 큰 변화를 향해 용트림하고 있다. 소련 해체 후 동구 공간과 중동 전역이 과연 미 군사력의 배타적인 영향권에 흡수되는 것인가 시험중이고 해체된 뒤 축소 재생한 러시아는 석유 자원을 당근 삼아 구 위성국들을 다시 어우르기 바쁘다. 중국의 국력 신장 가속화와 그에 대응하는 미국과 일본의 숨소리가 이미 가쁘게 들려 오고, 아베 이후 일본의 대 한반도, 대륙 전략이 한 음계 높아지기 시작했다.

북한의 쇠잔과 공동화(空洞化)가 가시권에 들어 오면서 중화사상의 자기중심적 제국근성이 새로운 저력의 밑받침으로 용트림을 시작한 와중에 그것을 바라보는 미일 간의 스크램 강도가 갈수록 만만치 않을 것이다. 인구 10억을 넘긴 인도가 특유의 수학적 두뇌와 몸에 밴 영어 구사능력을 밑천으로 긴 잠에서 깨어나 세계 5대 거인으로의 비상(飛翔)의 활개를 성급하다 할 정도로 힘차게 퍼덕이고 있다. 이 역동적인 판세변화 시점에서 군사력-경제력의 독보적 강국 미국의 세계전략이 마치 지구의 기판정리 같은 판도개편을, 부시의 미숙을 극복하여 얼마큼 완숙하게 처리해 나갈지 좌우 양측이 자못 궁금하고도 불안해 한다.

미국과 그 동조세력, 견제세력들이 움직여 가는 방향과 보조를 지켜보노라면 평화 공동번영을 지향한다기보다는 대립과 불안정이 에스칼레이트돼 가다가 언제 천둥번개 같은 세계 전화(戰火)의 불을 뿜을지 모를 스릴을 맛볼 때가 많다. 그것이 히로시마-나가사키 원폭의 위력이라고나 할까, 대전이 없는 20세기 중반 이후 60여년간 대-소국을 막론한 어느 나라에도 그릇 큰 지도자를 키워내지 못한 채, 세계인 개별로도 소위 3S(sex, sports, screen)로 대표되는 상품자본주의, 할리우드 영상문화와 맞물린 쾌락주의 찰라주의에 휘말려 지구 위 인류공동체의 앞날이 바야흐로 앞을 가늠하기 힘든 미망 속으로 빨려 들어가는구나 하는 가위눌림에 신음한다.

현재진행 중인 이 벅찬 일련의 변화들을 순간으로 잘라 보노라면 느린 감이 있으나, 한발 물러서 일정 기간씩을 금을 그어 바라보면 엄청나게 빠른 변화속도에 현기증을 느낀다. 그 변화의 회오리 한가운데에 처해 있는 한반도의 사정은 어떤가. 겁이 없어선지, 철이 안나선지는 속단하기 어렵지만 분단현상을 보는 각자의 시각, 그것을 해소하려는 방향감각부터가 한마디로 지리멸렬하여, 멀지 않아 다가올 수도 있는 안팎의 대변화를 타고 넘음에 있어 대외적으로가 아닌 오히려 대내적 요인들로 말미암아 일을 그르쳐 판을 깰지도 모른다는 긴박감마저 심어주고 있다.

한 세기 가까이 이 땅에 절대적 영향력을 행사해오는 미-중 등 주변세력을 대처하는 우리의 전략 여하에 따라선 마치 돛단배가 거센 역풍을 거꾸로 순풍의 동력처럼 이용해 앞으로 항진하는 지혜와 역량을 구비해야 함에도 불구하고 오로지 누가 제2의 '김춘추' 로서 통일의 대공을 청사(靑史)에 남기느냐는 일신-일가의 명예욕에 내로라하는 정객들이 거의 예외 없이 넋을 잃고 사로잡혀 있다. 이런 아집으로 좌다 우다, 아웅다웅 하다가 20세기 넘는 역사의 고개 언덕에서 꼼짝없이 당했던 불운을 21세기 들어서서 다시 당하지 말라는 보장은 없다.

그러나 이렇게 내 스스로 긴박감에서 잠시 벗어나 미당의 시구로 돌아가면 여유와 위안이 찾아온다. 반세기 겪은 변화의 폭은 엄청나고 그 시련이 아직 계속중인데, 소쩍새 울음의 단장의 애에다 몇배쯤 더한 진통이 온들 마다해서 되겠는가, 당장의 평온에 아련해 어떤 모험도 피하려 하는 스스로의 자세가 욕심임을 부정하기 힘들다.

사실 40여년 사이 국민소득이 단 100달러 미만에서 1만 5천달러 이상으로 명목상 150배 이상 늘었다는 계수는 누가 경제주의라고 질타해도 상전벽해(桑田碧海)의 변화라 상찬하지 아니할수 없다. 따라서 이를 역설로 말하면, 한반도가 안은 가장 큰 당면 문제는 천지 차이로 벌어진 남북 간의 격차 해소인데, 남측 내부의 문제인즉 생활수준은 선진국 문턱에 다가와 있는데 사고방식-행동양식에 있어선 레벨업의 속도가 너무 더디다는 데 있다. 왜 이리도 정신적 갈등과 방황이 심한가. 쉬운 말로 한다면 집단적으로나, 개별 구성원으로나 간에 개방성향이 너무 뒤떨어져 있다고나 할까.

이에 내부지향적이고 우국지향적인 열렬 인사들은 민족지상 통일지상에 도취된 나머지, 최악으로 필요하다면 수백만 아니 천만의 인명희생을 대가로 지불해도 아깝지 않다는 조급성을 자제하지 못하고 있다. 좀더 단순화하면, 더운 가슴의 젊음일수록 불의를 보고 당장을 못참는 정의감, 의협심에다 감성적이어서 바로 통일지상 노선에 기울기 십상이다. 반대로 모든 걸 다 겪어 세파에 씻긴 기성층일수록 실용적 타산적이어서 리스크나 부작용이 적은 쪽의 대안을 선호하게 마련이다.

기실 따지고 보면 이런 대립은 오히려 자연스런 현상이라고 봐야한다. 대세가 이런 식으로 흐름은 억지로 조작된 것이 아니기 때문에 양극이 서로 배격하기보다 상호 보완하려는 노력을 기울인다면 양론의 지양통일(aufheben)이 결코 불가능한 것은 아니다. 그러기 위한 길은 대결이 아닌 대화와 타협으로 찾아질수 있다. 서로가 수구 골통이다, 용공 과격이다 하며 마주 치닫다보면 토론의 장은 처음부터 이루어지지 않고 양노선 간에 이미 파여진 균열만 가속적으로 깊어지게 마련이다. 결국은 새로 일고 있는 세계 '신 제국주의' 속 어느 지점에서 대폭발이 일어난다면 마치 쓰나미에 휩쓸리듯이 한반도 위의 인민들이 엄청난 규모로 또다시 희생되기 십상인 정황이다.

토론이 원점만 맴돌지 않고 결실을 보기 위한 전제조건은 다름 아닌 솔직성이다. 정직하게 자신의 흉금을 있는 그대로 털어놓고 상대방의 발언을 끝까지 들어보는 자세에서 토론은 성립하고 그런 끝에 결론에 도달할 가능성이 잉태된다. 서로의 견해가 완전 일치한다면 토론조차 불필요하다. 서로가 다름을 인정하는 데서 토론이 출발하며 토론 과정에서 서로가 양보와 타협을 거부하는 한은 건설적 결말은 나오지 않는다.

화혼양재(和魂洋才)와 다른 선택

이 나라 백성이 몽매간 갈구해오던 경제발전은 불행하게도 '자신의 정신적 바탕 위에 서구식 기술을 배워서 쓴다' 는 일본의 화혼양재(和魂洋才) 전략이 아니라 한마디로 '무조건 서구화'가 근간을 이루었다.

제조업의 메커니즘 노하우 무역방식 마케팅에 이르기까지 그 100%를 구미서 직접 도입하거나 많은 부분을 일본을 매개로 본뜨지 않은 것이라곤 거의 없을 지경이며 간혹 있더라도 아주 드물다. 물론 개중에는 원본기술에다 국내 개량을 첨가한 것도 있고, 간혹은 국내 발명 창의가 없지는 않았다. 특히 바이오 부문과 IT부문에서 비록 황우석 파동으로 일대 타격은 입었지만 한국산업이 도처에서 약진의 쾌거를 이룸으로써 세계의 이목을 모으게도 되었다.

여기서 솔직하지 않은 사례가 눈에 띄지만, 우리가 이룩한 공업화 산업화 도시화의 모델이 歐·美·日이 아니었다고 잡아떼는 데까지 이른다면 그것은 한마디로 자기기만이다. 다른 말로 그것은 물질생활은 서구화하면서 정신질서는 가령 1960년대 초 시점에서 한 걸음도 끄떡하지 않고 눌어붙은 모양새다. 그런 억설은 통하지 않는다.

개화기 조상들이 자전거를 탈 때 핫바지가 거추장스러워 양복바지로 바꿔입어야 했듯이 판이해진 제도와 생활양식에 적응하려면 거기 맞는 새 방식을 몸에 익힘은 당연하다. 한마디로 우리 고유가치관의 밑바탕인 온

정주의를 합리정신으로 시급히 바꿔 끼지 않으면 안될 과제들이 아직도 생활주변에 헤아릴수 없을 만큼 산적해 있다.

표 계산에 자승자박 돼, 이름 석자나 얼굴 좀 팔렸다 싶으면 장난꾼이건, 전과자건, 반민주건 가리지 않고 당기고 밀고 온통 난리를 떠니, 그러면서도 당명을 왜 서로 다르게 붙이나. 구태여 당의 특색이라면 지방색 한 가지 뿐이니 당헌이든 노선이든 억지로 뭐냐고 따져봐야 입만 아프다. 정 필요하다면 경북당 경남당 호남당 충청당, 또는 암호처럼 K-1당, K-2당, K-3당 하는 쪽이 숫제 지역 평준화에도 맞고, 유권자의 혼란이나마 덜어주는 데 첩경은 아닐까, 솔직하자.

2 역사에 종말은 오는가

🌱 **프란시스 후쿠야마가** 수년 전에 쓴 《역사의 종말》은 제목이 암시하는 절박성에다 역사에 대한 깊은 통찰에 힘입어 폭넓은 반향을 일으켰었다. 남보다 고난이 많았다고 스스로 믿어온 한국인들에겐 더욱 흥미로운 소재였다. 그가 말하는 역사란 진화(進化)가 있는 역사만이 역사이지, 진화가 끝나면 역사도 끝난다는 헤겔철학 시각에 선 역사다. 헤겔 자신이나 그를 떠받든 칼 마르크스도 인간사회의 진화는 무한정 계속되는 게 아니라 염원하던 이상사회가 실현되면 진화, 즉 역사는 끝난다고 믿었다. 다만 그 두 사람 간의 차이점은 헤겔이 그런 이상사회를 자유주의 국가로 보았던 데 대해 마르크스는 그것을 공산사회로 상정한 것이다.

80년대 말, 공산주의는 돌연 사라지고 자유주의만 남는듯 했었다. 그렇다면 헤겔 쪽의 생각이 맞았고 역사도 종말을 맞은 게 아니냐는 자신에 대한 질문에서 후쿠야마의 논리는 출발했다. 그는 민주사회에 문제가 많음을 시인하면서도 한발 물러서서 "이 시점에서 역사가 지속되느냐, 아니면 끝나느냐 하는 것은 자유주의 내부에 더 뿌리 깊은 불만의 원천이 있느냐 여부에 달렸다"고 조건을 달았다.

그러면 자유주의 안의 불만적 요소가 있느냐는 후쿠야마의 물음에 우리는 과연 어떤 답을 줄수 있는가. 후쿠야마 자신도 공산주의 도미노현상 직후인 1992년에 흥분 속에서 이 책을 썼기 때문에 좀더 낙관 쪽에 기울었을지 모른다. 그 후 10여년이 훅 지난 이 시점에서 그가 다시금 관찰을 시도한다면 과연 그때와 같은 답이 나올까. 민주주의 내부에 남은 불만의 원천이 대단치 않아 '역사는 끝났다' 고 재확인할 것인가, 아니면 새로운 도전과 응전으로 진화의 역사가 더 길게 계속된다고 쓸 것인가.

편의상 분기점을 1990년으로 긋는다면 그 이전과 이후 간의 차이점은 무엇인가. 문제를 간명하게 하기 위해 구 공산권 내와 자유세계에서 일어난 대표적 변화만을 따져보자. 우선 러시아 등 구 공산권 안에서 공산주의 내지 사회주의는 과연 완전히 사라진 것인가, 아니면 불씨가 남아 있어 언제건 다시 타오를 가능성이 있는 것인가. 또한 자유주의 사회의 수레바퀴가 근년에 오면서 제대로 돌아가고 있는 것인가의 문제를 간단하게나마 검증할 필요가 있다.

첫째, 소비에트 체제를 벗어난 러시아 내부의 진흙탕 싸움은 일단 시장경제와 의회주의를 지향하는 것으로 궤도를 깔았다고 접어 두더라도 먼 미래의 노선까지를 이 시점에서 점치는 것은 섣부른 일이다. 러시아는 다행히 산유국으로 언덕을 쌓아 경제낙후 만회의 기회를 포착하는 행운은 잡았으나 체첸의 저항 등 내부혼란을 극복하며 대외적으로, 독주하는 미국에 대한 발언권 강화, 과거 공산권 내 후발국의 지위에 있던 중국과의 자웅을 언제건 다시 겨룰수 있는가, 끝나지 않은 일본과의 국경문제 등등 아직도 난제를 잔뜩 안고 있다는 점에서 잠재적 불안요소는 많다.

둘째, 중남미에서의 좌파 민족주의의 급속한 확산이 미국의 지도적 위치고수에 어떤 변수가 될 것인가도 궁금하지만, 최대 변수라고 하면 사회주의 시장경제로 대단한 성과를 올리고 있는 중국이 과연 빈부의 갈등심화 등 엄청난 부작용을 수습하면서 2008년도 베이징올림픽 이후 원 미래의 진로를 어느 방향으로 끌고갈 것인가, 전문가들도 아직까지 굳이 비관은 하지 않지만 낙관논 전개도 자제하고 있다.

체제의 미래 예측이 이리도 신중한 데는 히틀러 스탈린 등 20세기에 들어 겪은 인류의 쓴 체험이 19세기의 낙관론에게서 배신 당한 탓이 크다. 그러나 공산권의 붕괴 직전인 1980년대의 벼랑까지만 해도 키신저 등 많은 지성들은 "공산주의는 발달된 현대과학의 힘으로 어떤 내부 반발이라도 진압하여 절대로 멸망하지는 않는다"고 입을 모았었다. 그럼에도 공산권의 붕괴현상은 의외 순간에 돌연 일어났던 것이다.

셋째, 정통 자유국가에서조차 어느 한곳도 지도자의 권위가 서는 나라가 없다. 프랑스 영국 이태리 등 정통 유럽 민주국가들에서나 미국에서나 마찬가지다. 오히려 브릭스(브라질 러시아 인디아 차이나) 또는 친디아(차이나 인디아)라는 별명이 말해주듯, 그와 더불어 수조씩의 석유달러를 국력축적에 쏟아 붓는 이슬람권의 역량증대 등 전혀 다른 변수들이 나타남으로써 미래를 향한 세계 판도의 움직임은 단순한 좌—우 이념의 대치가 아니라 훨씬 더 복잡한 쪽으로 향해 가리라는 강한 예감을 잉태시키고 있는 것이다.

안으로 눈을 돌려보자. 50년을 지속한 한–미–일 수평의 안보체제는 분명히 강력한 도전을 내외로 맞아 여하한 정통적 금기를 다 깨고서라도 통일 최우선을 내세우는 젊은 세력과, 남한 주도의 보수적 점진 통일에서 물러설수 없다고 하는 기성세력 간의 대결로 틀을 바꾸고 있다.

5·31 지방선거는 보수의 일단 승리로 마감은 되었지만 그것이 끝이 아니라 새로운 시작으로 다가가는 절박감에 숨이 가쁘다. 쌍방간 물러설수 없이 올 연말 대선에서의 건곤일척(乾坤一擲)을 벼르는 정중동(靜中動)의 거칠은 형세다. 가장 중요한 것은 양측의 대립이 뼈 속까지 사무친 것이어서 평화기조 위의 민주적 절차를 지켜 국가적 의사결정을 결행한다면, 그래서 어느 쪽으로 결말이 나든지 그것으로 대립이 지양통일 된다면 장래에 희망의 장을 열수 있겠으나 대립의 평화적 수습이 어려워보여 오히려 희망과 반대로의 가능성이 크다는 데 절망이 있다.

이렇게 논리를 전개하다 보면 후쿠야마의 희구처럼 사회내부에 본원적 갈등 요인들이 완전 제거된 상태는 영구히 오지 않거나, 필자 같은 비 전문가의 생각으론 가장 불행하게 창조주의 변심으로 우주가 붕괴되는 때에 가서야만 비로소 갈등이 없어진다고 극언을 하지 않을수 없다. 따라서 후쿠야마의 생각과는 반대로 역사는 결코 종말이 오는 게 아니라 인류와 더불어 영구히 존속한다는 신념을 갖게 된다.

3
열차의 경고장치 고장

🌀 **최근 반세기** 한국인들이 겪은 물심양면의 변화는 그 이전까지 단군 이래의 누적보다 많으면 많았지 결코 적지 않은 분량이다. 더욱 어떤 때는 정신적 변화속도가 하도 빨라서 사뭇 현기증이 났었다. 마치 서로 1세기 간격을 띈, 연산군에 대한 중종반정과 광해군에 대한 인조반정 두 정변을 단 몇달 사이에 한꺼번에 치러내는 압축감이다.

초음속 상태에서 오히려 속도감을 잊어서 그런가. 두 전직 대통령들이 동시에 수갑을 차던 1995년의 세모, 그런 급류 속에도 사회가 더 큰 요동 없이 그만큼이나 굴러가는 것을 보면서 많이 성숙했다며 스스로 놀라는 이도 많았다. 그래도 과반수의 시민들은 전-노 양씨의 무모한 권력욕, 탐욕스런 재물욕, 군왕 무치(無恥)의 오만한 자세에 분노하며 모처럼의 적폐청산의 호기를 다시 놓칠까 우려들 했었다.

이 사회에는 멀리 역대 왕조로까지 소급하지 않고 해방 후로만 따져도 사회 구석구석에 온갖 비리가 두껍게 쌓여왔다. 어디서부터 손을 댈지 막연할 만큼 공직사회 사조직 가릴 것 없이 골고루 썩어 있었고 지금도 썩어 있다. 가령 여럿이 누구한테서 '봉투'를 돌아가며 골고루 받고 있는 판에, 만일 어느 하나가 "나는 싫소, 내겐 나의 책임이 더 중하오" 하고 거절한다고 가정해 보자. 필경 그 사람은 마치 일목국(一目國; 모든 사람들이 눈을 하나씩만 가진 가상의 나라)에서 혼자만 두 눈을 가진 탓에 유독 장애자 취급을 받는 셈이 된다. 그런 세상이다. 오염된 공기를 마치 산소로 알고 호흡하고 사는 세상이다.

이런 세상에서 사회 초년생들은 교과서에 써 있는 정의란 것이 바로 불의(不義)이고, 애국자란 사람들은 뒤에 돌아가서 보니 도둑이더라는 절망에 누렇게 누른 나머지 모든 현실문제에 과격하거나 반대로 무감각하기 쉽다. 일상생활에선 선배들의 뒤를 곧잘 따라가다가도 돌연 기성층의 파헤쳐진 비리에 부딪히면 조건반사적 과격반응에 바로 휘말리고 만다.

하긴 그런 젊음의 그런 정열은 개발연간, 단군 이래 초유의 엄청난 기적을 낳는 저력이 되기도 했다. 그러나 그것은 마치 열차가 앞을 향해 질주할 때는 차 안 승객들의 인체가 모두 전방으로 쏠린 채로 균형을 잡지만 열차가 갑자기 서는 순간 급반동이 오는 관성(慣性)법칙과 유사하다. 그렇다고 열차가 언제까지나 질주만을 계속할 수는 없다. 역마다에서 정차해 승객들을 내리고 새로 태워야 하고, 타선과 교차할 땐 전철(轉轍)도 해야 철도기능을 제대로 해낸다. 따라서 탑승자 전원이 오로지 질주 한가지에만 익숙해지려고 그 한군데로 긴장을 집중해선 오히려 위험하기 짝이 없다. 특히 기관사 등 승무원은 어디부터 감속해 어디서 정거하고, 또 재출발해 가속을 해야할지 항상 정신을 놓지 말고 가다듬어야 한다. 달리는 차를 향해 장애물들이 언제 달려들지 상시 대비해야 한다. 자동장치에만 의

존할순 없다.

우리 대부분의 과거는 부끄럽다. 자유당 때도, 짧았던 민주당 때도, 3~4공 18년도, 5~6공 13년도, 그리고 김영삼 5년, 국민정부 5년, 참여정부 4년여에도 실은 달리는 열차처럼 전진균형 속에서 행진곡만 합창하며 속도감에 도취했었지, 질주에 옥죄어 추락 당하는 희생과 비리와 부패에 제때 경고음을 발하여 미연 방지하는 데 쏟아부은 노력은 하찮았다. 바야흐로 노무현 참여정부의 잔명이 길지 않다. 일면에선 개혁의 퇴보라는 볼멘 소리도 들리지만 한편에선 개혁의 속도가 빠르기도 했다. 그렇다면 이 참여 열차에는 과연 경고음 장치가 제대로 작동하여 왔는가. 경고 같은 건 필요 없이 그저 앞으로 몸을 숙여 달려만 가면 되는가. 이 열차의 승무조는 안팎사정, 궤도상태, 정차역-종착역에서 승객들이 마주칠 비바람의 수량과 풍향까지 예측하고 대비해야 한다.

만일에 이상이 예감되면 기관사에 급고하여 불상사를 예방해야 한다. 그저 언제나처럼 조상의 정승판서 벼슬 뽐내며 자기만족에 도취하다가, 세 불리해지면 어떤 역에서라도 사뿐 하차해 거리의 군중 속으로 사라지면 그만이라는 기회주의를 가지고는 지금 통과 중인 황색시구를 무사히 빠져나갈 승무원의 역할을 수행해 내지 못한다. 혹시 당장은 책임을 모면할지 몰라도 훗날 저승까지 찾아올 심판을 피하지는 못한다.

이 열차의 승무원 범주는 넓다. 제복 입은 철도공 직원이 전부가 아니다. 열차에 기대어 상시 생계를 꾸려야하는 여타 직종들 모두도 열차의 안전-명랑-정시 운행을 위해 정규 승무원 못지않은 각자 나름대로의 임무를 완수해야 사회 조직원 모두가 공생 공동 번영한다. 이 사회, 국가라는 열차에서 객실에 타고 있는 모든 탑승객들, 그중에도 언론의 책임은 가장 무거운 축에 든다. 정규직 승무원보다 시야가 더 넓고 객관적인 눈으로 열차의 운행과 진로의 전후좌우 환경이 어떤가를 살피며 필요하면 언제든 경고를 발해야 한다.

만일 언론이 열차운행이야 어찌되든, 여느 제조업체들처럼 시장의 비위나 맞춰 과당경쟁에 말려들어 사세확장에만 이성을 잃는 정도의 안목을 가지고는 자임하는 감독자로서의 역할에 훨씬 미달함은 물론 3등석 일반승객 구실도 못해낸다. 유해한 기생자일 뿐이다.

4
더 이상을 바란다면

🥚 계란찌개는 조부와 겸상해야 겨우 맛볼수 있었던 소시적 추억에 화제가 미치면 칠순 연배들이 왜 그리도 신을 내는지, 소리 높여 동조하느라 바쁘다. 아마도 옛날 계란 한개의 효용가치가 얼마나 귀했었는지 금석지감이 새삼 컸기 때문이리라. 따져보면 사람 한평생 중에 이렇게도 극명한 가난과 풍요의 양극을 모두 체험한, 연령 간의 넓은 공감대를 한국인들만큼 가진 나라도 흔치 않으리란 생각이 든다. 우선 과거 삼사십년간의 경제 고속성장을 인정하는 데는 큰 이견이 없다고 본다. 그러나 향후의 지속성장과 선진권 진입 여부를 놓고서는 낙관론과 비관론이 엇갈린다. 안하무인이라 할만큼 '하면 된다 Can Do Spirit'던 80년대까지의 한국인의 자신감이 어느새 엄청 졸아든 느낌, 위축감은 솔직히 유쾌하진 않다.

다행히도 그 당시 자주 들은 YS의 "우째 이런 일이"라는 탄식 소리가 요 몇년 사이 한결 줄어들었다. 대형사고들이 접종하던 그때만 해도 섣부른 성장의 대가가 이렇게 큰 것이로구나 하는 자책감이 절절했다. 일일 삼성오신(一日三省吾身; 하루 세번 스스로 반성)이 불변의 미덕이라던 공자말씀을 떠올리면, 자신감만으로 뭉쳐진 오기 덩어리 인간보다는 조신하게 단련된 내면적 자신감이 윗길이라는 데로 공감이 모인다. 하긴 60년대 초까지만 해도 그리도 깊이 박였던 '엽전'이란 자조의식이 어느새 '나도 한다'는 자신감으로 바뀌지 않았더라면 삼사십년의 성취도 불가능했다.

다만 모든 덕성의 효용도 시한이 있는 법이다. 천방지축 걸음마 배우며 잘 넘어지는 아이 적엔 "너 장사다"는 부추김 이상으로 잘 들어 먹히는 약발이 없다. 하지만 충분히 철들 나이인데도 계속 부추겨만 준다면 응석받이가 돼 성인이 되고도 남에게 짐이 되는 반편으로 종생한다. 그러면 대한민국의 성장과정은 어느 쪽이라고 해야 할까의 판단을 내리기는 아직 이르다. 2차대전 종전 후 독립한 여러 신생국들에 견준다면 경제도 정치도 이 순간까지는 뒤지지 않았고, 오히려 분명 앞섰다. 그러나 어느새 그들과의 간격은 자만해도 괜찮을 만큼 벌어진 게 아니라 거리가 바짝 다가서고 있다. 싱가포르를 한 도시국가의 특례일 뿐이라고 도외시하지 않는다면 이는 순위의 뒤바뀜이 틀림없다.

싱가포르 타이완 외의 후발국들과 비교할 때도 1인당 GNP 등 몇가지 지수로는 분명 앞섰어도 자원 속도 저력 면에서 신흥 국가군은 결코 만만한 상대가 아니다. 무엇보다 지금 중요한 것은 한국인들 자만심에 대한 자체 경계다. 자만(自慢)이나 자기만족은 자부(自負)와 다르다. 자부는 자기 자신을 있는 그대로 믿는 것이지만 자만은 분수 이상 으스대고 조금만 틈이 보이면 남을 업신여김을 뜻한다. 우리는 어느 쪽인가. 적어도 조선조 500년, 사대교린(事大交隣)을 내내 국가 전략으로 삼아온 탓에 강자에 약하고 약자는 깔보는 국민성의 일면을 부인할 수는 없다. 과거지사만이 아니다.

피부색이 조금만 더 짙어도 아주 미개국으로 치부하는 편견을 우리 주변에서 흔하게 마주친다. 특히 아세안 나라 사람들을 그렇게 얕보는 경향은 얼마 가지 않아 큰코 다칠 가능성이 높다. 이미 많은 농촌에서 십만을 넘는 그들 나라 출신 주부, 어머니들이 이제 거부당할수 없는 세를 형성해 가고 있다. 좀더 나아가, 우리가 조금 낫답시고 그들의 국민적 자존심을 건드리면 깊은 원심을 가슴 속에 심어, 업으로 자란다. 몇해 전 미국 내에서의 한-흑 갈등도 그 바탕에는 그 같은 맹점들이 깔려 있다. 우리가 만일 그런 민족적 미성숙을 언제까지나 견지하면서 항상 앞서가는 일본을 오만하다고 성토한들 그 어느 쪽에도 잘 먹혀들 리가 없다. 이제 분명해진 것이 있다. 이제부터 경쟁의 승부처는 기술과 품질도 중요하지만 정신자세, 마음먹기가 더 중요하다고 본다.

오만이 아니라 깨끗하고 조신한 자부심이다. 그런 정신상태가 아니고는 기술개발도, 지방자치도, 민주화도, 세계화도 모두 중도폐지 아니면 아예 하지 않음만 같지 못한 퇴보를 부른다. 첫째 정직한 사회. 정직이란 유사 이래 인류 특유의 생존원리로써 신뢰성과 공감 형성의 기본이 된다. 이것이 없으면 정의 공정 법의 유효성이 손상된다. 이 사회를 뇌물만능의 봉투공화국으로 만들고, 백화점 붕괴가 아니라 더 큰 참사가 또 난다해도 그 바탕에는 고구마 덩쿨 같은 뇌물의 고리가 깔려 원인작용을 하고 있으며 그것은 바로 이 정직성의 결핍이 원인이다.

더구나 민주화에 비례하여, 중요성을 더해가는 선거에서 공약 남발의 반(反) 정직을 실제로 장려하고 고취하는 경향은 자체 모순이 아닐수 없다. 그러나 거기에도 듣는 약은 있다. 그 거짓과 허욕을 꿰뚫어 보는 유권자의 변별력 향상이 그것이다.

둘째는 지도력의 분담이다. 감투지상 관존민비의 1,000년 넘은 가치체계 그대로, 민주주의 한다면서, 노무현의 노력에도 불구하고 벼슬자리에 과중한 권력과 기대를 집중시킨 채로 있음으로 해서 이렇다 할 진전을 보이지 못하는 것이 오늘의 한국 사회다.

군주시대와 똑같이 생사여탈의 모든 결정은 내면적으로 청와대를 바라보지, 법상의 전결권을 제 책임 아래 행사하는 예는 흔치 않다. 그런 각도에서 중도에 하차는 했지만 이해찬 실세총리의 출현은 일정한 의미를 갖는다. 아우슈비츠 학살에 참여한 나치 친위대의 평균적 인간상 분석(P 래비)에는 "그들이 악마도, 사회 부적합자도 아니며 다른 상황에서라면 선량한 시민–보통사람이었으리라"는 결론이 적혀 있다. 세상이 복잡 다단한데 한 나라의 의사결정이 분야별 전문가들에 분장되지 않고 한군데 집중되는 단세포 사회가 나치를 받들었다는 게르만족의 수치처럼 언제건 독재회귀의 가능성 배제를 보장하지 않는다. 그런 시각에서도 지자제는 시작은 잘 했는데 이미 노출된 초기의 시행착오를 바로잡는 과제가 무겁게 내리 누르고 있다. 그런 가운데 기초단체장과 지방의회에 그 지역 대학출신 진출이 눈에 띄는 것은 교육 분산의 한 청신호로 느껴져 신선하다. 장점을 살리고 단점을 보완함이 중요하다.

셋째, 모든 일에 차례를 지키는 사회가 돼야 한다. 줄을 서는 산업사회 도시화 사회의 시민의식, 마치 기초를 닦은 위에다 집을 짓는 순서와 다를 바 없다. 여기에서 주요 공직자들의 '임기 내 한건' 주의가 가장 중죄다. 특히 통일과업은 역대 모든 대통령이 노려온 '큰 건'이다. 정상회담 등 내 임기 중 획기적인 업적을 쌓아 역사에 이름을 빛내려는 욕심이 문제를 풀기보다 오히려 삐걱거리고 꼬이게 만들 때가 수없이 많다.

끝으로, 정직성에 포함되지만, 공·사조직을 막론하고 부패하지 않는 사회를 지향하는 일이 중요하다. 그 바탕은 '나만의 예외'를 바라지 않는, 사심 없고 공평한 마음과 자세이다. '나만은 예외'라는 이기가 바로 반 도덕의 출발점이다.

5
군중이 앞서가, 얕보면 끝장

🌱 《미친 시대엔 미친 조직이 필요하다》(Crazy Times Call for Crazy Organizations)

책 제목이다. 국내에선 《경영파괴》로 1990년대에 번역된 톰 피터스의 저술이다. 이 반어적 명명은 판매 전술만은 아니다. 그는 《해방경영》에 이어 펴낸 이 책의 서두에서 "변화 가지고는 약하다. 우리를 있게 한 모든 관습을 폐기하고 당신의 기억에서 변화를 제거하라"고 썼다. 이는 변화의 부정이 아니라 변화를 부메랑 식으로 강조한 어법이다.

요즘 세상 빠른 변화에 현기증을 앓다가 '미친 세상'이란 형용을 들으니 말투가 시원스럽다. 변화를 내걸고 미 대통령에 당선됐던 클린턴이나 당시의 학자 기업가 할것 없이 "변하지 않으려면 죽어라"고 다그치니 이러다간 '변화 마니아'가 '변화 포비아'로 옮겨 번지겠다. 미래학 또는 문명론과 유사한 논자들일수록 그 강도는 더 거세다. 20세기의 마감기인 1990년대 말

예언서들이 정글처럼 무성하게 꼬리를 물고 나오는 통에 나오는 책들의 제목만 쫓아가기도 어지러웠다.

미래예언 쏟아낸 '90년대

냉전이 끝난 후 몇년이 그런 출판의 붐이었다. 1980년대 앨빈 토플러가 《제3의 물결》로 홈런을 치기 전엔 고 허만 칸의 《후기산업 사회론》을 빼놓을수 없었다. 70년대 초 석유쇼크 때 '85년께면 원유가 배럴당 100달러로 폭등한다"는 현인 로마클럽과 미 CIA의 비관론에 오직 당시 허드슨 연구소장 칸 박사만은 "천만에 말씀"으로 답했다. 다가올 '후기산업사회'에는 대체자원 해저개발 등 대안이 얼마든지 나올 터이므로 인류미래는 비관할 게 아니라고 장담했다.

필자는 일찍이 1973년 서울 아카데미 하우스에서 허만 칸의 강론을 듣고 이름처럼 '허망' 한 구석이 있구나 하고 느껴졌지만 홀로 낙관론을 펴고 나서 그 뒤 30년간 승리를 만끽한 사람은 현인 클럽도, 권부 CIA도 아닌 턱수염 투성이 낙천가 칸, 그가 아니었던가. 기름값은 1979년 2차 파동에 잠시 38~39달러대를 치더니만 이내 다시 내려 10년 이상 20달러를 밑돌았고, 2006년에 들어서야 70달러대를 넘나드니 말이다.

1990년대 후반 폴 크루그만의 《번영의 행상》(Peddling Prosperity)이란 비판서는 그때까지 20년 미 역대 정권의 경제정책들이 하나같이 엉터리라고 비아냥거렸다. 그 정책들은 학자보다 관변 경제전문가(Policy Entrepreneur)들의 제안인데 가령 만화 같이 단순한 레이건의 공급중시 정책은 한마디로 효과본 게 없이 3조달러의 빚만 남겼을 뿐이라고 긁어댔다.

90년대의 미국경제 회복 전략으로 리스트럭처링 리엔지니어링 벤치마킹 다운사이징 등 엇비슷한 이론들이 도토리 키재듯 서로 탁효일 것임을 뽐냈었다. 그 하나하나엔 분명 일의적 타당성은 있어보이나 어느 하나도 만병통치약은 아니었다. 그 막판에 우뚝 솟아난 것이 바로 마이클 해머의 〈리엔지니어링〉이었다. 해머는 그 책으로 한순간에 패권을 거머쥐었다. 마치 신약이나 되듯 세계적인 반향을 불러일으켰다.

　아뿔사! 불과 2년 만에 그 만종소리가 들렸으니. 미국기업들이 행한 리엔지니어링의 3분의 2 내지 4분의 3은 실패로 끝났다는 것이 한 보스턴 전문가 모임의 분석이다. 특히 다운사이징과 혼동, 감원의 대명사로 오도되어 사원들의 저항에 부딪친다는 지적이 먹혔다. 해머는 저항이 문제가 아니라 저항을 잘못 다룬 게 문제라고 반격했다.

　거기 비하면 〈국부론〉이나 〈자본론〉은 비록 후세에 큰 수정을 겪었거나 거의 종장을 맞고 있지만 '장수' 임엔 틀림없다. 이제부터 나오는 어떤 학자의 새 파라다임을 긋는 대 이론도 라이프 사이클이 길것 같지가 않다. 3년커녕 한해만 넘겨도 돋보일 게다. 도쿄의 한 금융 딜러가 "시황을 판단하면서 '장기長期'를 대략 얼마로 잡고 일하느냐"는 질문에 한참 만에 답한 것이 '10분' 이더라고 피터스는 인용했다.

　어디 경제, 경영이론 뿐이겠는가. 근년의 지구촌은 하루가 다르게 예측불허의 북새통으로 돌진해 가고 있다. 게다가 그 소식들이라는 게 모두, 스스로의 변화에도 정신을 가다듬지 못하는 대중매체들이 전하는 말들이니 놀랄 사건들의 시리즈가 아닐수 없다. 사람이 돼지의 장기를 이식받게 되리라는 등 한국이 한때 세계 중심에 서던 바이오 의–과학의 발전문제는 현재론 논외로 치자.

　인간의 사고를 원천으로 하는 사회 문화 정치상황의 전개가 反상식, 예측불허의 궤도이탈을 가속하는데 문제가 심각하다. 그것을 보며 우리가 감지하는 것은 변화의 속도가 매우 빠르다는 한가지 사실뿐이다. 변화의 방향도 고도도 감촉도 색깔도 그리고 더더욱 목표도 우리는 알 수가 없다. 제도가 완비됐다고 부러움을 사는 선진국들 뺨치게 빈틈없는 질서사회인 전후 일본에서도 예외 없이 기상천외의 불상사들이 고의건 실수건 하루가 멀다고 이어지고 있다.

육감으로 지진을 피하는 동물과 달리 사람이 얼마큼이라도 앞을 내다 볼수 있는 것은 오래 누적된 경험과 상식의 덕이다. 그런데 그 상식이 무용지물이 됨은 피터스의 말 그대로 우리를 있게 한 모든 관습들을 우리 스스로 폐기하고 있다는 증거가 아닌가. 상식에는 모범이 필요하다. 사람도 여타 동물도 우월자를 모방한다. 반면교사와 반대모방도 있듯이 심지어 욕하면서도 닮는 것이 인간이다.

더구나 교육의 보급으로 인지의 수준이 높아지면서 군중은 '팥으로 메주를 쑨다' 는 지도자를 믿고 순종할 만큼 우매하지 않다. 이젠 '콩으로 메주를 쑨다고 해도' 일단 의심부터 해보고 나서 이해가 일치될 때야 동조하는 것이 시대조류다. 기성 지도자나 그 지망생들은 정신 가다듬고 더 이상 군중을 얕잡아 기만하려 해봐야 군중은 넘어가지 않는다. 이제 솔직 겸손하게 속을 털어놓고 나서 심판을 구하는 자세가 상지상이다. 그런 마음이 없으면 애초부터 그런 자리에 나서질 마라.

6
역대정권의 正當性 평가 문제

🌿 일제로부터 해방되던 1945년 8월 15일, 뙤약볕 속의 무더위를 기억하는 국민들의 수가 이젠 단 10%를 넘지 않을 만큼 8·15 해방은 벌써 까마득히 역사의 뒤안길에 묻혀가고 있다. 흘러간 60년 세월이 그날의 날씨가 어땠는지 기억하기엔 너무 세월이 흘렀음이다. 대한민국 건국도 58년을 넘어섰다.

이런 연륜 위에 그려진 한국인 스스로의 자화상은 어떤 모양일까. 적어도 자화상 즉 "우리는 어떻게 생긴 누구인가"에 대하여 총의를 이루어 그려내지 못하면 우리의 내일은 밝지 않다. 본래 인간의 자화상은 주관적일 수 밖엔 없다. 그중에서도 한국인만큼 자기정체를 놓고 마음속으로 끌탕을 하는 민족도 흔치 않을성 싶다. 사사건건을 거르지 않고 '우리는 누구인가'에 매달려 속을 끓이다 보면 역사의 수레바퀴를 앞을 향해 굴리기 힘들고 과거에 매달리는 가련한 형편에 빠진다.

그 뚜렷한 증세가 두가지다. 역대 정권의 정당성을 둘러싼 끝없는 갈등과 세계 속의 한국의 위상에 대한 엇갈린 자의식이 그것이다. 그 위에, 끝없이 매연을 뿜어대는 지역감정과 끝을 모르는 감투싸움이 그 버금가는 화근들이라고 생각된다. 정권의 정당성이란 결국은 역대 각 위정자들에 대한 평가 여하로 가름되는 것이 보통이다.

도대체 역대 9명의 대통령들, 내각제 총리 한사람을 통틀어 놓고 볼 때 군말 없이 "그는 훌륭한 지도자였다"는 평을 듣는 사람이 우리 역사에 과연 존재하는가. 한마디로 그런 지도자는 한사람도 없다. 거의 몽땅 가위 (X)표다. 얼마큼의 예외가 있다면 박정희 한사람이다. 물론 박통을 놓고는 찬반양론이 긍정 부정을 중심에 두고 사후 20년이 가까워 오도록 대립이 멈추지 않고 있다. 역대 최고 지도자들에 대하여 그런 모진 평가가 계속 나오는 원인 가운데는 장본인의 잘못이나 정치 자체의 잘못이 있을 뿐 아니라 근본적으로는 학교, 공교육의 책임도 크다는 점을 상기하지 않을수 없다.

학교서 배운 偉人이

학교 교육이 당대 대통령의 집권 기간 중에는 현직 대통령 한사람을 거의 신격화하다시피, 훌륭한 역사적 인물로 높이 묘사해서 가르쳤다. 공민과목이나 사회 교과서에도 그렇게 묘사했고, 교과서를 벗어난 교사들의 훈화를 통해서도 비판력 없는 생도들 머리 속에 현직 대통령의 비범성을 심어 주었다.

중요한 것은 학교에서 주입받은 사물에 대한 가치관은 대학에서 중고교 초등학교로 소급할수록 인간 평생에 내내 미치는 영향이 크다. 특히 학급담임이 예체능 포함, 전 교과과정을 가르치는 초등학교 6년간이 중요한 가운데 그중에도 5~6학년 2년간은 같은 교사가 연달아 담임을 맡는 오랜 관례여서 더 그렇다. 교사가 웬만큼만 좋은 품성을 가진 분이라면 코 흘리던 제자가 자라서 자식을 기르는 청장년기에 이를 때까지 자기 부모에게서 받은 것보다 더 깊은 감화를 주는 것이 보통의 사례다.

문제는 거기에 있다. 1948년 초대 안호상 문교장관의 일민주의가 우리들 70대 세대에 오래 끼쳤던 영향처럼, 역대 문교정책이나 장학지침대로 당시 대통령을 일방적으로 존경 찬양하도록 가르쳤던 교사들의 훈도를 받고 자란 청소년들이 학교를 나와 사회입문 하자마자 맞닥뜨리는 당혹감은 무엇이겠는가. 특히 4·19 이후부터 여러 차례의 정변을 거치면서 이미 땅에 떨어져 뒹굴고 있는 역대 위정자들의 동상과 위상을 목격하는 즉시 재학 시에 귀에 젖게 들은 역대 지도자들의 우상은 깨어져 왔다.

거룩하던 애국자의 상이 그냥 보통사람도 아니고 매국노, 역사적 중범, 파렴치에 가까운 인격 파탄자로 짓밟히고 있는 현실 앞에 다수 국민들이 정신적 혼란을 겪는 것이 수십년 되풀이 되어온 이 땅의 현실 아니던가. 그런 시각에서 바라보면 만일 누가 청사에 기록될 불후의 영예를 탐내어서 대통령직에 연연하는 사람이 있다면 아예 처음부터 단념하는 편이 훨씬 현명하다고 충고를 해야 옳은 일 아닌가. 좋건 싫건 국민의 이름을 칭탁하며 떠받들어졌던 대부분의 기존 권위와 질서가 번번이 깨지고, 무시당하고, 부인되는 이 나라, 이 사회의 불모성(不毛性)을 허망해 할 따름이다.

하긴 한반도에서 명멸한 역대 왕국의 그 많은 임금들 가운데서도, 누구라도 이의제기하지 않는 성군이 과연 몇이 있는가. 아마도 겨우 한사람,

세종대왕 말고는 없을성 싶다. 따지면 한국만의 현상도 아니다. 중국의 어느 황제, 조지 워싱턴 피터대제 등 고금동서의 어떤 치자들도 결코 성인(聖人)은 아니었다는 점에서 그것이 인간사회 통틀어 대동소이한 공동유산 같아 뵌다.

수많은 인간들을 불문곡직하고 절반 뚝 잘라 '선인 대 악인'으로 양분하려는 생래적인 오류에서 그런 차질은 예정되어 있다고 본다. 그런 二分法 논리 아래선 어쩌다 선인(善人)으로 떠받들린 인물이 어느날 아침 갑자기 악인으로 추락하는 것은 시간문제다. 그건 애초 그렇게 점지된 운명이다. 인간에 완전 선(善)이란 처음부터 없었기 때문이다. 그래서 역사를 쓰고 말하는 사람들이 간과해선 안될 것은 인물마다에 각기 시대적으로 부여된 주된 역할이 무엇이었는가부터 규명하는 일이라 본다.

인물評의 기준

이승만도, 박정희도 각기 그 시대에선 불가피했던, 비록 최선은 아니었을 지언정 '최적'의 선택은 되었지 않았나, 우리는 냉정하게 고민해 봐야 한다. 여기서 최적이란 어의는 '가치 최고'와 구별되는, 진화론적 내지 적자생존적인 의미로 말하는 개념이다. 다시 말해 그 시대 그 인물의 행위가 "그런 경우 그로 하여금 그렇게 하지 않기를 기대할만 했는가" 하는 소위 '기대가능성 이론'을 준거로 삼아, 그 나름대로 최선에 근접했느냐 여부로 역사인물 내지 한 자연인의 인물평을 해야 옳다고 본다.

좀더 단순하게 표현하자면 역사에 대한 어느 인물의 기여도를 측정함에 있어 순기능(順機能)은 순기능대로, 역기능은 역기능대로, 모두를 인지함이 당연한 것 아닌가. 그 점에선 김일성 부자도 이승만 박정희와 동일한 기준을 가지고 객관적으로 분석 평가할 역사 속의 대상 인물임을 피할 수는 없다. 다만 필요에 따라 2인 이상 복수의 역사 주역들을 비교 평가하거나 종합적으로 순위를 매기려 할 경우에는 도리 없이 순기능(플러스)과 역기능(마이너스)을 통합 상쇄하면 점수가 나오게 되고 순위도 매겨진다. 그러나 순위를 매기는 자체는 무의미하다는 점을 수용하고 출발함이 옳다고 본다.

그렇지 않고 논자에 따라 주관적인 형용사나 한정사를 사용하여 인물을 평가하는 행위는 정사(正史) 아닌 야사(野史)의 영역에 속한다 할 것이다. 그렇게 평가해야 할 대표적 사례들을 꼽는다면 1)이승만의 친일파에 대한 불처벌 및 중용의 전말 2)이기붕 일파의 정권연장 시도에 대한 이승만의 간여 정도 3)박정희 쿠데타의 정당성 여부 4) 유신을 포함한 1인독재 추구가 그 많은 희생자를 보상하고도 남을 만큼 불가피한 전략이었느냐 등이 답을 먼저 찾아야 할 가장 앞 순위다.

여기서 (1)과 (3)은 주사파 이후 대한민국의 정통성 시비에 있어 대표적 감점요인으로 애용되어 왔고 (2)와 (4)는 결과론 내지 조건론이지만 '그것이 아니었다면 경제도약이나 국가안보 확보가 불가능했을까'를 가늠하고, 그러다 보면 기회비용을 역산하는 과정을 거쳐 긍정론 또는 부정론에 합류하는 결과에 이르게 된다.

이승만 정권에 대한 (1) (2) 문제는 이제 그 혐의가 재론의 가치가 없을 만큼 이미 역사의 심판을 받았다고 본다. 5공 성립의 정당성 문제는 불가피성 내지 기대가능성 측면에서 따지면 긍정이나 공감이 무시될 만한 낮은 수준이다. 5공 정당성 시비의 초점은 두 곳에 있다. 첫째, 80년 신군부가 12·12, 5·17, 5·18을 계획적으로 모의했건, 조작적인 기화로 이용을 했건 간에 적어도 그런 사태가 없었다면 그들의 집권 가능성은 물론 정당성 역시 전무였다는 객관성의 입증이 가능한가의 여부가 핵심이다. 더구나 1972년의 유신헌법 제정 후의 폭압정국은 최소한의 필요성을 인정한다 하더라도 과잉방어이며 권력 내부 부패의 호도가 유신독재의 진의였다는 의구를 씻기 힘들다.

그 밖에는 5공이 있음으로써 6공이 있었고, 6공 때 3당 통합이 있음으로써 김영삼 집권이 용이했다는 연쇄조건, 그리고 김종필과의 제휴로 김대중 집권이 가능했으며 그것이 노무현 정부의 탄생을 결과로 도왔다는 연쇄성을 고려할 때 1980년 이후 25년 동안에 누적된 정치 기성고(旣成高)를 송두리째 무너뜨리기는 이미 일정한 경계선을 넘어 불가능해진 것이 현실이다. 신군부 집권의 반란죄 성립을 놓고 이성계의 위화도 회군에 빗대어 '성공한 쿠데타는 불처벌' 등 왈가왈부 끝에 전-노씨의 단죄가 세계인 환시 아래 일단락되고, 참여정부 들어와선 다시 훈장회수와 연금중단 등의 후속조치들이 뒤따르고 있다. 벌써 그 와중에 피해자이며 역사의 중심적 증인인 최규하 전 대통령이 두어달 전 타계했고, 그 영전에 가해 당사자인 전두환씨 내외는 머리숙여 조문했다.

결국 거기서 배우는 교훈은 정당치 않은 집권의 악순환을 결코 용인해선 안된다는 역사의 경각이다. 과거의 희-비극들을 언제까지나 반복하며 국력을 소모할 것인가, 아니면 속 시원히 정리해야 할 일들을 공론에 부쳐 하나하나 단락을 지어나갈 것인가를 체험으로 배웠다. 이제 남은 정리는 장본인들이 부정적 제스처를 하며 설쳐 나대지 않고 겸손한 모습으로 종생하는 이상 왕도는 없다고 본다.

여기서 '장본인'이란 최고 권력자 자신에 그치지 않고, 분명하게 그들의 하수인으로서 방법의 적부를 가리지 않으며 거액 축재했거나, 권력을 남용한 분명한 사례의 모의참여자-지휘적 행위자들을 포함하는 개념이다. 일정범위 안에서 현저히 부당한 행위임이 여러 증인에 의해 드러났는데도 또 다른 연줄을 찾아 양지를 넘보거나 이미 차지하고 있는 비합리가 기정사실로 방치, 조장되어선 사회정의란 영구 존재 불능이다.

역사의 통합결산

다음은 전후 60여년 한국사의 통합결산이 흑자냐, 적자냐 하는 판단의 갈림이다. 대단히 우국적인 동기로 현실 불인정론이 끈질기게 제기되어 오고 있지만, 분명히 우리가 말할수 있는 것은 5천년 역사상 처음 대 약진을 현대의 2~3세대들이 이루어냈다고 하는 엄연한 사실이다. 그 핵심은 1958년에 어렴풋이 계획으로서의 윤곽을 드러냈다가 두차례 정변으로 청사진이 쓸려 내려갔고 1960년대 들어서야 경제개발이 날개를 펴고 개발성장을 향해 매진한 것이다. 거기에 어떠한 군더더기도 붙일 필요가 없다.

중요한 것은 그 성취를 이미 다 끝난 '과거 완료형'으로, 불멸의 업적이라고 자만(自慢)하는 일을 경계하는 일과, 나아가 잘못하다간 그간의 성취라는 것이 어느 때라도 순간 무산될 수도 있는 '현재 진행형'임을 통찰하는 신중성이라 본다. 1990년대까지 잇따르던 성수대교 삼풍백화점 같은 각종 붕괴사고가 근년에 오면서 현저히 줄어든 건 다행이다. 하지만 '사상누각은 무너진다'는 만고불변의 진리다. 누가 모래 위에다 누각을 지었는가. 집권자들의 고속성장 강박감, 일확천금을 향한 과당-부정 경쟁의 보편화, 공사비에서 정치자금을 떼어쓰던 정당정치의 탈선, 더 근본에선 봉투만 받으면 부실을 눈감는 관-민 망라, 사회에 찌든 악습에 서릿발 유죄

선고가 내려야 한다.

　소방도로 하나를 설계도대로 똑바로 뚫지 못해 서울과 대소도시 도로가 비뚤비뚤해지는 동안 숱하게 오고간 봉투의 악역을 상상만 하는 것으로 현기증이 날 지경이다. 봉투-부패의 연결고리에 양심이 절어드는 역질이야말로 한반도의 미래를 고사시킬 극약임을 알아야 한다. 길을 막고 "봉투 한번 주고받지 않은 사람 있으면 나와보라"고 물으면 아마 한 사람도 나오기 힘들 것이다. '죄 짓지 않은 자 돌을 던지라'는 예수의 말씀이 새삼 울려오는듯 하다. 여론조사에서 '개혁지속 희망'이 80 몇 %였다지만 나한테 손톱만큼 손해 끼칠 개혁일랑 어떤 것도 싫다는 것이 바로 민심의 양면이다.

　모두 솔직하자. 어느 종교단체의 '내 탓이오' 운동을 남의 얘기처럼 시큰둥하게 흘려 듣는 한은 백약이 무효다. 이치는 알면서도 왜 모두 눈 가리고 아웅 하는가. 역설적으로 2차대전 중 이태리 어느 마을에서 나치에게 포도주 추렴해 주는데 '나 하나쯤이야' 하고 모두 맹물 탄 포도주를 내놔, 결국 전체가 맹물이 되어 보복을 받았다는 군중심리와 다르지 않다.

　쓰레기문제 교통질서 취학 출세 하다못해 대통령되기에 이르기까지 모든 세상사에서 중요한 심리작용은 바로 이 '나 하나쯤' 심리다. 광복 200년, 독립 200년이 되어도 '나 하나라도 진짜 포도주를 내겠다 또는 안 내겠다'는 성숙성이 국민들 마음속에 자리잡기 전엔 진정한 의미의 선진국 되는 꿈은 말장 도로 아미타불이다.

제4장

북한문제

1
용광로가 꺼지나

　　　　　🌸 지금은 폐간되어 자취를 감춘 신아일보의 경제부장으로 재직 중이던 1972년 10월, 제2차 남북적십자 평양회담을 취재하는 남측 보도진의 한 사람으로 3박 4일간 북한땅을 밟고 왔다. 다녀와 쓴 글의 첫 대목은 "북한은 하나의 용광로다"로 시작했다. 평양극장 〈꽃파는 처녀〉란 가극을 시청하면서 그곳 시민 관람객은 물론 남측에서 간 일행의 상당수마저 함께 감동해 흐느낀것 처럼 북한이란 사회는 무엇인가에 대중이 도취해 열광하지 않고는 오래 지탱하기 어려운 사회로 인상이 박혔고 오늘도 그런 인식에는 변함이 없다.

　문제는 무엇인가. 당시의 그 가극은 일제의 비인도적인 탄압에 신음하던 조선인의 서러움을 고도의 예술적 기법으로 고양시킴으로써 남북 불문한 한민족 공통의 감동을 분출시켰기에 용광로를 만들었던 것이다. 그러나 최근 수년 북한에는 아무 감동거리가 없었다는 것이 실타래처럼 어려움들을 줄잇게 만드는 근본 원인이다. 일제 치하에서의 피압박 설움에 대한 분개와 복수심 촉발, 6·25전쟁, 휴전 후의 미국과 남한정권에 대한 적개심 경쟁심 고취로 일정한 감동주입이 가능했지만 그 약효가 끝나도 거기에 대신할 다른 약이 마땅치 않았다.

　노선의 차이가 가져온 남북간 개발경쟁의 너무도 현격한 격차가 계속 확대되는 속에서 감동을 언제까지나 김일성 광장에서의 기계놀림 같은 사열식이나 카드섹션으로 지탱할 수는 없는 일이다.

　까맣게 뒤쳐진 낙후를 일시에 만회하여 주민에게 새로운 감동을 주는 유일한 길을 찾아 와신상담(臥薪嘗膽) 끝에 북이 모색해낸 출로가 바로 핵 및 그 운반장비의 개발 보유이고 그것을 대내외적으로 과시하는 전략변경이었던 것이다. 그들로서는 이것이 생각할수 있는 유일의 논리적 귀결이라 봐야 한다. 왜냐면 그 밖의 대안들은 몇갑절 큰 기회비용을 지불해야 하고 시간 또한 훨씬 많이 걸린다. 그 대안이란 경제개발인데 신의주특구도, 나진-선봉 특구도 시도해 봐야 의외의 장애에 막혀 되는 일이란 하나도 없이 실패로 돌아갔다. 남측의 조력으로 시작한 금강산 개방과 개성공단 개설이, 비록 한술에 배부를 리는 없지만 그나마 손에 넣을수 있는 '황금 알 낳는 거위'이다.

　당장 핵전략과 쌍알이 진 이 중대한 길목에서, 저들이 장래를 바라보는 지속적 정치집단이라면 상당한 대가를 지불하고라도 한국과 미국, 그리고 일본 등에 마음을 터놓고 금강산-개성사업을 확산 지속하는 방향에서, 더뎌보이지만 평화-공영의 길을 선택해야 옳다.

　북한엔 물론 남한에도 상당수가 있는 진보-통일세력의 공통적 결함은 이미 실험이 끝난 사회주의 계획경제체제의 진수를 똑바로 인식하지 못하는 환영에서 계속 벗어나지 못하고 있다는 것이다. 러시아와 동유럽, 중국에서 장기간 실험된 공산주의-사회주의 체제가 번잡스런 이물질들이 중간에 끼어들어서 그랬건, 아니건 간에 되돌릴수 없을 만큼의 실패로 끝났다. 신분세습과 부의 편중을 반대하여 구상된 정치제도가 사회-공산주의 체제임에도, 그와는 너무도 거리가 먼 부자세습-신 지배계급 창설의 이중 오류를 60년 지속해 축적하고 있는 북한체제를 과연 무슨 동기로 동경하여 남한까지 그 위에다 얹어 합치려 드는가, 이해가 가질 않는다.

물론 남한이 안고 있는 모순도 적지 않다. 일부 대기업군, 재벌들이 엄청난 부를 축적함과 비례하여 국민의 부가 양극-편재화 되는 현실을, 이목을 구비한 사람이라면 보고 느낀다. 그러나 표면상 평등에 매달리던 나머지, 나라의 부를 키우지 못한 북한에서 인민의 평균 부는 앞으로 무엇을 가지고 높일 것인가. 남한은 여러 부작용에도 불구하고 북의 30배는 될 국부를 키워냈기에 단지 제도운용의 효율성만 제고시킨다면 국민 평균 부의 증대 가능성이, 나눌 파이조차 없는 북한보다 훨씬 크다.

아마도 개중에는 현 시점에서 남북한의 총 富를 인구 총수로 분배해 갖자고 제의하는 상당수 인원이 분명 있으리라 본다. 그러기 위해 주로 순수하고 정의감 강한 젊은층이 민족을 앞세우며 "적화통일이라도 통일이라면 좋다"는 단순 논리에 매달리기 쉽다. 그러나 先 분배부터 하고나면 재투자 여력이 경색되어 확대 재생산이 어려워진다. 그것은 당장 나눌 파이를 바싹 줄임으로서 각각의 분배 몫마저 줄여 놓는다. 남은 길은 무엇인가. 발전의 동기요인인 개인의 이기심과 경쟁은 보장하되 출발선의 동일을 최대한 보장하는 방향으로 타협을 이끌어내는 것이 유일한 대안이다. 신자유주의처럼 1세기를 소급해 완전 자유방임주의 재현을 요구하는 것은 오히려 극단적 좌경화를 자극하는 역작용을 외면하는 현명치 못한 발상이라 본다.

다음 글 2편은 김일성주석 사망 몇달 전인 1993년 7월 24일자에 〈김부자에 망명을〉이란 제목으로, 또 그의 사망 직후인 1994년 7월 11일자 〈판문점서 만나라〉라는 제목으로 한국경제신문 논단에 실었던 글을 재록한 것이다. 이 글은 10여년 전에 쓴 원고지만 내용면에서는 오늘날에도 타당한 측면이 있다고 느껴 북한문제에 관한 필자의 글 중 이 둘을 싣는다.

2
김부자에 망명길을

🌐 세계의 대소국들이 온통 북한의 김일성 부자를 놓고 이러지도 저러지도 못한 채 93년 한해를 다 보내고 있다. 마치 뜨거운 감자를 맨손바닥에 놓고 쩔쩔매는 모습이다. 미상불 뜨거운 감자야 먹을 욕심만 버리면 내던지면 그만이다. 그러나 북한이란 존재는 상대에 따라 가치를 달리한다.

동족인 우리들 한국인의 입장, 근거리의 중국인이나 일본인의 입장, 그리고 원거리에 있는 미국인과 그 밖의 여러나라 사람들에게 새겨진 북한과 김부자에 대한 인식은 천차만별일 것이다. 적어도 우리로선 손뜨겁다고 북한을 내던질 수는 없다.

올 1년 중 제기된 북한문제의 핵심은 핵무기다. 서방의 위성사진에 잡힌 영변 핵시설을 평양 측은 평화목적의 연구시설이라고 우기고 있고, 타국들은 그렇다면 국제기구의 사찰을 수용해 무기가 아니라는 사실을 밝히라는 요구다. 북한이 짜장 핵무기를 가지고 있으면서 버티는지, 아니면 허세로 외교상 양동작전을 쓰는지조차 해석이 엇갈리는 판국이다. 그러나 이 문제의 해법은 사실점검에서가 아니라 김부자의 심리를 분석하는 데서부터 출발해야 한다고 믿는다. 김부자는 한마디로 벼랑으로 뒷걸음질을 치고 있는 상황에 놓여 있다. 그 두 사람은 대문을 안으로만 빗장을 잠그고 있을 뿐, 밖을 향한 오각은 보통사람 이상으로 예민하게 작동하고 있다.

그래서 바깥 세계의 급변을 잘 알뿐 아니라 누구보다도 민감하다. 김부자가 자면서도 가위눌릴 만큼 몸서리치는 장면은 그렇게도 서로가 비슷하면서 사이좋던 루마니아의 독재자 차우셰스쿠가 최후를 맞는 TV뉴스였음에 틀림없다. 김주석은 최초에 50년대 후반 후루시초프의 스탈린 격하에서 충격을 받았다.

그 대비책으로 나온 것이 소위 '주체사상' 전략이었다. 그것은 자신의 신격화와 아울러 혈육으로의 후계체제 공고화로 이어진다. 정일이 어리던 70년대 초까지는 아우 영주를 후계로 상정했다. 그러나 2촌 간인 형제에 의탁하기보다는 1촌인 아들을 믿는 것이 더 안전하다는 강박관념에 사로잡혔다. 신분세습 타파를 한 핵심사상으로 하는 공산주의 신봉자가 절대로 빠져서는 안될 혈연주의 금기를 짓밟기 시작한 것이다. 그때 이미 운명의 화살은 시위를 벗어 나갔다.

여기서 간과해선 안될 사실은 그 과정에서 발휘된 정일 자신의 능동적 역할이다. 그는 아버지와 계모 김성애 사이를 20년간이나 갈라놓는 난중 지난사를 용케도 성공적으로 해냈다. 그것은 이복 아우 평일의 권력접근을 원천부터 봉쇄하는 약효 직방의 대담한 전술이다. 금슬이 좋건 나쁘건 한방을 같이 쓰면서 처의 베개송사를 외면할 장사는 있을수 없고, 본능상 제 소생을 두둔하느라 전실 자식을 헐뜯지 않을 후실 양처는 드문 법이다.

사실 정일이 계모를 대신해 부친 곁에서 시중들 미녀군단 '기쁨조'를 활용한 미인계(美人計)는 그때의 작품으로 그 치밀성을 짐작케 한다.

그러면서 김부자는 되돌릴수 없는 자충수를 두며 벼랑길을 치달아 올라왔던 것이다. 물론 그러는 과정에서 남한의 여러 상황들이 일종의 요행심을 김부자에게 심어주며 현혹시켰다. 그때 남쪽에서 들려오느니 쿠데타 가능성, 데모, 부패, 지역갈등 소란의 정보가 꼬리를 무는 가운데 때로는 상황전개가 남한이 송두리째 금방 뒤집힐 듯 급박한 정보들이 김부자의 그런 요행심을 부추기기에 충분했었다. 그런데 용케도 남쪽은 백척간두에서 정권교체 고비를 평화적으로 망하지 않고 넘겨왔을 뿐 아니라 국력은 일방적으로 북을 추월했고, 재벌이란 이름의 자본가들은 구소련 중국 동구에 활개를 펴고 다녔다.

반대의 측면도 있었다. 북한 군부 내 반대세력이 유혈 쿠데타로 김 주석을 제거했다는 첩보가 한때 세계를 흔들 만큼 북한의 몰락 가능성 역시 남한이나 우방들에선 심심치 않게 유포되곤 했다. 어쨌든 경제력 비교에서 GNP는 64년부터, 1인당 생산은 73년부터 남이 북을 추월하기 시작했다. 말을 바꾸면 남이 경제개발을 밀고 나가지 못했든가, 북이 민생경제를 그리 외면만 하지 않았더라도 남북의 국력이 지금처럼 '몇십 대 1'이란 원사이드 게임으로 벌어지지는 않았을 것이 틀림없다.

그렇다면 앞으로 남은 김부자의 선택은 무엇인가. 단순화하면 앉아서 비참한 최후를 맞느냐, 핵폭탄을 들고 동족과 주변을 향해 대량살육 위협을 해서라도 살아남느냐의 양자택일이 남았을 뿐이다. 아무리 모질어도 내 생명을 아끼는 인간일진대 전자의 길을 택할 가능성은 크지 않다. 여기서 우리는 모두 현명해야 한다. 누가 먼저 치건 간에 이 땅에서 핵전쟁을 해선 안된다. 무슨 수를 써서라도 그 일만은 막아야 한다.

수가 무엇인가. 인간의 본능에 파고드는 수다. 비참한 최후를 두려워하는 김부자와 그 일족의 안전을 보장해 주는 고도의 전략이 필요하다. 그가 반세기 동안 저지른 과오는 밑더라도 더 소중한 민족의 장래를 위해서는 주저하지 말아야 한다. 방법은 있을 것이다. 한 미 일 중 러 등의 공동보장으로 '언제든 원하면 망명처를 제공한다'는 징표를 교부할 수는 없을까. 가령 대상지로 캄보디아는 어떨까. 시아누크가 오랜 실각기간을 평양에서 융숭한 대접을 받으며 망명생활을 했으니 빚 갚는 기회도 될 것이다.

캄보디아가 그 일행에게 장소와 안전만 제공하면 생계자금은 아마 자비로도 충당될 것이지만 그밖에도 길은 있다. 최근 며칠 새 북 미 회담의 진전이 있는듯 하지만 역시 장기대책은 못된다고 본다. 패러다임을 바꾸는 발상의 전환이 긴요하다고 여겨진다.

3
남에는 안온다, 판문점 등 대안

🌿80객의 사망을 마냥 의외성으로만 받아들이고 있어도 현명치 못하다. 노인을 위해 관까지 짜놓던 게 고래 이 땅의 관습 아니였나. 김일성 주석의 부음은 단연 세계의 톱뉴스다. 국내외 방송에서 '충격적' '당황' '착잡'이란 반응이 흘러 나왔다. 여운 있는 이런 반응은 그가 가치론을 떠나 그만큼 많은 사람에게 영향을 미친 뚜렷한 존재였음을 뜻한다. 게다가 시(時)의 절묘가 있다.

역시 최후의 인성은 선한 모양이다. 평양회담 준비에 바쁘던 통일원 직원들의 "허전하다"는 말에 집약되는 '너무나'라고 할 정도로 적극화한 북측의 최근 자세가 친근감을 유발했다. 현인신(現人神)의 존재인 김 주석이 생존 시에 스스로 실마리를 풀지 않은 채 떠나고 나면 한반도 통일은 오히려 지연될지 모른다는 우려도 있어 왔다. 그의 죽음을 놓고 상당수는 어차피 그가 이미 노쇠해 통일완성을 못할 바엔 오히려 일찍 가는 것이 통일을 앞당기는 데 도움이 된다는 낙관론을 펴고 있다. 그 생각에도 충분한 개연성은 있다. 그의 북한 내에서의 존재가 하도 절대적이었기 때문에 그가 생존해 있는 한 그의 의사에 반하는 방향으로의 정세전개가 힘들다는 논리에서다.

그러나 이 시점에서 비관론도 낙관론도 큰 의미는 없다. 중요한 것은 이제부터의 변수에 있다. 우선 최대의 변수는 후계체제다. 국가주석과 당 총서기라는 권좌는 오랜 준비대로 장남 김정일이 차지하는 외엔 당장의 대안이 없을 것이다. 김 주석이 사후의 격하를 두려워 친자를 후계자로 지명하여 20년 이상 터를 닦아왔고 그 속에서 그와의 경쟁을 꿈이라도 꿀 만한 빈틈이 없었기 때문이다.

공산권의 관례로 후임 내정자가 맡는 장의위원장 자리도 아들이 맡았다. 그러나 그의 통치기간에 대해선 추측이 난무한다. 심하면 김의 집권기간은 '최단 단 3분, 최장 30년' 이라는 재담도 있다. 독재권력이란 인기와는 무관, 감시와 철권으로 상당기간 끌고 갈수 있다든가, 아들 김이 의외의 능력을 가졌다는 논거의 장기 집권설도 나온다.

반면 김은 역부족이어서 실각은 시간문제라는 설이 역시 다수설이다. 단명설에는 나름대로 논거들이 풍부 다양하다. (1)봉건신분 타파를 핵심사상의 하나로 하는 공산주의에서 지위의 혈연 승계는 자체 모순이라는 점 (2)그 같은 무리를 하면서도 반세기 동안 권좌를 지킬수 있었던 김 주석의 카리스마와, 종군경력을 결여한 정일에 대한 군 원로들의 충성 가능성 희박 (3)고립된 국제환경과 침체된 경제형편 속에 고조되는 민심의 이반을 김 주석 아니고는 무마하기 힘들다는 점 (4)김영주 김성애 등의 복권에서 엿보이는 유족을 둘러싼 세력 갈등 가능성 (5)공개활동 기피적인 김정일의 성격상 대외관계 발전의 한계점 등을 들수 있다.

다음 변수는 대외적인 것이다. 한국을 필두로 한 외부세력들이 김 주석이 이끌던 당시의 북한과 그가 떠나고 없는 이후의 북한을 똑같은 태도로 대할 것인가는 그리 간단한 문제는 아니다. 고 김 주석은 구 공산권 안에서는 물론 오늘까지 가장 가까운 지지세력인 중국의 원로들과도 오랜 교분을 가졌다. 또한 김 주석은 노련한 수완으로 대외관계를 요리해 왔기 때문에 어떤 나라도 대북한 관계에 신중을 기했던 게 사실이다.

한데 서방세계뿐 아니라 몇 남지 않은 사회주의 국가도 이념이나 실리 면에서 공감대가 약해진 북한에 대해 향후에도 계속 지지를 보낼 것인지 의문이다. 여기서 가장 중요한 상대는 한국이요, 그 연장 선상에 미국과 일본이 있다. 나라 그 자체였던 김 주석을 잃은 북한 권부의 행동폭은 크게 좁아질 것이다.

도리 없이 북에서는 패배주의가 확산될 것이다. 최소한 남쪽에서 선공(先攻)이 없다고 확신하는 한 대남도발 용의는 갖지 않을 것이다. 물론 진짜 핵을 가진 상태에서 권력자나 군부의 실력자가 독에 든 쥐처럼 구석에 몰릴 경우가 생긴다면 도발 가능성을 완전 배제할 수는 없다. 이런 의외 사태에도 물론 대비해야 한다. 그러나 이제부터 중요한 것은 남측의 원숙한 대응이다.

첫째, 고인에 의해 무르익던 북의 새로운 대화노선, 특히 정상회담을 성사로 유도하는 남의 노력이 중요하다. 준비가 구체화된 정상회담은 이를 백지화하지 말고 새 상황에 맞게 수정 제의하는 편이 좋다. 상대는 직명 여하 간에 김 주석을 대신할 실권자라야 하고 시기는 서두르지 말고 저쪽에 시간을 주어야 한다. 중요한 것은 장소다. 당분간 서로가 상대방 지역에 가는 것은 합당치 않고 판문점이나 제3국이 좋다.

둘째, 핵개발 중지만 관철되면 과감하게 대북 경제협력에 나서야 한다.

그들은 이제 당당한 경쟁에서는 남한을 추월하기 힘든 사실을 인정할 것이다. 무소불능의 존재로 신격화된 김 주석에게선 그의 오류 시인을 기대하기조차 불가능했었지만 향후는 다르다. 김정일이 아무리 경골(硬骨)이라 하더라도 역시 젊기 때문에 세계 조류를 실감하는 면에선 부친보다 낫다. 그럴 때 진정한 협력자가 있다면 역시 동포뿐이란 점을 그들이 스스로 알도록 유도해야 한다.

셋째, 그들을 국제무대에 과감하게 끌어내야 한다. 핵문제만 해결되면 미 일과의 수교를 이젠 남측이 도와야 한다. 그런 단계를 모두 거치면 평화조약으로의 대체, 군축추진, 미군 철수 등 통일환경의 조성이 착착 진척돼 갈 것이다. 그러나 조급성과 과욕을 가지고는 이 모든 과정의 안전한 이행을 그르치고 또다시 의외의 난관에 다시 봉착한다. 정말 어른스런 지도력을 남북 모두가 갈망하는 시대를 우리는 맞고 있다.

2000년 6월 15일 김대중 당시 한국 대통령의 방북은 어떤 이유로 폄하하든 역사적 사건이었음에 틀림없지만 그 중요한 전제로 제시되었던 김 위원장의 답방 조건이 심히 무사려한 남측의 요구였기에 후속 진행이 어려우리라는 것이 당시나 그 뒤나 필자가 확신하는 견해다. 왜냐하면 김 위원장의 통일 전 남쪽 방문은, 판문점이나 제한된 특수지역 아닌 다음엔, 전혀 실현 불가능하다는 것이다. 이유는 그가 여러 차례 러시아 중국방문때 마다 특별열차만 고집하는 데서 엿보이듯이 심한 비행 공포증에다 저격 공포증까지 겹쳐 있음이 여러 상황에서 포착되어 왔기 때문이다.(필자 주)

제 5 장

작으나 큰 문제들

1
애국심이 독점물인가

🌀 애국심이란 단어는 한자성어이기 때문에 한자지식이 조금만 있어도 '나라를 사랑하는 마음'이란 즉답이 어렵지 않다. 애국심에 버금가게 많이 쓰이는 유사어로 애사심 애교심 애향심 등이 있다. 자신이 소속하고 있는 가정 학교 회사 고향마을 등 조직이나 집단 또는 어떤 영역을 사랑한다는 실재적 또는 당위적 현상을 아울러 가리킨다.

사업가 겸 경영이론가였던 프랑스의 앙리 페욜은 분업원칙, 권한과 책임원칙 등 경영조직 일반에 보편적으로 적용되는 14개의 관리 일반원칙을 제시한 가운데 단체정신 esprit de corps을 꼽았다. 구성원들이 소속 단체를 아끼는 정신이 긴요한 경영조건이라고 제시한 것이다.

청순한 학생들이 자기가 다니는 학교가 세칭 일류학교이건 알아주지 않는 학교이건 아랑곳하지 않고 재학 중에는 물론 졸업한 뒤까지도 학교에 대한 사랑이 뜨거운 사례들을 본다. 자신과 가족의 생활근거인 직장에 대하여도 강요에서만이 아니라 자발적으로 애착을 갖고 직장 대항 스포츠 게임에서 열렬이 응원하는 것은 상식에 가까운 일이다.

여러 조직 가운데도 국가란 조직은 특수하다. 애국심을 충성심과 동의어로 여겨 많은 경우 위정자가 이를 강요까지 할수 있는 권력을 지니고 있기 때문에 양의 동서, 시의 고금을 막론하고 애국심은 모든 국민이 갖추어야할 의무였다. 독재자들은 애국을 명분으로 무수한 국민의 생명과 재산을 모질게 희생시켰다. 전체주의 체제는 물론 자유국가라고 해도 제도상 분위기상 여러 요충점에서 애국심을 강요해 왔던 것이 현실이다.

여기에 비한다면 이 땅의 애국심은 별다르다. 임란의병, 기미운동, 상해 임정 등 항일 구국으로 이어지는 한국인 애국심의 정통은 콧등 찡하는 뭉클한 감정이되, 공존적이기보다는 배타적 요소가 강하다. 자기 자신만 진짜 애국자이고 동료가 갖는 애국심은 순수하지 않은 애국으로 의심한다. 애국심은 이성과 감성 가운데서 후자 쪽에 더 가깝기 때문에 넘치면 모자람만도 못할 수가 있다. 병적이라 할 만큼 끔찍한 모성애가 자식의 장래를 망칠수 있듯이 애국심 또한 방향을 잃고 도를 지나칠 때 나라에 보탬이 되기보다 위해로 돌아올 위험성이 더 클수 있다.

유사 이래 관리 즉 공무원의 존재란 위에서 거론된 영-독 현대사에서 보듯 국운을 좌우하는 막중한 직분임을 부정할 사람은 아무도 없다. 링컨서부터 민주주의를 국민에 의한 정치라 규정짓지만 국민대표의 참여를 제도상 보완한것 뿐이지 고금을 통틀어 행정관의 권한에 있어 실질적 변동이나 축소란 없다. 그렇기에 과거도, 현재도, 근 미래에도 행정의 상투 끝, 곧 인사권을 틀어쥔 정치권력의 쟁탈전은 물론이고 크고 작은 감투를 서로 차지하려는 싸움은 언제까지나 중단 없이 지속돼 나갈 게 틀림없다.

민간단체 NGO 같은 관청 유사, 대체 직종들이 많이 생겨나고는 있지만 그것이 관(官)의 절대값 하락을 동반하지는 못할 것이다. 다만 형평이 생명인 민주사회에서 싱가포르가 장관 연봉을 수억원씩으로 대폭 현실화, 부패엄단과 멸사봉공의 일석이조 실험에서 큰 성공을 거두긴 했어도, 누구나 열망하는 벼슬자리에 앉은, 감투 쓴 사람에겐 급여의 상쇄라는 균형장치가 많은 나라에서 보편화되어 있다.

그러나 어느 경우라도 절대로 양보하지 못할, 양보해서도 안될 官의 본질이 있다. 그것은 자기존경, 곧 자존심이다. 낮은 보수, 까다로운 청렴의무에 불구하고 관 지향 열기가 지속됨은 자존심과 명예의 덕이다. 그 자존심의 이면은 무엇인가. 한마디로 애국의 독점 내지 전유(專有)다. 아마도 관료사회에서 하루 거르지 않고 열리는 대소 고하의 회의 석상에서 사사건건 전제를 달지 않거나 언급 없이 넘어가는 일 없는 단어 가운데 하나만을 꼽으라면 '국리민복'이란 표현으로, 그것이야말로 애국심이 존재하는 데 비빌 언덕인 것이다. 뒤집어 말하면 애국심이란 것은 관이 이런 것을 가져라 하고 명령할 경우 외에는 피치자 국민들로선 자기들 마음대로 그 애국심을 가실수 없고, 가져서도 안되는 대상이다. 애국심은 지배자와 그의 대관(代官)들만의 전유물인 것이다.

애국심의 경계를 관료사회에선 간단하게 긋는다. 일반인, 특히 이윤의 극대화를 목적으로 하는 기업인과 그 종사자들이라면 죽었다 깨어나도 나라의 이익보다는 회사의 이익, 공익 아닌 사익(私益)을 우선 떠받들며 살아가는 존재인 것이다. 사원들의 생계를 틀어잡고 있는 직장 상사가 만일 회사를 위해 탈세하라고 시키면 감옥에 갈 각오로 장부조작쯤 능사로, 절세란 미명의 탈세를 감행하는 것이다.

여러 가닥으로 따져서 오로지 '관만이 나라를 사랑한다'고, 지위의 고저 불문한 관 스스로가 그렇게 확신한다. 3단 논법으로, 여기서 도출되는 결론은 '정부'로 통칭되는 관청, 실제로는 개별 관리 하나하나가 필요하다고 판단하여 만들어내는 규제가, 많으면 많을수록 국리민복을 증진시킨다는 논리로까지 비약시키고 만다.

바꿔 말하면 국제화 세계화가 되면 될수록 관이 안전판을 더욱 더 틀어쥐어야지, 민간에게 투자결정을 포함한 경영권과 국민 자활권을 민의 손에 넘겨줘선 위험천만 하다는 사고가 개별 관리 마음속에도, 집단으로서의 관청 안에도 끈질기게 똬리를 틀고 있는 것이다. 시민사회가 뿌리를 내리면서 도리 없이 이 땅에도 옛날 '국산품 애용' 차원의 애국심이 수용될 공간은 점점 좁아져 간다. 스스로의 정당성 강화를 노린 정권 탈취자들의 애국심 강매가 일정한 몫은 했겠지만, 애국심도 이제 내용면에서 성숙해 가지 않으면 안된다. 실은 애국심은 선민(選民)만이 독점할 만큼 특별한 것이 아니다.

약속을 지키고 거짓말 안하는 성실성, 남에게 해를 입히지 않으려 애쓰고, 남에게 부당히 해를 입혔으면 그것을 회복시키는 보상, 각자 노력의 성과에 따른 분배정의, 타인에 대한 선행과 자신의 개선 노력이 정통 애국심의 자리를 대체해 나가야, 말 그대로 시민사회가 비로소 성립하고 유지되어 나가려 한다. 마치 붉은 횡선 친 신분증을 발급해 그 소지자에게 특권을 부여하던 건국기-동란기의 사고방식을 그대로 가진 채, 특별한 계층이나 직위를 차지한 자만이 배타적으로 애국심을 독점케 하려는 오만이 발붙이고 있는 한, 여기저기서 끝없이 불거지는 파열음을 이 사회가 견뎌내기란 벅찬 일이다.

2
술잔 안돌리기

🌿 한국이 선진국이 되는 조건이야 이를 생각하고 주장하는 사람에 따라 내용도 가지수도 다를 것이다. 나는 가장 가깝고 간단한 것으로 다음 몇가지를 꼽는다. '술잔 안 돌리기' '용변 보고 손 씻기' '의자생활 하기' 의 셋이다. '침 안 뱉기' 는 도로정비가 진전됨과 비례하여 근년에 현저하게 개선된 상태다. 올림픽을 앞둔 중국이 '침 안 뱉기' 운동에 목소리를 키우는 것을 바라볼 때 금석지감이 느껴진다. 별소리를 다 하네, 그까짓 게 뭐 그리 중요하다고 거창하게 선진의 조건이라고까지 엄포를 놓느냐는 볼멘소리가 들리는듯 하다.

그러나 그렇지가 않다. 너무 평범해서 하찮게 보일 수도 있겠지만 뒤집어 말하면 "그렇게 간단한 버릇도 버리지 못하고 매달리는 것이 너무도 바보스러우니까"로 답할 것이다.

첫째, 술잔 돌리는 습관이 불합리하기 짝이 없으니까 이제 그만두자는 일종의 '네거티브 시스템' 논법을 원용하고 싶다. 술좌석에서 불문곡직하고 자신이 마신 술잔을 비워 타인에게 불쑥 내밀고 술을 부어주는, 그리도 자랑스런 한국의 음주문화에 과연 어떤 타당한 근거가 그리도 대단하단 말인가.

돌리기 찬성논자는 1)예부터 그렇게 해오고 있는데 왜 새삼 반대냐 2)오가는 잔에 정감이나 친밀감이 실려 오간다 3)잔을 주고받지 않으면 술 마시기를 피하는 경향으로 주석이 삭막, 파흥이 되기 쉽다는 등등 이유를 열거하기도 한다.

먼저 예전부터 오랜 세월 그렇게 해왔다는 증거는 한가지 외에는 찾아내기 힘들다. 그것은 농촌에서 모내기 벼베기 등 품앗이 농사일로 한 전답에 여럿이 모여 작업을 할 때의 일이다. 막걸리 동이에 띄워놓은 쪽박이 한두개 밖엔 안되니까 여러 사람들이 쪽박을 돌리며 농주를 마시는 것이 상례였다. 우물이나 샘터, 병영이나 싸움터 같은 데서도 술이나 물을 마실 경우 망설임 없이 그릇을 돌려 사용하는 것이 자연스런 방법이었다. 따라서 그렇게 그릇이 준비 안된 장소라면 모를까, 주석에 앉아 잔을 돌리는 것은 무슨 다짐이 있는 특별한 경우가 아닌 다음엔 참석자 전원이 모두 잔 돌리기에 참여해야 한다는 논거는 약하다.

다음 정감이 오간다는 이른바 정서론은 어디까지나 생각하기 나름이다. 심하게 말해 연인들이나 절친한 사이에 대작을 한다면 구태여 잔을 함께 쓰지 않더라도 애틋한 정이 오갈 터이지만 앙숙이나 서먹서먹한 처지라면 마지못해 잔을 돌려 마시기가 지겨울 수도 있다. 정이 오가기보다는 간염 등 각종 병균이 오갈 개연성이 훨씬 높다.

마지막으로, 술잔 안돌리기가 음주기피 수단이란 주장에는 의외로 동조가 많다. 필자는 1980년 말, 동료들과의 술자리 기회가 많은 편집국장직을 맡으면서 마음 속으로 별러오던 '술잔 안돌리기'를 주석이 있을때마다 시도했다. 손이 닿는 반경 안에서, 굳이 '운동'이란 접미사를 붙일 것까진 없었더라도 내 깐엔 아주 꾸준히, 그로부터 25년이 넘은 오늘까지 이를 실천해 오고 있다. 그 사이에 가장 심하게 마주친 반발이 바로 '술 덜 마시겠다는 꾀부린다'는 의심이었다. 그러나 가장 괴로운 반응은 "나하곤 대작하기 싫다?"는 시비조였다. 그러나 앞에 놓인 잔에 부지런히 술을 자작해 마시는 이쪽을 유심히 보고 나면 적어도 덜 마시려는 잔꾀란 의심은 벗어나기 쉬웠다.

한마디로 B형 C형 간염 감염률이 높은 한국에서 과학적인 방역법에 당연히 술잔 안돌리기가 첫 손가락에 들어가야 함에도 아무 논리적 타당성 없이 거창한 정감교류 문화를 들먹이며 술잔 안돌리기를 불쾌하게 여기는, 아직도 꺾이지 않는 대세를 보면 안타까운 생각이 든다. 사실 누구나 한 냄비 찌개를 안주로 입자국 짙게 묻은 술잔을 건네 받을 때의 심기는 개운치 않다. 그런 위생수준에다가 고유문화를 분칠하는 무뢰를 막무가내로 이이기면서 어찌 세계화시대를 살 것인가. 그러나 근년엔 "잘한다"는 호응이 부쩍 늘고 있다.

3
'축결혼' 아닌 '부의'가

🌸 나는 1990년대 초 아들 결혼식을 치르며 큰 충격을 받은 뒤 오래도록 그때 충격을 잊지 못하고 있다. 결혼식을 끝내고 돌아와 축의금 봉투를 찬찬히 점검하던 중 소스라치게 놀랐다. 200여명 하객들 가운데 4인 명의의 봉투 위에 '부의 賻儀' 두 글자가 매직펜으로 또렷이 쓰여 있었기 때문이다. 당황했다. 그 넷이 모두 고교 동창생으로 분명히 익히 아는, 아니 개중엔 한때 꽤 깊은 교유가 있었던 사람도 있었다. 그런데 그들이 어째서 혼주 앞으로 보낸 '축결혼'의 축의금 대신 상가에 보내는 '부의' 봉투를, 그것도 네 사람씩이나 줄을 이어 나란히 접수시켰는지 그 이유를 분석할 수가 없었다.

나는 이삼일을 두고 머리를 짜며 한두 친구에게 자문을 구하며 원인분석을 시도했다. 더러 대범한체 하는 친구는 사정을 듣고 "뭐 착각에 연유된 실수였을 터"라며 잊어버리라고 권했다. 그러나 그럴 정도로 휙 흘려

버리기론 감정만이 아니라 이성으로 따져도 용납이 불가능해 마음에 엉켰다. 그들이 나에게 무슨 억하심정이 있었길래 이렇게까지 악의에 찬 심술을 부려야 하나, 쉽게 용서하기 어려운 행패가 아닐수 없다는 생각이 치밀었다.

그 네 사람 가운데 한 친구에게 전화를 걸어, 탁 터놓고 무슨 의도에서 그런 장난을 했는지, 진실대로만 얘기해 달라고 요구했다. 그의 대답은 이랬다. "자네가 인륜대사인 혼사, 그것도 개혼을 치르면서 어째 나를 청첩장 발송 대상에서 뺐느냐? 몹시 섭섭했다"가 대답의 전부였다. 물론 처음에는 "완전한 실수야, 그날 공교롭게 친상 당한 동창이 있어 그리 보낼 봉투를 넷이 한꺼번에 만들었다가 상가에 보낼 것, 혼주에 보낼 것을 혼동했노라"고 얼버무리다가 스스로 거짓말까지 하기가 쑥스러웠던지 이내 이 실직고를 한 것이다.

다 좋다. 오랜 친구 간에 순간 오기로 장난을 쳤다면 훌훌 털고 넘어가야지 상욕을 하거나, 옛날 유럽식으로 결투를 신청하거나 할 수도 없지 않은가. 아니면 심리적 더께에 대한 위자료 청구소송도 해볼까 했지만 그럴 수도 없는 노릇이었다. 끝내 아무 대응도 하진 않았다. 다만 왜 이 사회에는 이리도 오지랖이 넓은 사람들이 많은가, 하는 깊은 생각을 하게 됐다. 나는 평소 청첩장 남발이 부당하다는 신념을 가지고 있었기에 내 집의 첫 혼사에서 솔선수범해 보려고 최소한의 범위로 명단을 압축했다. 동창 중에 최근까지 무슨 용무로든 왕래가 있던 친구를 우선으로 선별해 청첩했을 뿐이었다.

4
운전자-보행자 위주로

🌸 교통신호를 포함한 도로행정이 겉멋에 겨워 모양내기에 바쁘게 되면 결국 피해를 입느니 운전자요 보행자뿐이다. 교통규칙의 제정과 시행에 참여하는 관계자들, 정확히 행정-사법권을 직접 행사하는 관리들은 자기끼리 서로 알아보고 표 안나게 법망을 피해 나가기 때문에 결국 아무 기댈 데 없는 애꿎은 백성들만 골탕을 먹는다. 하다못해 사돈의 팔촌, 동창 연줄이라도 동원할수 있으면 그조차도 없는 영세민보다 백번 낫다.

얼굴이 유난히 붉은 한 친구가 음주운전으로 오인받아 검문소에 불려갔을 때의 일이다. 그 친구가 "본청 아무개 과장과 친구 사이인데 좀 봐주시오" 부탁을 했더니 경찰은 아무말 없이 전화기를 그 친구 턱 앞에 밀어놓았다. "이 자리서 그 과장과 직접 통화를 해 보시지요"라고 요구했다. 친구가 서슴없이 다이얼을 돌리기 시작하자 경찰은 바로 제지시키고는 "그냥 가시오" 하고 방면했다. 그 경찰의 변이 걸작이었다. 하도 이 빽, 저 빽 들이대는 민원인들이 많아, 직접 통화가 가능한 사이인지를 확인, 진위를 가린다는 것이다. 뒤집어 말하면 실제 유력인과의 가까운 관계가 확실만 하다면 웬만한 위반쯤 불문에 붙이는 것이 상식수준임을 반증하는 에피소드 아닌가.

전국 골고루는 몰라도 자주 눈에 띄는 서울거리 여러 군데서 요 몇해 급작스레 눈에 띄는 교통신호 체계의 변화는 교차로에서의 좌회전 축소와 U턴의 증설이다. 이것이 대체로 외국 것을 모방한 사례라 여겨지지만, 그중에 위험성이 적은 지점에 많이 설치된 '비보호 좌회전'은 소통원활 효과를 높였다는 것이 일반적 평가다.

그러나 주민들, 통행자들의 불편을 외면하고 U턴을 설치한 곳이 거리 처처에 널려 있다. 이런 길목에서 무리하게 유턴을 요구해 공연히 시간과 기름만 낭비케 할 필요가 있을까. 오래 지켜보며 나온 결론은 관계자들의 순진한 겉멋이 원인인것 같다. 마치 "우리도 이 정도로 정밀하게 시스템을 운용할수 있다"는 과시 같아 보인다. 바로 이웃에 파출소 동사무소가 있는데도 주민들의 소리 안나는 불평에 소관이 다르다고 오래도록 외면하는데에 불쾌감이 감돈다.

야당 시장 재임 동안 터부를 깨고 감행된 서울시내 교통규칙 개정이 많았다. 그중에도 광화문 등 여러 주요 교차로의 횡단보도를 지하에서 지상으로 환원한 조치이다. 이는 60-70년대 고속 개발시대 횡단보도를 왕창 폐지하고 육교와 지하도를 많이 만들었다. 그로부터 보행자의 지옥시대가 열렸다. 여러 해 시민의 볼멘소리가 계속 들려오긴 했으나 지상으로 회귀할 경우 차량소통 지체라는 질책이 두려워 누구나 보고도 못 본체 해오던 앓던 이 같은 존재였다. 지상횡단이 재개된 지 몇달이 되어도 교통소통 문제는 제기되질 않고 있다.

  2천만이 촘촘히 몰려 사는 서울 메트로폴리탄을 애써 살기 불편한 도시로 만들어놓은 다음 나중에 가서야 원활화시키겠다는 청개구리 심보보다는 아이젠하워의 자세가 훨씬 현명했다. "학생들이 자꾸 밟고 건너가려는 잔디밭길을 계속 막지만 말고 거기다 길을 내줘라." 대통령 퇴직 후 컬럼비아대 총장시절, 아이크의 솔로몬 같은 명판결이다. 이런 벤치마킹은 나무랄 일이 아닌 것 같다.

5
신호간격 거꾸로 가

🌿 근래 전반적으로 교통신호의 길이가 길어지고 신호 간의 간격도 퍽 벌어진 느낌이다. 진행을 알리는 녹색신호도 길어졌고 도보사의 횡단신호도 길어졌다. 교통소통을 원활하게 하려는 당국의 의도인 것으로 납득이 간다. 그러나 일률적으로 그렇게 바꾸는 것을 개혁이나 개선으로 착각하지 말고 시간대와 장소의 특성에 맞게 효율성을 깊이 고려해서 신호시간과 간격을 조정해야 옳다고 본다.

가장 비근하게, 교통량이 집중되는 시간대나 그런 교차로에선 신호시간을 길게 주고 반대로 교통량이 적은 심야시간이나 한적한 교차점에선 신호지속 시간과 신호 간의 간격을 짧게 주어야 하지 않는가. 한데 현실은 거꾸로여서, 교통량도 거의 없는 시간대와 그런 교차로에서도 쓸데없이 너무 긴 신호를 주어 참으며 기다리다 못해 적신호가 끝나기 전에 직진이나 좌회전을 감행하게 된다. 거기서 아슬아슬한 충돌사고 위험성이 높아

짐은 물론이다.

'교통량이 많을 때 신호는 길게, 뜸할 때는 짧게' 라는 원칙은 간단하게 유추되는 상식적인 귀결인데 이들 담당자들의 생각은 '교통량이 많을 때 신호는 짧게, 뜸할 때는 길게' 로 정 반대가 되는지 모를 일이다. 마음이 집히는 것은 항용 일상사에서 '일이 바쁠 때는 빨리빨리 일하고, 한가할 때는 천천히 해도 된다' 는 아주 상식적인 관행과 혼동한 나머지 일종의 착시 현상이 생긴 것이 아닌가, 짐작이 갈 뿐이다. 담당관이 운전자의 입장으로 바꿔 생각해 보는 것으로 해결될 문제 아닌가.

6
깜박이 안켜는 운전 버릇

🌸 운전교습을 받고 면허를 딴 뒤 한두해를 지나면서 운전에 자신이 붙어가는 것은 좋은 일이지만 그것이 나태나 교만을 아울러 키워나가는 것은 성계해야 할 일이다. 한국이 운전자만 그렇다고 볼수야 없겠지만 유독 한국인이 심하다는 자책이 간다. 그중에서 가장 쉽게 눈에 띄는 소행은 좌회전 또는 우회전을 하면서도 회전등, 흔히 말하는 '깜박이'를 켜지 않는 못된 습성이다. 물론 개중엔 그야말로 '깜박' 잊고 켜지 않는 운전자도 없지 않겠으나 대부분은 나도 이제 고참인데 그것까지 일일이 켰다 끄기는 '귀찮다'가 내심이다. 번화한 대로에서보다 보행자의 왕래가 많은 주택가 이면 도로에서 흔한 일. 거기서도 법규에는 당연히 회전등을 켜는 데 예외를 둔적이 없고 그렇지 않으면 '딱지'를 받게 돼 있지만 실제로는 누구 하나 단속도 하지 않아서, 운전하기 바쁜데 구태여 한손을 움직여 레버를 올리고 내리는 수고가 싫은, 초년에 없던 나태요 교만인

것이다.

 그러나 그 간단한 나태 때문에 괴로움을 당하는 사람은 차 뒤를 따르거나 마주 오는 차의 운전자들은 물론이고, 그보다 호소할 데 없이 무시당하며 수모를 겪는 쪽은 갈림 길목에서 눈치 보며 좁은 도로를 건너야하는 보행자들이다. 이 편으로 다가오는 차가 좌회전을 할지, 우회전을 할지를 신호로 알려주어야 걸음을 내딛겠는데 아무 신호도 보내지를 않고 그렇다고 감속도 하지 않은채 달려드니 당황해서 멍하니 서 있을수 밖엔 뾰족한 수가 없다.

 사람이란 게 처음부터 이기적으로 생겨 먹었으니 그걸 나무랄순 없지만, 뒷간에 갈 때 마음 다르고 올 때 마음 다르다고, 똑같은 사람이면서 운전석에 앉아서 먹은 마음과 보행 중에 먹는 마음이 그렇게도 정반대란 사실에 스스로 놀랄 뿐이다. 운전 중에는 차야 오거나 말거나 느릿느릿 횡단로를 건너는 보행자가 때려주고 싶도록 밉다가도, 바로 뒤 자신이 보행자로 입장이 바뀌는 즉시 횡단로 앞 일단정지를 무시하고 휙 달려 나가는 운전자가 살인자처럼 저주스러워 지는 게 보통 인간인가 보다.

7

보도에 선 채로 버스타기

🔵 서울시내 주요 간선도로에 버스 중앙차선제가 확대 실시됨을 계기로 일부를 제외하곤 교통소통 촉진의 공감을 넓혀가는 듯하다. 이 제도 실시도 그 내성 도로에서는 보도 아래로 달려드는 버스승차 무질서가 한결 해소될 것이니 다행이지만 도로사정상 중앙차선제 실시가 불가능한 기타 대부분의 버스운행 도로에선 여전히 승차질서의 문란이 문제가 아닐수 없다. 하지만 버스의 승객과 운전사가 함께 이 시점에서 조금 주의만 기울인다면 어렵지 않게 해결될 간단한 일이라 믿는다.

버스가 다가올 때 보도 위에 서 있던 승객들이 우르르 저만큼 차도로 달려 내려가 높은 차에 힘겹게 오르지 말고, 한턱이 높은 보도 위에 서 있다가 차에 오르면 될일이다. 순전히 시민들의 태도, 기사들의 협조의지에 달렸다. 현재도 러시아워가 아닌 시간에 일부 지각 있는 버스기사들이 혼자서 시도해 성공하는 것을 본다. 그들은 정거장에 가까이 오면서 문을 열지 않고 차를 보도 턱에 완전히 접근시킨 뒤에야 개문 승차시킨다. 그뿐이다. 결국 기사-승객 간 한 걸음씩의 양보로 훌륭히 달성될수 있는 평범한 과제다. 그러나 그 성과는 크다. 교통질서 전반에 명랑분위기를 증폭시키는 의외의 소득이 올 것이다.

8
요란한 샌들 소리

🌿 초여름이 되었다고 알리는 대도시의 교향곡은 뜸부기 울음도 뻐꾸기 울음도 아닌 아낙네들의 구두소리에서 들려온다. 지하철 계단을 오르내리는 샌들들이 뒤축을 사정없이 콘크리트 바닥에 들여박는 '따악따악' 파열음을 듣고 여름이 성큼 다가옴을 알고 산다.

그 소리를 들으며 싱그러운 약동의 계절을 연상하기보다 평균 이상의 불쾌감을 느끼는 이유를 몇번이고 요 몇년 자신에게 물어보는 습관이 생겼다. 그 가운데 떠오르는 것이 왜정 말기 일본 병정들의 군화소리다. 까마득한 옛날이지만 그때 적든 많든 일본 병정들이 지나가는 저벅저벅 군화발자국 소리는 정말 요란해서 겁을 주었었다.

아스팔트라곤 없던 시절 그들은 자갈 깐 신작로 위를 '보조 높여'로 힘을 주며 발맞춰 행군했던 까닭에 고무 아닌 가죽 창에 박은 쇠징들이 돌을 으깰 때 나는 '저벅저벅' 파열음은 일본군대의 둔탁함을 상징하듯 엄청나게 컸었다.

　남자 훨씬 이상으로 씩씩하게 걷는 요즘 젊은 여성들의 생기발랄함을 대하면 여성 비하가 누룽지처럼 엉겼던 불과 몇해 전까지의 사정에다 견주면 천양지판이랄 밖에 다른 말이 없다. 더구나 딸 가진 사람이라면 데면데면 하기보단 분명 흐뭇한 느낌이 강할 수도 있다. 그러나 지하철역을 꽉 차서 걸어가는 행인들의 신경쯤은 아예 아랑곳하려 하지 않고, 있는 힘 다해 구두 뒤꿈치를 내려 꽂는 역동성과 용기는 아무리 궁리를 해도 오만도 아니고, 앙갚음도 아니다. 아마 그저 무의식중이려니 치부해야지, 거기다 대고 '오이씨 버선에 사뿐사뿐 걷는' 옛 규수를 들먹이다간 무슨 봉변을 당할지 모를 일이다.

　얼마 전 박세리 선수가 2년여 만에 LPG에서 우승을 했을 때 남녀 가리지 않고 참 장하다고 칭찬들을 아끼지 않았다. 실은 장한 정도가 아니다. 1990년대 말 외환위기로 나라가 초상난듯 했을 때 박세리의 혜성 같은 등장은 더도 덜도 아닌 프랑스의 잔다르크를 연상시킬 때도 없지 않았다. "남녀는 7세만 돼도 한자리 앉아선 안된다"(男女七歲不同席)고 유난을 떨던 한국의 성차별 철벽을 이만큼 깨는 데 국내외 여성운동가들의 수십년 적공이 바탕이 되었음은 말할 것도 없지만, 당시 박세리라는 한 소녀의 당당한 세계무대 제압이 기여한 직간접 효과는 섣부른 측량을 불허할 정도로 대단했다고 본다.

　하지만 그런 전후사정을 백번 인정하더라도 매년 양말 벗는 철만 되면 나타나는 지하철 계단 무법자들의 발굽소리는 어떤 논리로도 미화될수 없다고 느낀다. 만일 반대로, 노소불문 남성들이 그런 무뢰를 저질렀다면 무슨 사단이 생겨도 일찍이 생겼으리라. 잠시 입장을 바꾸어 보자. 그런 사람이 어쩌다 백에 하나, 열에 하나만 돼도 참을만 하다. 그게 아니라 셋에 하나는 됨직하니 이 무슨 황사바람인가.

  여성의 사회진출은 이제 겨우 출발선이라 봐야한다. 인구의 절반인 여성의 인력을 활용하지 않는 것은 분명 국력의 낭비다. 그러나 진정한 남녀의 동등―동권은 마치 육상경주에서 출발선을 앞에다 그어주듯 한겹 접어주거나 연민을 바탕으로 특혜를 주거나 그러기를 기대하는 불평등의식이 밑바닥에 남아 있는 한은 완전 구현되기 힘들다.

9
빛 좋은 "교수님"

🌸 "나의 살던 고향은 꽃피는 산골, 복숭아 꽃 살구 꽃 아기 진달래…"

이 가사에 나오는 살구는 꽃도 아름답지만 열매도 색깔이 예쁘고 맛이 상큼하다. 그러나 그 앞에 '개' 자가 붙은 '개살구'는, 겉모습은 참살구와 비슷하게 빛깔이 고우나 맛은 시고 떫다. '시면 떫지나 말지'라는 속담 그대로다. 그러기에 '개살구 지레 터진다'거나 '개살구도 맛 들일 탓'에 '빛 좋은 개살구'라는 여러 별호들이 붙었나보다.

대학교수라는 직업은 개화기 이래 꾸준히 참살구 같은 존재로 만인의 부러움을 사는 직종이라는 데 이의가 없을 것이다. 그런데 요즘 몇년간 흔하게 많아진 직함 가운데 어두에 무슨무슨 관사가 붙은 교수직들이 부쩍 늘어나면서 사정은 퍽 달라졌다. 직함 어미에 '교수'는 붙었지만 그들이

야말로 참 교수와는 하늘-땅 차이가 나는 '빛 좋은 개살구' 신세라는 사실을 이제 알만한 사람들은 다 알게끔 되었다.

물론 대학에 따라, 사람에 따라 차이가 크다. 그러나 '명예'가 됐건 '초빙'이 됐건 '겸임'이 됐건 '교수'란 직위 앞에 무슨 관사라도 붙었다 하면 한마디로 "별볼일 없다"는 사실이 맨살처럼 드러났다. 심지어는 특별한 의미의 '석좌교수'까지도 사이비가 끼어 있어 점잖은 체면을 구기게 만든다.

우선 내력부터 살펴보자. 명예교수는 교수 재직자로서 만 65세 되는 학기의 말에 정년퇴임하는 교수 가운데 총장이 위촉하는 직위로서 대부분은 봉직하던 대학에서 1주일 한두 강좌를 맡는다. 1970년대쯤 까지만 해도 아직 정년퇴직자가 많지 않을 시기여서, 그때는 학내외에서 인정을 받는 소수의 석학들을 말 그대로 명예교수로 위촉했었다.

그러나 건강과 장수 경향이 두드러지면서 사정이 달라졌다. 65세에 일제히 물러나 지식을 그냥 썩히는 것은 사회적으로도 손실이고, 당사자로도 물러나 따치 할인이 없는 상황이니 이젠 적격자를 고르기보다 별 결격사유만 없으면 일단 70세까지 5년 정도의 추가 강의를 허용하는 제도로 정착해 가고 있다. 일종의 정년 연장 역할도 하는 셈이다. 물론 대우 면에서 월 50만원 선에서 많아야 100만원을 넘지 않는 박한 강사료가 힐난거리는 되지만 이들에겐 연금이 보장되어 강사료 시비는 적절치 않다.

초빙교수나 겸임교수는 명예교수완 당연히 다르다. 해당 대학 밖의 직업인으로서 그의 전문분야 학식이나 지식이, 특히 현장경험을 바탕으로 대학교육에 보탬이 되는 경우 외부강사의 형태로 '초빙'을 하는 제도다. 따라서 한두 강좌를 맡는 게 보통인 강사료는 역시 100만원을 넘지 않으며 그것도 대부분은 방학기간에 개설되므로 아무 수당도 없다.

겸임교수는 학교에 따라 초빙교수와 유사한 개념으로 1990년대에 출발한 제도이나 강사료가 시간강사와 큰 차이가 없는 것은 '겸임'이란 관사를 양면 활용한 교묘한 아이디어다. 사회 다른 현직에 종사하며 급여를 받음을 요건으로 위촉됐기 때문에 강사료가 생계비를 전제로 책정된 것이 아님은 물론이다.

끝으로 석좌교수는 다른 직함의 교수와 성격이 완전히 다르다. 대학에 특별한 목적으로 개설된 강좌에 사계 권위자를 엄선하여 그에게 지불되는 고액 강사료는 학교 밖의 독지가나 이해관계자가 출연한 기금에서 감당케 하는 제도다. 기부금의 출연자는 특정 목적의 강좌를 설치토록 대학에 요청하며 때로는 강좌를 담당할 석학을 미리 지명하는 경우가 많다. 재력 있는 화교들이 중국학을 연구, 강의해 달라는 조건으로 하버드대에 거금을 출연, 여러 개의 중국학 석좌를 설치 운용하고 있는 것은 유명하다. 한국학에는 몇년간 겨우 하나의 석좌가 S방송재단에 의해 출연 유지되고 있는 정도다.

석좌교수 이외 특임교수들의 적은 강사료를 둘러싼 불평은 일면은 타당치 않다. 특히 한국 대학교육의 핵심 맹점의 하나가 약 50%의 교수진을 전임교수가 아닌 외래강사로 충당하지 않을수 없는 치부를 가지고 있는 것이다. 세계적으로 한국 대학들이 저평가를 받는 큰 실점이 바로 교수 1인당 학생수가 엄청나게 많다는 것이다. 이 낮은 전임교수진 비율을 높이려면 전임교수의 대폭 증원이 필요하고, 결국 등록금의 대폭인상이 필연적 과제로 제기된다. 그게 안되니까 학위 얻고도 10년은 보통, 만년 저임강사를 면치 못해 장가도 못가는 고학력 ≄ 실업자군이 존재한다는 것은 대학 측으로 봐선 분명 축복이다.

강사료는 그렇다 치자. 건강보험을 바라는 것도 무리겠다. 하지만 대기

실조차 설치 안된 실정은 인간모독에 가깝다 할 것이다. 배려 있는 대학들은 잘 하고 있으나 국립을 포함한 많은 대학들이 무성의하다. 여러 외래 강사들이 강의시간 전후 몇분이라도 가방 하나 올려놓고 손 닦을 조그만 공간쯤은 제공해야 옳다. 2학기 말 초겨울이 되면 자기 차 안에 히터를 틀어놓고 앉아 강의준비를 하는 모습을 흔히 볼수 있다. 스페이스 없다는 이유 하나로 몇년을 외면하니 인격모독이다. 요즘 학생파워가 커져서 낭하 같은 공간에다 전교생들이 라커(사물함)를 설치해 놓고 있다. 아무리 외래라 해도 강사진 배려치고는 너무 야박하다.

10
음주度數를 백분율로

🍇 교통사고 기사를 볼때 마다 답답한 것은 사고를 낸 음주 운전자가 도대체 얼마큼 술을 마셔 사고를 냈는지 궁금증을 풀수 없다는 점이다. 방송뉴스의 음주량 계수는 '영점 영영 몇' 하는 식이어서 일반 시청자가 사고 운전자의 음주 정도를 짐작하기 힘들다. 그래서 면허가 정지되는지, 취소되는지를 이해하기는 더욱 어렵다. 일기예보가 '오늘 낮 최고 기온은 섭씨 28도로 예상된다' 고 하면, '좀 덥겠구나' 하는 직감이 들어 의생활에 참고가 된다.

물론 온도의 척도에서도 섭씨와 화씨는 판이하게 다르다. 우리가 상용하고 있는 섭씨에 대해서는 영-미권을 제외한 아시아 유럽 아프리카의 전 세계인들이 오랜 사용경험 때문에 아마 열살만 되어도 판단기준이 몸에 배다시피 되어 있다고 본다. 그것은 온도를 포함해서 미터법 등 모든 도량형에 대한 국제협약이 세계적으로 공인되어 대부분의 나라가 이를 법제에도 반영, 시행에 성의를 보이고 있다.

  그에 비해 '불쾌지수'로 많이 쓰이는 습도는 온도처럼 실감이 분명하진 않더라도 대체로 '습도 80'을 넘었다면 축축하고 후덥지근하다는 느낌이 들어오게 되었다. 얼마큼 더 사용하게 되면 습도계수는 섭씨온도에 대한 감각 가까이 따라가리라 짐작된다. 여기서 음주자의 알코올 농도 수치도 가령 완전 숙취 정도를 '100'으로 해서 백분율로 환산해서 쓰는 방법은 조금만 연구를 해도 대안을 찾을 것이다. 알다시피 온도 척도인 섭씨 제도도 물이 끓는 비등점을 100도로, 얼음 어는 빙점을 0도로 해서 100으로 나누어 1도를 정한 것이다. 지진의 강도인 진도(震度)는 10분율로 단순화시킨 것 아닌가. 알코올 농도를 재는 척도로 섭씨온도 방식이 적합할지, 진도식이 나을지는 전문가들의 연구 토론 대상임은 물론이다.

11
책임회피 예보, 저녁기온을

🍀 일기예보의 정확성은 세계적 과제다. 그러나 한국의 경우 IT 나노 등 정밀과학 정밀공업이 세계 톱 수준에 올라가 있음을 국민들이 자부하는 판에 기상분석과 예보의 적중률은 어떤 때는 전진이 아니라 분명 후퇴로구나, 탄식을 자아낼 때가 많다. 거의 모든 것을 일본과 많이 비교하게 되지만 이 일기예보만은 유난히도 한-일 두 나라가 심한 대조를 이룬다. 일본 TV들은 전국 기상분석은 물론 특히 국지의 기상분석이나 예보의 정확성을 기한다. 이를 과시해 놀라움이 컸다. 가령 규슈의 6개현 중 어디를 가도 그 지역의 기상을 몇시간 단위로 나누어 흐리고 갬, 강수 강설, 온도, 바람 등 여러 종목을 시간대로 나눠 상당히 정확하게 맞춰 내는 것을 체험했다.

한국 기상청의 예보 부정확성 문제는 가끔 국회에까지 비화되어 그 이유를 따지는 의원 질의에 대해 기상청은 예산부족에 의한 최신장비의 확보곤란을 주된 이유로 내세운다. 몇차례나 주문한 고가의 최신형 장비만 도입되면 훨씬 개선되리라는 답변 모습을 보았다. 그러나 그게 벌써 언제 쩍 얘기인가. 근래에도 어떤 때는 1주일 내내 예보가 빗나가는 모습을 대하며 착잡한 마음을 가누기가 힘들다.

거기서 그치는 것이 아니라 자주 국민을 기만하는 듯한 잔꾀를 써서 정부나 과학기술진의 양심까지 의심케 만든다. 주로 여름서 초가을에 지역별 강우량을 예측함에 있어 "내일 강원서부는 5mm에서 20mm까지, 최고는 50mm 이상" 이라는 식의 예보를 자주 한다. 여기엔 두 가지 함정이 있다. 우선 5mm에서 20mm라는 최저와 최고의 폭이 너무 넓은 것이 그 하나이고, 다음은 상한을 20mm라고 해놓고도 다시 '최고는' 하고 이어서, 그것도 '50mm'가 아니라 '50mm 이상' 이라고 '이상' (방송화면은 이를 주로 위를 향한 화살표로 묘사)을 쓰니, 한마디로 그날 강우량은 '5mm부터 무한대' 란 말이 된다. 어디 노아의 홍수가 온다는 것인가.

하도 맞질 않으니까 지난 11월 초 토요일 아침 일기예보는 "오늘은 전국에 곳에 띠라 비가 오는 곳이 있겠습니다"가 다였다. 이쯤 되면 숫제 "오늘은 예보를 하지 못하니 양해하시오" 하는 쪽이 백번 정직하다.

이런 무책임한 일기예보는 기상청과 공영방송국 두 국가기관에 의해 합작으로 감행되는 셈이니 설령 그만한 피치 못할 사정이 숨어 있다고 해도 너무하는 일이다. 그 사정이란 근년 여러 차례 200~300mm를 넘는 집중 호우가 곳곳에 내렸을 때 그날 아침까지 예보된 강우량은 단 몇mm 뿐이었기 때문에 엄청난 수해가 발생했었다. 당연히 관계자에 대한 문책이 따르는 등 곤혹을 치렀고 그 뒤 생긴 것이 강우 예상폭을 대폭 확대해서 '아니면 말구' 식으로 물러선 데 연유한다. 그러니까 "내일 강우량은 5mm 이상 무한대" 이니, 폭우가 쏟아지든 말든 우리는 책임이 없다"거나

"전국이 곳에 따라 비"라는 술에 술탄, 물에 물탄 예보가, 그것도 방송 각사가 미인계를 써서 기상예보 시청율 올리는 데 난리를 치는 모양새는 앞뒤가 안 맞아도 너무 안 맞는 쇼다.

그러저런 것 다 감안하고라도 일기예보에 꼭 추가할 항목이 있음을 지적하지 않을수 없다. 아침 방송에서 그 시간대 기온과 낮 최고 기온은 예보하면서 당일 저녁 퇴근시간대의 예상기온을 알려주는 방송사는 없다. 기상대는 그쯤은 쉽게 알테니, 특히 일교차가 심한 환절기에 갖가지 애교로 건강에 유의하라고 오지랖 넓은 소리 하지 말고 저녁시간대 온도나 예보하면, 퇴근할 때에 출근 때 입고 나가는 옷만으로 족할지, 미리 조끼라도 받쳐 입고 나가야 좋을지, 판단 데이터를 제공하는 편이 더 상큼한 서비스 아닐까.

12
화장실 나와 손 씻기

🌿 대학 구내 화장실에서 소변을 보고나서 손을 씻느냐 아니냐가 유학파 교수와 국내파 교수를 가리는 하나의 준거가 되는 현장을 우연히라도 목격한 사람이 있을 것이다. 교수 모습이 젊은 신사가 세면대에서 손을 씻으며 뒤에 나오는 교수행색의 노장년이 손을 씻나 안씻나 유심히 훔쳐보는 호기심 반, 경멸 반의 표정은 그 자체가 구경거리였다.

아시안 게임, 하계 올림픽, 월드컵이 몇년 사이 연거푸 개최되면서 서울만 아니라 지방 대도시나 고속도로 주변 등 전국의 공공장소는 물론 웬만한 접객업소마다에 세면대 건조기 종이타월을 갖춘 현대식 화장실이 설치된 것은 단시일 내 놀라운 발전이 아닐수 없다. 갈수기면 서울 변두리 주택가에 수돗물이 턱없이 모자라 급수차 배정이 큰 민원사항이던 것이 엊그제 일 아니던가. 문제는 어느 나라와 비교해도 손색없게 마련된 공중시설들을 시민들이 얼마큼 아끼며 효율적으로 활용하느냐 여부이고, 선진국 자격의 요건이라고도 생각된다.

시설을 쓰지 않고 아끼는 것이 중요한 것이 아니라 용도에 맞게 적절히 활용하는 것이 중요하다. 그러나 무엇보다 세면대의 이용수준은 불합격이다. 손 씻는 비율은 많게 보아도 열에 한두 사람이 고작, 대부분은 거울은 들여다보면서도 세면대는 본체만체한다. 오히려 과도한 애용자가 있다. 세수에 머리감기까지, 거의 반 목욕을 하다시피 하는 광경이 드물지 않게 보인다. 노숙자 차림의 그들에겐 다행이지만 시설활용도 측면과는 별개다.

최근 어느 지하철역에서 본 일이 잊혀지지 않는다. 장신의 백인 청년 하나가 화장실 입구 한 가운데 버티고 선 채, 화장실서 나오는 이용객들을 유심히 살펴보고 있었다. 누군가 일행을 기다리는 거겠지, 설마 그렇기야 하랴 싶은 게 "시설은 좋은데 손을 씻고 나오는 사람은 안보이니 어디 한번 세어보자"는 의도가 아닌지 궁금할 정도였다.

13
승강기 단추 누르기

🎨 화장실 세면대 방치에 추가된 또 다른 걱정거리가 생겼다. 세계 평균보다 훨씬 많은, 서울 지하철역의 80%에 이미 장애인용 승강기가 설치된 건 대단힌데 눈에 밟히는 것이 '단추 빨리 누르기' 조급증이다. 보통 10인용쯤 되는 승강기에 혼자 오른 사람도 타는 즉시 '닫힘' 단추를 눌러 혼자라도 오르내리는 이용객들이 너무 많다. 이삼십초 기다렸다가 몇사람 더 태워 문을 닫는 사람은 눈을 씻고 보려해도 드문 실정이다.

역에 따라 다르지만 대체로 승강기 안 문 옆에는 '30초 지나면 자동으로 닫칩니다'는 노란 바탕의 빨간 글씨가 붙여져 있다. 하지만 거기 주목을 하는 사람조차 없다. 물론 개중엔 몹시 아프거나 바빠서 단 몇초를 기다릴 마음의 여유가 없는 사람도 있을 터이다. 그러나 대부분은 표정으로 보아 그리 다급한 처지는 아니면서 거의 무의식중에 '나 하나면 그만'이라는 이기심이 자연발생 한다는 심증이 간다. 뒤따라 타려는 사람들이 저만치 종종걸음을 쳐 근접해 오는 것이 엄연히 보이는 순간에도 일부 심한 이용객은 마치 추격자를 뿌리치는 행동을 한다.

그러나 희망은 있다. 어쩌다 심할 경우 "아주머니, 조금 기다리면 다른 사람들이 더 탈수 있어요." 말을 건네 보라. "별 간섭 다한다"는 불쾌한 반응도 없진 않지만 많은 사람들은 약간의 미소로 동의를 표하거나 미안한 표정을 짓는다.

'30초 지나면 자동으로 문이…' 란 안내문 속의 '30초 지나면'을 '30초 안에'로 글자 하나를 바꿔보면 어떨까. 승강기를 타려고 뒤에서 접근해 오는 다른 이용객들의 모습이 승강기 안에 이미 타고 있는 이용객들 눈에 보이는 위치에 거울 등 반사장치를 설치하는 시스템 접근도 시도될만 하다.

14
돼지의 모성 본능

🌿 나는 70년대 중반쯤 친구 따라 양돈사업을 어깨 너머로 지켜보면서 정말로 정직한 자연법칙에 새삼 놀라 자지러졌다. 돼지에게 값비싼 복합사료를 사서 먹이면 이튿날이면 벌써 털에 윤기가 흐르고, 보릿겨나 밀겨울을 주는 즉시 돼지들 몰골이 이내 꺼칠해진다. 조금도 가차가 없다. 더구나 제 새끼 젖을 빼앗아 먹을까봐 남의 새끼를 토막내 물어 죽이는 어미돼지의 모성본능을 목격하고는 몸에 소름이 끼쳤다.

젖꼭지가 16개 달린 암돼지들의 1회 출산 새끼 마리수는 들쭉날쭉이다. 더러는 젖꼭지 수보다 많은 새끼를 낳는 다산 모돈이 있는가 하면 다섯 마리도 안되게 조금 낳는 깔끔이도 있다. 이 출산기에 경험 없는 관리인이 새끼 고루 젖을 먹게 하려는 고심 끝에 일을 저질렀다. 많이 난 어미의 새끼를 적게 낳은 어미의 우리 안에 유유히 옮겨 넣은 것이다. 상식적으로 생각하면 하등 잘못이 없다.

그러나 아뿔사 실행 직후 참혹한 꼴이 벌어진 것이다. 저도 모르게 입양아를 받게 된 어미의 본능은 이미 품어있던 제 새끼들을 보호하려는 일념으로 남의 새끼를 용납하지 않는 어찌보면 당연한, 그러나 끔찍스런 결단을 내렸다. 들어온 입양아 새끼의 목덜미를 입으로 물어 양단한 것이다.

그 잘잘못은 섣부른 특별배려를 한 인간에게 있었다. 새끼 숫자가 너무 많거나 적으면 숫자를 조절해 주는 것이 상식이긴 하지만 사전 지식을 갖추어 만반의 준비를 하지 못한 것이 잘못이었다. 받아 키울 양모로 하여금 입양되는 새끼를 남의 새끼가 아니라 제가 난 새끼로 착각하도록 연극을 꾸며야 했다. 두 가지 요건이 있다. 첫째 양모의 후각과 시각을 교란시키는 일종의 양동작전이다. 양모의 분뇨를 입양될 새끼의 몸에 미리 발라 양모가 자신의 친생아로 착각하게 만드는 것이 하나이고, 입양 새끼가 우리에 안겨 들어오는 장면을 양모가 목격하지 않도록 야음을 이용하는 것이 그 둘이다. 그러면 어미는 모두 제 새끼로 알고 차별 없이 키운다.

이솝우화에 돼지가족이 강을 건너고 나서 다 잘 건넜는지 식구 수를 헤아리면서 어미가 자신은 **빼놓고** 세니 하나가 모자라, 세고 또 세고 했다는 이야기가 신빙성이 있다. 그렇지 않다면 아무리 밤중에 냄새를 속였기로 남의 새끼가 들어온 것을 영영 모르고 지나가니 양돈업자를 위해선 퍽 다행한 일이다.

세상 만물에게 창조주가 부여한 종족보존 본능과 아울러 모성본능의 의미를 새삼 음미할 필요가 있지 않을까.

15
小善而大惡, 小惡而大善

"소선이대악 소악이대선 ;小善而大惡, 小惡而大善"이란 한자성어는 논어도, 맹자도 아니다. 필자가 나이 40대 초쯤, 친구와 환담을 나누다가 문득 떠올린 글귀다. 그동안 인쇄물을 통해 세상에 공개한 적도 없는 글이니 공인된 한자성어에는 물론 끼이지 못한, 일종의 사적(私的) 시안이라고 해도 좋다. 그러나 이 문장에 쓰인 한자들은 뜻이 평이하고도 분명하며 초보적 한자지식만 가지고도 자의(字意)를 해석함에 어려울 것 같지가 않아 누구나 이 10글자를 들여다보면 "딴엔 그럴 수도 있겠는 걸" 일면적 수긍이 가리라 미쁨이 간다.

필자가 조어를 떠올릴 당시 염두에 들어온 상념(想念)은 한마디로 "섣부른 동정은 안하니만 못할 때가 있다"는 명제였다. 가령 선배가 후배를, 부자가 빈자를, 어른이 아이를 도와줌에 있어서 그것이 진정 상대에게 도움이 될 것인가, 아니면 실제적 도움보다도 이쪽에선 조그만 동정심을 내세워 가벼운 물질을 원조하는 것으로 오히려 상대의 의타심만 키우는 것이 아닌가를 깊이 생각해서 행동해야 한다는 취지였다. 만일 이쪽의 돕는 태도가 값싼 동점심의 작동으로 비쳐져 수혜자에게서 마음속의 감동도 일으키지 못할 경우가 있을수 있고, 그렇게 되면 결과는 처음부터 모르는체 한 것 보다도 못한 결과를 가져올수 있음을 경계할 필요성을 느꼈던 것이다.

도움을 받는 쪽에서 성에 안차는 적은 도움을 받고 고마워하기커녕 오히려 인색하다고 원망이나 듣게 되면 차라리 전혀 도와주지 않느니만도 못한 결과를 가져오기 쉽다. 또 그와는 반대로 수혜자가 고마움을 느끼는 도움도 얼마든지 있어 도움을 준다는 것은 인간이 동물과 다른 소중한 심성으로 권장돼야할 소행임은 말할 나위 없다. 따라서 자신보다 불우한 자에 대한 진정한 고통—불행분담의 동정심을 바탕에 깔아 수혜자에게 진정한 감화를 일으키는 참다운 선(善)이 소중한 것이다. 이런 선은 수혜자에게 의타심보다 자조(自助)의지를 촉발시키는 놀라운 신통력을 발휘, 소선(小善)이 아닌 대선(大善)의 씨를 뿌리고 그것이 착한 열매를 거두는 선순환(善循環)의 고리를 맺는다는 뜻을 담고 있다.

그러나 이러한 마음의 자세를 갖는 바탕에는 엄정하고 냉정할줄 아는 대범성이 요구되기에 그렇지 못한 평범한 사람이 대범한 자세를 취하기란 대단히 어려운 일이다. 더구나 이 문구를 까딱 잘못 이해하다간 인간의 인색한 성품을 정당화 시키고 나아가 어려운 처지에 있는 사람을 돕지 않는 것을 마치 선한 일로 자기합리화, 자기변명의 구실을 제공할 위험성이 따른다. 거기 동원되는 곁말이 있다. 흔히 동냥을 하는 신체 건장한 걸인을 보면 많은 사람들이 "아니 사지 멀쩡한데 품이라도 팔면 입에 풀칠은 할텐데 어째 빌어먹는담" 하는 핀잔은 동냥 대신 내뱉던 귀에 익은 소리다. 그런가 하면 "동냥은 못줄망정 쪽박은 깨지 말아야지" 하는 반대어도 엄연히 존재한다.

　하긴 어려운 사람, 딱한 형편에 빠진 이웃을 보고 이것저것 따지기 앞서 선뜻 도움의 손길부터 내놓고 보는 인간성과, "잘못하단 버릇되지" 하고 외면해 버리는 두개의 상반된 인간상을 비교한다면, 분명 소선이라도 좋으니 우선 베풀고 보는 후자쪽이 더 인간답다고 할 것이다. 하지만 자녀를 적게 두는 현대의 일반적 풍조 속에 이 경구는 참고가 될만 하다고 여긴다. 예의와 효를 중시해 자녀를 엄하게 키우던 한국뿐 아니라 근검생활을 강조하는 공산주의 표방의 현대 중국인들도 적은 수의 자녀를 소황제(小皇帝)로 만들고 만 정도다.

　부모들이 한둘밖에 안되는 귀한 아이라고 응석을 마냥 받아주어 양육한다면 그들에게 의타심을 키워 결국은 그 자손도, 나라도 경쟁에 맥 못추는 약체를 만든다는 인과관계의 개연성은 분명 높기 때문에 이 '소선대악 소악대선' 이라는 한자성어의 의미가 인식되면 다행이겠다.

에필로그

　원고를 쓰는 약 1년의 길지 않은 세월 동안에도 국내외를 막론하고 세상이 엄청 빠르게 변했다. 집필의 초심이 때로는 흔들릴 정도로 사태진전이 빠르고도 돌발적이어서 책의 앞뒤 내용이나 논지가 뒤틀리지 않을까 우려도 되었다.

　그러나 다행히 서문에서 세웠던 가설의 줄기리를 바꿀만한 변화는 아니었다. "인간사에 절대적, 배타적 진리는 존재하지 않는다"는 '양 측면 원리'에 대한 필자의 신뢰에 변함이 없으며 "상수(常數)인 분자를 무한대인 분모로 나누는 분수식의 답은 항상 제로"라는 수학 공리에 연유한 위구심도 그대로이다. 따라서 생살여탈의 권력을 가진 위정자들이 "전체를 위해선 상당수 개인을 희생해도 정당하다"는 자기합리화에 이 분수식을 이용할 가능성은 여전히 열려있는 것이다.

　이라크 사태가 사담 후세인의 처형으로 새로운 국면에 접어들었고, 김정일 위원장은 벼랑위에 버티고 서서 마치 주몽이 강철검 휘두르듯 핵 보유를 과시하고 있다. 인간 집단들 간의 극한대립이 지구 위 도처에서, 시도 때도 없이 연출되는 암담한 현실 속에 여기 문득 문득 떠오르는 인간상이 있다. 누구인가. 백인도, 어느 대단한 부강국의 지도자도 아닌 먼 남쪽 나라 남아공의 넬슨 만델라 전 대통령이다.

소수 백인 지배층의 유례 드문 인종분리 정책에 항거, 몸소 28년을 철창 안에서 겪은 온갖 수모와 고통에도 불구하고 그가 대통령에 오르기 전후 실천해 보인 관용을 보라. 어느 초월적 박애에 뒤질 게 있는가. 과거 인종 차별에 가담했다는 사실을 스스로 자백하는 것만으로 어떠한 중죄라도 사면하겠다는 그의 포고가 당선을 위한 空約, 위선이 아니었음을 확인한다.

무엇보다 대통령 취임식에서 세계인 앞에 추워 보여준 그의 춤사위는 어느 잘난 나라 지도자도 도저히 흉내낼수 없는 진선진미(盡善盡美)의 마음 씀씀이, 시종여일한 언행일치를 상징적으로 품겨 주었다.

전 지구적으로는 유일 초강대국 미국의 대통령이 이끄는 국제정치의 분류 속에 끝 간 데를 모르는 증오 불신 대량살육의 만행들이, 안으로는 60년 응어리진 남—북, 동—서의 치열한 지역감정 대립에다 이념의 갈등들이 하루의 영일도 용납치 않고 맞물려 돌아감을 목도하며 여기 과연 해결구도가 있을 것인가, 묻지 않을수 없다. 그러나 여의주나 만병통치약은 본래 이 세상에 존재하지 않는다. 유일한 대안이 있다면 모든 이해당사자가 한 발작씩 물러나 만델라에서 배우는, 관용 외엔 없다고 믿어 의심치 않는다.

여기 보완점이 있다. 시대가 영웅을 낳는다고 불세출의 영웅이 평화시에 나올 턱은 없다. 1,2차 대전이후 60년 넘게 큰 전쟁도 없고 냉전마저 막을 내린 오늘, 어느 나라에도 카리스마로 나라를 다스리는 거물은 드물다. 오히려 민심에 아부하는 포퓰리즘만 흔하다. 여기서 금물은 굳이 난국을 만들어 인물을 만들려는 충동이다. 대안은, 고만고만한 대권 후보군에서 특출한 대들보 감을 억지로 기대하지 말고 서까래로 쓰긴 아깝다 할만한 재목 가운데 上之上을 골라, 보듬어서 대들보 기능을 대용시키는 길이다. 보듬는 일은 법체계를 얼개로 한 민주 시스템을 말한다. 그렇지 않고 아웃소싱 하듯, 히딩크를 대통령으로 고용하기는 난감한 일 아닌가.

한국인으로 산다는 것

지은이 | 호영진
펴낸이 | 김경태
펴낸곳 | 한국경제신문 한경BP

제1판 1쇄 인쇄 | 2007년 3월 10일
제1판 1쇄 발행 | 2007년 3월 15일

주소 | 서울특별시 중구 중림동 441
기획출판팀 | 3604-553~6
영업마케팅팀 | 3604-561~2, 595 FAX | 3604-599
홈페이지 | http://www.hankyungbp.com
전자우편 | bp@hankyung.com
등록 | 제 2-315(1967. 5. 15)

ISBN 89-475-2602-9
값 12,000원

파본이나 잘못된 책은 바꿔 드립니다.